看不见的竞争力

68个教育细节培养儿童关键能力

程笑冉 —— 著

清华大学出版社

北 京

图书在版编目 (CIP) 数据

看不见的竞争力 : 68 个教育细节培养儿童关键能力 / 程笑冉著 . 一北京：清华大学出版社，2021.6

ISBN 978-7-302-58387-5

Ⅰ . ①看⋯　Ⅱ . ①程⋯　Ⅲ . ①儿童教育－家庭教育　Ⅳ . ① G782

中国版本图书馆 CIP 数据核字 (2021) 第 117384 号

责任编辑：左玉冰
封面设计：徐　超
版式设计：方加青
责任校对：宋玉莲
责任印制：宋　林

出版发行：清华大学出版社
　　　　网　　　址：http://www.tup.com.cn，http://www.wqbook.com
　　　　地　　　址：北京清华大学学研大厦 A 座　　邮　　编：100084
　　　　社 总 机：010-62770175　　　　邮　　购：010-62786544
　　　　投稿与读者服务：010-62776969，c-service@tup.tsinghua.edu.cn
　　　　质 量 反 馈：010-62772015，zhiliang@tup.tsinghua.edu.cn
印 装 者：小森印刷（北京）有限公司
经　　销：全国新华书店
开　　本：170mm×230mm　　　**印　张：**18.25　　　**字　数：**279 千字
版　　次：2021 年 9 月第 1 版　　　　　　　　**印　次：**2021 年 9 月第 1 次印刷
定　　价：58.00 元

产品编号：091887-01

对于每个家庭来说，孩子的出生都是一件大事。我们做了父母就会真正体会到，生下一个健康的孩子，只是万里长征中的第一步。天下没有不爱孩子的父母，可是因为每一个家庭"爱"的方式不同，孩子从出生开始便接受着不同的教育。随着他们成长，这些差异会越来越明显：有的孩子越来越优秀，有的孩子越来越平庸。我承认每个孩子在出生的时候有着不同的禀赋，但我更加相信早期的家庭教育，它对孩子的一生有着重大的影响。我一直这样认为：优秀的孩子不一定是培养出来的，但平庸的孩子一定是因为没有好好培养。如果家长的教育方法不得当，孩子即使有着再高的禀赋，也会逐渐被时光消磨殆尽。

但培养孩子不是赛跑，不是以快慢来定胜负。如果父母的心态焦躁不安、急于领跑，孩子的情绪会像一个不定时炸弹，随时可能会被逼向崩溃的边缘。科学界其实早已揭示了这样一个事实，那就是孩子的早期教育存在着一个"关键期"。在"关键期"内，孩子的学习能力处于最活跃的状态，潜能可以被更好地发掘和培养，而一旦错过了这个时间，孩子接受和学习新事物的方法就会有所不同。

时间的"灌溉"

我想为人父母最大的遗憾，莫过于回忆起孩子童年时的那一句叹息："我们要是当初能多花一些时间陪伴孩子就好了！"一个孩子能够健康成长，一定离不开父母的陪伴。如果孩子的父母没有足够的时间陪伴孩子，再无懈可击的教育理念也仅仅是一句空话而已。

孩子是很好的模仿者，他们模仿的对象首先是自己的父母。当我们与孩子在一起，我们用自身良好的行为表现树立榜样，远远比口头上的说教更加奏效。因为孩子看到的和感受到的一切决定着他的成长，而不是父母口中那些意图明显的道理。卢梭在《爱弥儿》一书中这样说："跟孩子讲道理，是最无效的教育。"我们要时刻谨记，我们的品行将会塑造孩子的品行。如果我们希望孩子能够不畏挫折、战胜困难，那么首先我们自己要做到在困难面前不屈不挠，我们用行动告诉孩子：看吧！我不怕困难，因为我将它看作一个难得的学习机会。

对于忙碌在工作岗位上的孩子父母来说，能有充足的时间陪伴孩子似乎变成了一种"稀缺"。一些重视教育的父母，更是不辞劳苦，以争分夺秒的姿态来"创造"宝贵的亲子时光。当我也下决心想要扭转这种"稀缺"的时候，每一天就像是与"时间"赛跑。下班后，我见缝插针、抓紧一切机会与孩子交流，同时也非常乐意带孩子参与到我的工作中。陪伴孩子的重要性我们都懂，但能不能做到，关键在于我们怎样看待这件事，以及对此有怎样的决心。

曾经的我面对孩子热情的"游戏邀请"，总是不得不合上书本、保存文件，一面接受他的邀约，一面在心里默默祈祷：但愿下次回到桌前的时候能够再次与灵感相见。如今的我面对孩子热情的"游戏邀请"，每次都会欣然地、毫不犹豫地为自己的工作进度按下暂停键，陪伴孩子一段时间。因为我知道，想让孩子内心充满安全感、让他意识到自我的重要性，只有花足够的时间去陪伴，没有其他捷径。然而一旦我做到了用充足的时间去浇灌成长中的"亲子关系"，在我真的因为工作忙而无法脱身的时候，孩子也会对我的处境给予理解与包容，不会让他萌生出"我没有爸爸妈妈的工作重要"这样的想法。

当然，徒有时间的堆砌，这种陪伴算不得圆满。缺乏计划的亲子时光并不总是尽如人意，其间总有一些别的事情来干扰，甚至打断。高质量的陪伴需要家长做好规划、动足脑筋。当然，偶尔也需要我们灵机一动，比如临时与孩子商定买来蛋糕庆祝一件高兴的事情，或者偶尔将学习的地点选择在临时花园里，我想，这些别出心裁的经历都会化身为孩子心中"快乐的种子"。

教养中的"优先级"

孩子从小的培养，哪些教育最为重要？我认为一方面是培养孩子好的习惯、优良的品行、积极的态度；另一方面就是苏霍姆林斯基所谓的"智力底子"，也就是培养孩子学习与思考的能力。另外，孩子的成长中也需要有艺术相伴，这是他们伸向世界的"触手"，帮助他们感知外界与表达自我，也让他们的人生更加鲜活。

曾经看过这样一种说法，父母在孩子的教育中应该优先做哪些事情呢？给出的答案是：多做那些历时久、收效慢，却价值深远的事情，而不是那些短时间就能"速成"、只对当下有好处的事情。我认同这样的"标准"，因为无论是培养孩子生活的习惯、学习的方法，还是教给他思考的逻辑、看待事情的方式，又或者是在困难中让他磨炼意志，在人类的艺术瑰宝中锻炼他的审美能力，这些都是有益于孩子一生却"欲速则不达"的重要之事，在培养中需要付出大量的时间、精力让孩子去接受、思考与体悟。

这也是为什么当别人家的孩子每晚排满了网课，我们却给孩子留出大量的时间去阅读；一个又一个周末，我们不辞路途辛苦也要成为博物馆的常客，让孩子从小在这所"最好的学校"里浸润、熏陶；比起比赛那一刻他声情并茂的表现，我们更注重他在平日的积累、对选题的理解与观点的梳理；比起他答对了多少题，我们更看重他对题目答案背后的思考。

我们最不希望看到的，就是孩子小小的年纪却已经被铺天盖地的学习内容所透支。我也时常扪心自问，到底哪些能力对孩子来说才是必不可少？除了内驱力、学习力、思维力、审美力、想象力、创造力，我还希望孩子能够拥有强大的意志力，成为一个主动的探究者、问题的解决者，在失败后依然能够重振旗鼓，在成功前不被困难所打败。真心希望正在看这本书的你，也能够在这本书里找到答案。我们能够越早想明白，在孩子人生的起点哪些是最重要的事，我们就越能从容、坚定地走在正确的养育道路上。

父母对孩子的教育有两个"难点"：一是我们永远不知道眼前的付出对孩子未来能起到多大的效果，以及什么时候能看到"收获"；二是孩子每一天都在成长，他们如同河中的流水，不停地奔涌向前，就像古希腊学者所言"我们不能两次踏入同一条河"。我们需要总是以崭新的目光去看待他们，以崭新的姿态与他们相处，当然，这背后离不开父母与时俱进的教育理念。

我们不能将孩子看作是承载着我们梦想的学习机器，而应将他们看作一个有自己性格、喜好和独立追求的普通人。然后，我们去爱护他们、支持他们，并给予恰当的引导。我们对孩子的教育有所追求，绝不在于一张"漂亮"的成绩单，而在于唤醒孩子心中的潜能，帮助他们找到自身的使命。当有一天，孩子们吸收了来自父母的"爱"的养料，完成了身体、头脑以及心灵等多方面的成长，这就是教育的"果实"。

在书房最为显眼的一角，我一直贴着一张不大的纸条，虽然纸已泛黄，但上面的字迹清晰可见。那是我写给自己的一句话：做一位对自己的孩子怀着不熄热情的、骄傲而执着的家长。在此与各位家长共勉。

程笑冉

2021 年 3 月于北京

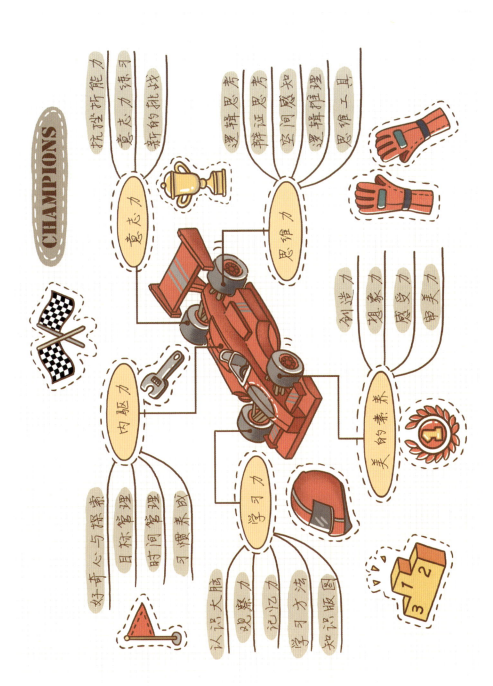

CHAMPIONS

意志力
- 抗诱惑能力
- 意志力练习
- 新的挑战

思维力
- 逻辑思考
- 辩证思考
- 空间思维
- 逻辑推理
- 思维工具

美的素养
- 创造力
- 想象力
- 感受力
- 审美力

内驱力
- 好奇心与探索
- 目标管理
- 时间管理
- 习惯养成

学习力
- 认识大脑
- 观察力
- 记忆力
- 学习方法
- 知识版图

目录

第一章
唤醒孩子的内驱力

第二章
提升孩子的学习力

第三章
开拓孩子的思维力

第四章
锻炼孩子的意志力

5 第五章
培养孩子的创造力、想象力和审美力

第一章

唤醒孩子的内驱力

我们常听说那些"别人家"的孩子：他们能够自觉地学习，能够按时地起居，在生活的各个方面都表现优秀，似乎不需要家长的任何督促，就能进行良好的自我管理。

谁不想做一位省心的父母呢？再看看另外一些家庭，每天早晨一睁眼，父母就奋战在与孩子"智斗"的一线。到了晚上，这些孩子的父母拖着疲惫的身体从单位回到家，还要继续督促孩子看书、学习。

是什么导致了这两种截然相反的家庭画面？

答案就是：孩子的内驱力。有内驱力的孩子，将"要我学"转化为"我要学"，他们做事通常很主动，就像是一辆安装着发动机的"汽车"，有着十足的前进动力。而缺乏内驱力的孩子，更像是简易的"马拉车"，走得快慢全看拉车的马有多大能力。这些孩子在学习和生活中表现得疲懒、拖沓，总需要强大的外力来推动。他们做事情的动机往往是给别人交差，所以，做事的效果也可想而之。很多时候，我们在养育孩子的过程中会感到疲累，原因就在于孩子"内驱力"不足。

"游戏"是调动内驱力的"高手"

如何调动孩子的内驱力呢？可以先来回想一下，孩子在什么时候通常会表现出强大的内部动力。没错，那就是孩子玩游戏的时刻。无论是在真实场景中与小伙伴们的互动游戏，还是虚拟场景中的闯关游戏等，都能成功地调动孩子的内驱力。在玩游戏的过程中，孩子没有"背后的推手"，却沉迷于其中难以自拔。

既然"游戏"是调动孩子内驱力的"高手",那我们便可以向这位"高手"学习。接下来,我们便以常见的电脑游戏、手机 App 游戏为例,看看它们是如何做到这一点的。

没有谁会玩一款自己不喜欢的游戏。所以,在游戏的选择上,我们一定会挑选那些深深吸引我们的游戏。首先,我们会对游戏的难度进行评估,看看这一款游戏是否适合自己。情节太难或者太简单的游戏,都不是最好的选择。太难的游戏容易让人受挫,失去继续玩下去的信心;太简单的游戏,不能充分调动人的积极性,玩上几局就会觉得无聊。为了给自己增加一点点挑战,我们多会选择"跳一跳,够得到"的难度。这样的游戏才能够充分调动我们的积极性,又常常能让我们从小小的胜利中不断获得成就感。

在游戏过程中,没有人会在旁边指手画脚地说,"嘿,你需要这样做","哦,那样做不行"。我们甚至不用太担心失败之后会被踢出局,因为只需按下"重新开始"这个按键,便能在游戏里重获新生。

除此之外,大多数的游戏都设计了及时的反馈系统。比如,游戏里会有贴心的小助手不时地提醒我们游戏的剩余时间,跟我们报告当前的形势(比如得分、体能、路线图、敌方情况等),及时为我们指出目前哪些方面做得好、哪些方面面临危机等。另外,小助手还会明确地给出赢得这局胜利所必需的条件,甚至有时候还会为我们提供一些战略、战术。虽说玩的不过是一局游戏,但是玩家能够在其中深切地体会到"掌控人生"的感觉。这种"我的人生,我做主"的掌控感,甚至比实际生活中来得更加深切。游戏可真是一位善于调动内驱力的"高手",也难怪会有那么多大人和孩子痴迷于游戏。

游戏的成功之处就在于,它调动了玩家的内在动机。记得在书上看过这样一句话:"试图以外在奖励来驱动学生的老师,与那些帮助学生发现内在动机的老师相比,永远不会像后者一样成功。"外在的激励措施是不可持续的,而内在的动机可以为人们提供源源不断的动力。

如果我们依赖于用外界奖励来推动孩子成长,那就永远不会像调动孩子内驱力那样取得持续、优异的效果。我们引导孩子的时候,如果能够赋予每件事情对于孩子自身的意义，而不是对别人的意义，那么推动他们形成一个好的习惯，将会变得更加容易。

01 借助孩子自身的力量

🌿 1. 好奇心是"起跑线"

爱因斯坦说："我并没有特殊的才华，我只是充满了好奇心。"

好奇心，每个孩子都有。"叶子为什么是绿色的？""天上为什么会下雨？""为什么会有黑夜白天？"孩子的问题总也问不完。孩子的好奇心和求知欲是与生俱来的，也是最宝贵的。孩子的"为什么"就是孩子探索知识的原动力，那是他们萌生思考的土壤，也是从那里开始步入科学的殿堂。

家长们经常会因为孩子了解了一个新知识而对孩子大加赞赏，殊不知比这更重要的却是鼓励孩子学会提问。提出一个好问题比知道一个答案更可贵，因为这体现了孩子的思考，说明他在主动学习。诺贝尔奖获得者李政道博士分享了他的求学格言，他说："求学问，需学'问'，只学'答'，非学问。"对于孩子来说，发现问题、提出问题比了解多少知识更为重要。

爱因斯坦对科学的"为什么"，让他成为一个伟大的科学家；法布尔对昆虫的"为什么"让他成为一个伟大的昆虫学家；爱迪生对生活的"为什么"，让他成为伟大的发明家。当孩子的好奇心被剥夺，只剩下贫瘠时，他们才不会喜欢科学。

孩子的好奇心是脆弱的，需要我们用心去呵护。身为孩子的父母，能不能回答孩子的问题，我认为并不重要，重要的是我们的态度。我们要多鼓励他们在生活中发现问题，多去提问。如果孩子问出了无知、可笑的问题，我们不要去批评他们；如果孩子问的问题是我们无法回答的，我们也不应该不懂装懂去敷衍他们。

在我们家，如果坚果提出一个问题，我经常是先去鼓励他："你真了不起，能有这样的新发现！"我很少直接告诉他答案，因为总觉得知识这样得来太容易，还是希望他能够多去思考。不过，我每次都会跟他一起想办法，看看可以在哪里找到答案。如果是问到我不会的问题，我更是会直接告诉他，"这个问题妈妈也不知道，我们一起去找答案吧！"我认为这样并不会有损家长的权威，反而会让孩子觉得自己很了不起，进一步鼓励他探索的热情。如果我们想培养一个爱问问题的孩子，就要为他的新发现由衷感到高兴，跟着孩子一起惊叹于他的发现，一起对他的发现感兴趣，一起去搜寻和探索问题的答案。

与昆虫做邻居

坚果对昆虫的兴趣始于法布尔的《昆虫记》，当他知道了那么多发生在昆虫世界的有趣的故事，了解到每一种昆虫都有自己的喜好，他对昆虫的好奇心便一发不可收拾。在很长一段时间里，与昆虫相关的百科全书和趣味故事书一直是我们亲子阅读的必读书目。到了现在，当他外出游玩时见到昆虫，就会善意地走上前去，亲切地喊它们的名字，娓娓道来几段与它们相关的趣事。

了解昆虫，只听故事、看绘本是远远不够的。在陪孩子了解昆虫的这段时间里，我有一个深刻的体会，那就是凡是科普类的知识，一定不能让孩子仅凭文字和故事去想象事物的样子，也不能只满足于让孩子看绘本、卡通画书，而是要给孩子看高清版本的真实图片、科普视频，以及亲自去林子里找到它们的踪影。每次我和孩子在书中了解一种新的昆虫，或者是听了一个新的昆虫故事，我都会找来其中提到的昆虫的相关资料，展示给他看。遇到一些特别喜欢的图片或者视频，坚果甚至会主动看上好多遍。孩子感兴趣的东西当然会重复看，就像坚果更小的时候看绘本，总有那么几本书被要求反复讲给他听，一遍又一遍，不厌其烦。那一段时间，抓毛虫、看蚂蚁、搜寻昆虫的踪影成为他每次外出游玩的重要环节，只要他听见我们说："我看到这里有一只昆虫！"不论他走出多远，一定会急匆匆地跑来看个究竟，拿起架势准备好好观察一番。

实话说，有时候给坚果找真实的昆虫图片，我的内心是抵触的，尤其是看到像毛虫、负子蝽这样长相让人避而远之的昆虫，我甚至会浑身竖起汗毛，内心许久才能平复。但是每当想到"父母是孩子的起点"这句话，进一步想到如果我对昆虫避而远之，就会一定程度上阻隔孩子与大自然建立更深入的联系，我就会不露声色、故作镇定，避免因我个人的情绪锚定孩子对新事物的看法。所以，我不仅在言语上支持坚果观察昆虫、探索昆虫，还会在行动上主动帮助他留意草丛里、树林里的昆虫。我真心希望能和孩子一样，与昆虫做朋友。对昆虫的这份感情也最终"弄假成真"，在孩子的影响下，我越来越能够以欢喜之心去看待昆虫，去接近它们，了解它们。家庭的氛围真的很重要，接触一件新事物的最初，孩子会被父母的情绪所感染。渐渐地，孩子的喜好也同样带动着父母的共同参与。

4月的北京，在小区的路上总能遇到一些"迷路"的毛毛虫。坚果发现了它们，开心地喊我过去看。只见他手持小树枝蹲在一旁，仔细地观察毛毛虫的一举一动。很快，院子里的孩子们被坚果的举动吸引了来，有的第一时间围了上来，有的拉着家人的手也要来看个究竟。随即，大家你一言、我一语围绕着毛毛虫的话题聊了起来。

"那玩意儿有细菌，不要过去看了！"有位奶奶拉着小孙女的手，扯着孩子走了。"这有什么可玩的。"另一个家长说。可是偏偏她的孩子喜欢，想要跟坚果交流："你这是什么呀？""天幕毛虫。"坚果说。一位奶奶扑哧地笑了："这毛虫还有名字呢！小心有毒。"坚果赶紧说道："它只有特别一小点儿毒，碰到皮肤可能会发红。"坚果将毛虫逗引到小树枝上，拿起来，递给感兴趣的小朋友说："你想玩一会儿吗？"一个孩子小心翼翼地接过小树枝，举着，近近地看。虽然，家长们对于孩子近距离接触昆虫还是心存芥蒂，不过这会儿工夫，孩子们已经完全听不到大人们在讲话了，只是全神贯注地照顾这只毛毛虫，生怕自己一时疏忽把毛毛虫摔下来了。

过了一小会儿，坚果举着树枝上的毛毛虫径直向我走来，说："妈妈，我想养这只毛毛虫，我想看着它结茧。"这时，大家的眼光一齐看向了我，我快速想了一下，还是将"这东西太脏了，怎么能养在家里呢"这类话抛在了脑后,自然地说,"好啊,那我们就把它养在昆虫盒里吧!"坚果非常开心,也许更多的是感受到妈妈对他的理解。他赶紧与小伙伴们说了再见,就这样一路举着小树枝,小心翼翼地回家了。

天幕毛虫　坚果 5 岁画

可是毛毛虫得吃东西呀?通过查询资料,我们知道了这种毛毛虫喜欢吃阔叶树上的叶子,于是就去小区花园里的榆树上采叶子给它吃。不久,坚果又从楼下带回了一只毛毛虫,美其名曰:"要给这只毛毛虫找个好朋友。"于是,昆虫盒里又迎来了第二只天幕毛虫。坚果是这两只毛毛虫的饲养员,每天都会给它们采摘新鲜的叶子吃,也会为它们清理粪便。偶尔有那么几次,坚果在楼下玩得太投入,忘了给毛毛虫采摘食物,两手空空地回家了。只要妈妈一提醒,坚果马上就又兴冲冲地跑下楼去。不一会儿,就见他手里拿着几片新鲜的树叶开心地回来了。

就这样大约养了两个星期,有一天晚饭后,我们像每天一样走到昆虫盒前探望这两只毛毛虫的时候,令人惊喜的一幕出现了:其中一只毛毛虫结茧了。

坚果在妈妈的手机里用语音录制了今天的昆虫日记:"今天晚饭后,我看到一只毛毛虫结茧了。我早上还给毛毛虫换树叶呢,上午它还没结茧。我觉得这个事情很惊喜,本来以为今天(它)不可能结茧的。"

就这样,坚果一边继续给另外一只毛毛虫喂食、清理粪便,一边耐心地等待这只毛毛虫破茧的那一刻。又过了大约两周的时间,我们不经意中忽然发现昆虫盒里多了一只蛾子，它静静地趴在盒子的内壁上，再看看一旁的白色的茧，上方破了一个小小的洞。

"我们要不要把它现在的样子画下来，留个纪念呢？"我提议。坚果觉得这个提议很好，便赶紧在桌边坐下，将昆虫盒摆在面前，一边细细地观察，一边将这只蛾子的样子画了下来。

今天，坚果又录制了语音昆虫日记，他是这样记录的："我们看到它变成蛾子了，晚上才看到的。它在茧上咬了一个小口，然后从那里飞出来，变成蛾子的。我还画了一张它呢。"

蛾子正反面　坚果5岁画

第二天一早，我和坚果、坚果爸爸准备一起将这只蛾子放飞，同时，也将另外一只毛毛虫一并归还给大自然。为什么要三个人一起呢？因为我们觉得这是一只蛾子重要的"成人礼"，而且也是正式与这两位朋友道别，应该来点仪式感。坚果将昆虫盒的盖子打开，可是小蛾子只知道在里面继续扑棱着翅膀，却不知道要飞出去。爸爸说："我有办法。"只见爸爸捏住它的翅膀，于是蛾子马上奋力挣脱，终于飞起来，一直到飞得很高很高，高过了路灯，高过了树冠，渐渐消失在视线中。坚果目不转睛地目送小蛾子走远，爸爸这时开口了，"知道我刚才用的是什么方法吗？"坚果摇摇头。"我只是给了它一些压力，它感觉到危险了，便会拼命地飞起来。"

回到家，坚果记录下了今天的昆虫日记，他一字一句地说着："今天我们把小蛾子放飞了。另外一只毛毛虫也放在了草地上，让它自己去找食物。

我和爸爸一起放飞的时候，发现如果没有人碰它，它都不知道自己会飞呢。爸爸用手碰它的时候，它拼命去飞才飞起来的。因为什么呢？（因为）它感觉到危险了。最后，它飞得特别高，超过了最高的一棵树。之后，我回家和妈妈一起把昆虫盒清洗了。清洗干净以后，昆虫盒还可以装好多小虫子呢。"

大自然是一所学校，从最初蹲在地上仔细观察毛毛虫，到将它拿到家里喂养，再到观察它结茧、破茧成蛾，坚果亲眼见证了教科书里毛毛虫到蛾子的一系列蜕变过程。这次经历，与他小时候听妈妈讲艾瑞·卡尔的经典绘本《好饿的毛毛虫》相比，让他有着更深刻的感受。不仅如此，在放飞蛾子的过程中，大自然还给坚果上了一堂生动的思想品德课：小蛾子最初并不知道自己能够飞翔，直到坚果爸爸用外力给它威胁，它才意识到了自己的力量，才用力挥舞翅膀，越飞越高。我在心里默默期待，来日若是坚果在生活或是学习中遇到麻烦，能想一想这只平凡的小蛾子，关键时刻也能逼自己一把，看到自己的潜能。

光凭好奇心是不够的，还要有所行动，主动观察、探索。关于从观察中获取知识的过程，人们通常的想法是，先有了观察，才有了知识的增长。但是，通过对孩子学习过程的近距离观察，我发现孩子们更多的时候，是先有了知识的铺垫，才能够留意到一些新事物，他们的观察始于对事物的了解，在观察的过程他们不断地向内确认着已有的知识，随着理解越来越深入，知识也越来越牢固。所以，从这个角度来讲，如果想让孩子对哪个领域感兴趣，首先要让他了解一定量的相关知识，建立起孩子与该领域联结的通道。对于自己所了解的事物，孩子会倍感亲切，从而更有兴趣去建立事物与自己的联系，进而继续去亲近它们。

家里的新来客

也许每一个人的童年里，都"住着"一段蹲在蚂蚁洞前看蚂蚁的经历吧。

坚果从小对蚂蚁充满了好奇。最初，他只是蹲在蚂蚁洞前观察，后来喜欢从外面抓回蚂蚁放在昆虫盒里观察。他发现，抓回来的蚂蚁很快就会死掉，在知道了蚂蚁喜欢群居之后，他便猜测蚂蚁之所以会死，是因为脱离了群体的缘故，于是想着要是能够养一个蚂蚁大家族就好了。看他这么喜欢观察蚂蚁，我们就给他买来了"蚂蚁城堡"，这是一座大"house"，里面住得下一整个蚂蚁家族。这个城堡是透明的，孩子除了能够近距离地观看蚂蚁的身体结构，还可以观察它们之间是怎样交流、传递信息的，以及它们的打洞、觅食等行为。坚果让妈妈为他念了说明书，得知蚂蚁进入城堡后，一旦生活稳定下来，最快1～2天就可以开始挖洞了。他将说明书里提到的"蚂蚁挖洞"这一行为赋予了自己的理解，将那看作是"喜欢我们家，把这里当作自己的家了"。从这天起，坚果每天起床后的第一件事情，都是去看看蚂蚁城堡中隧道的挖掘情况，最初是去看看蚂蚁有没有开始挖洞，后来又变成要去看看蚂蚁又挖了哪些新的洞。他经常趴在蚂蚁城堡前，托起腮帮看一会儿，一天中不知道要看上多少次。

到了晚上，坚果会把今天一天的观察情况记录下来。他在日记中这样记录道："每天我起床的第一件事就是看蚂蚁。今天我看到蚂蚁开始挖洞了！蚂蚁挖洞特别好玩。我觉得明天早上再去看的时候，肯定已经挖了很大一块了。我很喜欢这些蚂蚁，从到货的时候就非常喜欢，现在呢，我更喜欢它们了。"

他又在日记中这样记录道："今天我发现新的东西了！蚁后去一楼蓝色的区域，后来又去了一楼的小餐厅。我猜她是给一楼的小蚂蚁布置工作去了。我还发现二层黄色区域很空，只有一只雄蚁和一只在挖洞的士兵蚁，下边蓝色的区域和小餐厅却很拥挤。"

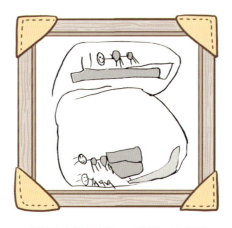

《我眼中的蚂蚁》　坚果 5 岁半画

这幅画，就是坚果在一段时间的观察之后，按照头脑中记忆的样子默画的工蚁和蚁后。孩子的观察力是非常敏锐的，他们往往能够抓住事物的主要特征。从这一幅画上可以看出，孩子笔下的蚂蚁有着头、胸、腹这个三个界限分明的身体结构，这不就是昆虫的一大主要特征吗？他还特地为蚁后画出了大大的翅膀，并不忘给每只蚂蚁画上一对触角。蚂蚁有足 3 对，共 6 只，可他却以 3 只足一组的方式画出来。我仔细猜想，也许是因为从侧面看蚂蚁，每次都只能看到近侧的 3 只足，于是有 3 只足为一组的印象。他分别画出了蚂蚁两侧的足，每侧刚好有 3 只，他的画面忠实地表达了他的理解。孩子有他们独特的观察方式，和我们大人不一样。

多少次我看着孩子对世界充满好奇的样子，都会在心里感叹：孩子总能在看似稀松平常的事情中找到有趣的东西，而我刚才怎么没有发现呢？ 总有一天，孩子们会长大，会像我们一样对周遭的事情司空见惯，但是现在我只想尽我所能地去呵护他的好奇心，好让这一天晚一点、最好永远不要到来。而我也是幸运的，能够有机会与孩子一起带上好奇心在大自然中探索，也算是重新遇见了一次幸福的童年。

2. 在探索中寻找答案

授人以鱼不如授人以渔。所谓父母的教育，我认为应该是激发孩子探索的本能，让探索和学习成为他们一生的好习惯。

每当孩子在大自然中找到一些新奇的花草、植物、昆虫，都会问"这是什么？""那是什么？"。为了能更快、更准确地帮助孩子找到答案，我在手机里特意下载了一些识别软件，用来帮助识别昆虫、花草、树木，了解它们的生长特性。通过这种方法，坚果认识了很多新的"朋友"，比如"天幕毛虫""幽灵蛛""海棠""忘忧草"等，都是这样在外出的途中偶然遇见，又在搜索查询中认识并被记住的。除此之外，百度搜索中的"秒懂百科"也是我们增长知识的窗口，其中的视频短小精干，也有清晰的实物展示，求助于它来解答孩子心中的"为什么"，非常便捷。

由点及面的探索

有一次与坚果一起读一本有关昆虫的科普读物，讲到蛞蝓吃菌类，坚果问："什么是菌类？"于是，我们两个便一起寻找菌类的定义，得知菌类包括细菌、黏菌和真菌这三个门类，而蛞蝓喜欢吃的，是真菌这一大门类中的蘑菇。

我随即提出问题："真菌是植物吗？"坚果想了想，一时回答不上来，于是我们又去查植物的定义。因为菌类没有叶绿素，不能通过光合作用产生养料，是通过腐生生活或者是异养生活而存活的，它不符合植物的定义，所以当然不是植物了。

"那什么又是异养呢？"我们又开始查阅异养的定义。所谓异养，就是不能自己给自己提供营养，而要靠"别人"来获取营养，比如动物就是这样，依靠进食别的动物来获取营养。"异养有哪几种方式呢？"我们查到，异养有共生、腐生和寄生这三种方式。我跟坚果挨个"翻译"道："共生，就是生活在一起。还记得《昆虫记》里面蚂蚁养的'小奶牛'——蚜虫吗？蚜虫负责为蚂蚁提供蜜露，蚂蚁负责保护蚜虫，给蚜虫创造良好的取食环境，它们就是共生的关系。"说到寄生，我提醒坚果去回忆《酷虫学校》中有关蜱虫那一集的故事，那只蜱虫就寄生在一头黄牛身上，靠吸食黄牛的血液来获取营养，"像这样，黄牛给蜱虫提供食物和居住场所，蜱虫单方面受益的方式，就是寄生"。

最后，我们讲到第三种异养方式——腐生。"记得上次我们在树林里面看到的蘑菇吗？它们生长在枯朽的树干上，这种从腐烂的东西上获得营养的生物就叫作腐生生物。细菌也是，罐头放久了，里面会生出一层绿色的霉菌，它们也是腐生生物。"

就这样，我和孩子的对话从蛞蝓聊到了蘑菇，再从蘑菇聊到了蚂蚁、蜱虫和霉菌，我们从一个小小的知识点拓展了思维，打开了眼界，接触到了更多的未知。鼓励孩子探索，就要避免给孩子终结性的回答。我们的回答应该去开启孩子的求知欲，鼓励他们打破砂锅问到底，鼓励他们继续去探索，而不是简单的"是"与"否"。

这是我与孩子在日常生活中很常见的一次探索，我一边与孩子一起重温着学生时代书本上的旧知识，一边又不断为自己刷新着更广阔的未知领域。

3. 成功是成功之母

有这样一个现象，就是反复成功的孩子更容易成功，反复失败的孩子更容易失败。

为什么会这样呢？因为反复成功的孩子在一个个小的成功中不断收获自信，他们相信自己"一定能行"，总会努力达成下一个目标，从而不断前进。具体来说，还要从"成功是成功之母"谈起。

在我小的时候，接受到的教育其实是"失败乃成功之母"。这句名言源于我国古代大禹治水的神话故事，它强调的是不畏挫折，勇于尝试。可到了如今，社会却有越来越多的学者更认可"成功是成功之母"的说法，因为成功的经历能够带给人自信心与自我认同感，能够让人们内心拥有更强大的力量。

2017 年，我国胡海岚院士与她的科研团队通过对生物界的深入研究，发现了"胜利者效应"这一心理学概念的生物机制，这项研究成果还登上了世界顶尖的科学杂志《Science》。什么是"胜利者效应"呢？简单来说，就是胜利的经历可以改变人身体的内在机制，从而形成更有利于再次获得胜利的状态，也就是我们之前所说的——成功是成功之母。这一效应在体育界、政治界、商界都取得了广泛的验证。当然，教育界也因此得到了深刻的启示：孩子在成长中时常能感受到的小小的成就感，却是他们获得更大成功的关键。

成功的经历固然重要，许多人并不知道的是，头脑中对成功的假想几乎与真实的成功经历有着同等重要的作用。成功实现人生"逆袭"的 TED 演讲者、美国社会心理学家、哈佛大学商学院教授艾米·卡迪分享了她的经验：无论你是否拥有成功的资本，先假装认定自己已经成功，直到成功为止。

"假装自己已经成功"，能够给人们带来前进的动力与信心，这是一种认知的能动作用。有时候我也会采用这种方法帮助孩子克服畏难的情绪。我们每一个人都希望自己做一件事情能做到最好，孩子更是这样，他们虽然能力有限，却不愿意轻易服输，遇到失败容易产生挫败感。坚果5岁半的时候，当他无法顺利解出一些数学思维问题时，会因为对自己要求太高而生气想哭。尤其是当他在前半个解题进程中得心应手，忽而遇到一个解不出的难题，就会情绪低落，仿佛自己想要交一份完美答卷的美好期待破灭了。为了疏导他的这种畏难情绪，我和坚果爸爸在那段时间一直在想办法，希望能从心态上引导他。

有一次，坚果又遇到了难题，以他的个性，我知道他不会轻易地说"我做不出来"，于是我在一旁静静等待。他那里思考了很久，最后还是不得不说，"妈妈，这道题我做不出来"。我看他眼眶红红的，情绪有些沮丧，他一定是想交一份完美的答卷，眼看着希望泡汤，所以很失望、懊恼。我一边安慰他说，"这很正常，谁都会遇到难题"，一边耐心跟他讲解。重新写上了答案之后，坚果舒了一口气。

"看，这道题很坏。它特意要了一个小伎俩，想让人们都做错"，听我这样一说，坚果眼前一亮，低落的情绪云消雾散，想要继续听个究竟。"做题的时候，你是一个大王，你要辨识出这些诡计，想办法打败它们"，我又说，"大王一心想的都是如何打胜仗，大王可没有时间去哭鼻子哦。"坚果挺直了腰板，点了点头。我翻了翻之前做过的题目，一本习题册已经学了四分之三，"瞧呀，这都是你打过的胜仗。就像我们在中国史里面看到的，完成的这些习题就像是你打败的一个个小诸侯国。当你完成这一整本书的时候，就是打败了所有的小国，统一了天下呀！"坚果想了想，坚决地说了一句："嗯！""你要抱着讨贼的心态，而不是逃跑的心态去面对这些难题。以后再遇到难题，你可以在心里想：'你这小样儿的，还能难倒我不成？'"我希望他能够以更轻松的心态去面对这些困难，所以首先要教会他把自己设想成一个无坚不摧的勇士，以这种成功者的心态去面对一些有难度的题目，应该就能有强大的信心去打败困难了。

02 帮助孩子建立有效的目标

　　孩子的目标，应该来自孩子内心的需求而不是外在的力量。如果一个目标是发自孩子内心的，他才可能有持续的内在动力朝着目标前进。大量的研究表明，设定了清晰目标的孩子，比只有模糊目标的孩子在表现上要好很多。一个有效的目标能够帮助孩子指明努力的方向，孩子知道自己不断努力的意义，就更能够为了一个目标不断前行。一个有效的目标能够给孩子带来力量，遇到困难的时候，他们更能够重振信心去面对挑战。在目标达成的过程中，孩子能够获得历练和成长，让孩子收获自信和价值感。

1. 必要的难度

　　一个好的目标要切实可行，难度不能过低，也不宜太高。目标难度太低，"闭着眼睛"就可以"通关"，那就不能调动玩家的分析和思考，更不能激发玩家的"潜能"，时间久了，自然动力不足。目标难度太高，"玩家"处处碰壁，尝不到一点胜利的甜头，兴趣的火焰迟早要被扑灭。为孩子设定什么样的成长目标比较合适呢？那就是孩子"跳"起来能够达到的目标。

　　为了获得新的知识，孩子需要比以前更加努力一点点。这就是认知领域科学家们所说的"最有效的学习活动"，即学习未知领域中对我们来说最简单的内容。什么意思呢？（有效学习）就是让人感觉到有一点点吃力，却又不至于让他们望而生畏的目标最有效。这一点，我们要学习那些电子游戏的设计者，他们总能恰到好处地把握游戏难度，在每个关卡都设置一些新的通关技巧来调动人们的热情，玩家总是要表现得更努力才能在游戏中不被打败。

　　合理的难度是必要的。如果我们给孩子的知识低于孩子的能力，孩子不需要调动太多思考，那么提高的效果自然是少之又少。我们都知道，肌肉如果得不到锻炼，就会萎缩衰退，孩子的智力和意志、情感其实与肌肉一样，如果长时间得不到刺激，就会变得越来越迟钝。不过，如果孩子面对的知识严重超纲，就会让他们不自觉地开始死记硬背，本意要促进他们的学习，却成了拔苗助长，最终适得其反。

单调的重复就是原地踏步。孩子每时每刻都在成长，他们需要不断吸收新的"养料"，从而在人生的每个关卡都能"解锁"新的技能。单调而重复的知识，只会让孩子感觉乏味，昏昏欲睡。为了丰富孩子的头脑，我们需要准备有难度的知识，让他们在学习中付出必要的思考。不仅如此，我们最好能时常去想一想，家里为孩子准备的玩具、书籍，孩子观看的动画片、电影，或是在家中制定的"规则""约定"，在难度上是否适宜孩子当前的发展呢？

为了保证必要的难度，并不是说我们就要让孩子去计算大量繁复的习题，也不是说让他们去熟记没完没了的新单词，而是让他们将学到的知识和实际运用联系起来，这样他们思维的"疆域"就能不断扩大，知识的掌握也能越来越深入。

如果孩子对知识保持着很好的兴趣，有着较强的求知欲和学习动机，那么他们就更有意愿去完成较大难度的任务。在难度的选择上，我们最好多听听孩子的意见。毕竟，需要去面对、去完成任务的是他们，而不是我们。孩子对于自己的选择，会更有决心去克服困难。比如说，开始学习之前，我都会先征求孩子的意见："我们做一个简单的题目，还是做一个稍微难一点的题目呢？"他都会主动去选择稍微有一些难度的题目。因为对他的了解，这完全在我的意料之中，我会立刻对他的选择表示支持和赞同："好！太简单的题目，没有挑战！"

◉ 定期整理"退役"玩具

对于小一些的孩子来讲，家中的玩具柜就是他们的"养料箱"。不过，如果总被一些"没有营养"的玩具占据宝贵的空间，就不能给孩子提供更多的"养分"。每隔一段时间，我们都会对家中的玩具柜进行整理。在这个过程中，孩子的参与是很必要的，因为他们往往更能知道哪些玩具应该继续保留，哪些玩具应该清理掉。对于一些需要"退役"的玩具，我们可以在经过孩子的同意之后，将它们处置或者送人。

为什么要强调"经过孩子的同意"呢？这一点我有着深刻的教训。一些我们大人眼中的"废品"，有时候却是孩子眼中的"宝藏"。比如，玩具箱里的旧玩具包装盒，我当时十分肯定地认为这些东西孩子是不可能再需要的，扔的时候理直气壮。可是，孩子后来终于还是追问我这件事："妈妈，之前的包装盒放在哪儿了？"因为他想用那些玩具包装盒来做手工。

那一刻，我觉得有些难为情，别人的"有用之材"，却被我当作"垃圾"一样丢掉了，真是没办法交差。所以，自那以后，无论是一些旧纸盒子，还是一些半瘪的气球，或者是从外面捡回家的干枯树枝，我都要征求它们"主人"的允许之后再丢掉。孩子也"吃一堑，长一智"，当他遇到一些难以割舍的废旧材料，都会交代我一句，"妈妈，这个我还要呢，不要扔了啊！"我连忙说："当然！你是它的主人，你说了算。"还好，我后来很少再有这类尴尬、难堪的时候了。

2. "踮起脚尖"阅读

书籍也为孩子提供了重要的养料。无论是早期的识图卡片，还是中英文绘本、诗歌、散文以及文学名著，在孩子认识世界的过程中都起到了重要的作用。孩子阅读的书籍要符合他的认知水平。有些父母认为，应该给孩子看稍微简单一些的书，因为那样他们就能在阅读的过程中收获许多自信。可是经验告诉我们，简单的书籍不仅不能抓住孩子的注意力，而且他们在书里也不能得到更多的启示和思考。简单的书籍不能激活孩子的大脑，更不能让他们处于一个全神贯注的精神状态。

不过，难度过大的书籍也同样会给孩子带来伤害。首先，也是我们最容易想到的，就是不利于孩子建立自信。当他们看到通篇的生字生词、不知所云的艰深术语，头脑中一定会塞满一个又一个解不开的难题，甚至放弃了去追问"为什么"。这些让他们难以理解的词句，打压了他们刚刚建立起来的良好的"自我感觉"，就像当头一棒，让他们开始自我怀疑，觉得自己知之甚少，甚至放弃努力。孩子想要逃避这种感觉，他们变得容易分心，并不自觉地用一些"小动作"来抗拒继续阅读下去，还有的时候，他们在长篇大论面前哈欠连篇，昏昏欲睡。就像在我的孩子还小的时候，家长群中流行着一种玩笑的说法，就是如果希望尽快将孩子哄睡，那就给他读一段《孙子兵法》将他绕晕！虽然是个笑谈，但说的就是难度太大的内容容易让孩子昏昏欲睡这个道理。不过，我至今还没有机会去亲身验证一下。

那么，如何能了解孩子当前的阅读水平，以便为他准备相应难度的阅读书籍呢？以现如今父母比较关注的英语阅读为例，我们除了可以通过孩子实际阅读过程中的流畅度、愉悦度来判断，还可以借助科学的分级阅读系统来更加精确地分析和判断。

如今，分级阅读系统在美国已经相当成熟了，越来越多的中国家长也会参考分级阅读体系来指导孩子的英文阅读。常见的分级阅读体系（英文阅读）有多种，我们以在美国应用最为广泛的蓝思阅读体系（Laxile Framework）为例。在蓝思体系中，字母"L"代表计量单位，难度范围从 0 L 到 1 700 L，数字越小代表读物难度越低。利用蓝思官方网站上的搜索功能，我们可以确定一本英文书籍的蓝思指数。比如，我们可以把孩子最近阅读的英文读物的书名输入进去，就可以得到这本书的蓝思指数（但并不是所有的英文读物都能够查到），这个数就代表了孩子当前的阅读水平。我们只需要根据孩子当前的蓝思指数，为他挑选合适的英文书籍就可以了。通常来讲，英文读物的蓝思指数可以比代表孩子当前阅读能力的蓝思指数上浮 50 L 或者下浮 100 L。也就是说，假如孩子当前的蓝思指数是 600 L，那么可以为他挑选 500 ～ 650 L 的英文读物来阅读。

苏联著名教育家、心理学家赞科夫在《论小学教学》一书中，多次指出当时的传统教学体系学习难度过低。他说，"实际上应该遵循一条与之相反的原则：安排高难度的教学（当然这样做时要严格把握难度的分寸）。只有能为学生紧张的脑力活动提供丰富养料的教学过程才能促进他们快速且高效地发展。"

　　希望在选择书籍这件事上，一方面，父母们能够将眼光放长远，不要为了一时的"完美"成绩，逼迫孩子进行无意义的重复性学习，他们的大脑需要不断有"新鲜"的刺激，否则只会让孩子感到厌倦。另一方面，也提醒家长不要急功近利，勿让太难的书给孩子"吃了闭门羹"，打消了他们对书籍的兴趣。

　　我至今不能忘记，在孩子还小的时候，我给他读金子美玲的诗——《再见》。当我读到"钟声对大钟说（再见），炊烟对小镇说（再见）"的时候（我担心他不容易理解，特意在原作上多读了"再见"二字），只见孩子转过身去，微弱的床头灯光照亮了他眼里的泪珠。好的诗，孩子也能被感动，这一页被我深深地折了起来。

再　　见

[日]　金子美玲

下船的孩子对大海说，

上船的孩子对陆地说，

　船儿对栈桥说，

　栈桥对船儿说，

　钟声对大钟说，

　炊烟对小镇说，

　小镇对白天说，

　夕阳对天空说，

　　我也说吧，

　　说再见吧，

　　对今天的我

　　说再见吧。

　　后来我与孩子一起阅读《小王子》绘本。在书的其中一页，小王子和狐狸来到了金灿灿的麦田，狐狸对小王子说："我是不吃面包的，所以麦子对我来说毫无意义，麦田也不会让我联想起什么。……如果你能收养我，那就太棒了！因为你的头发是金色的，于是看到金灿灿的麦子，就会让我想到你。"读到这里，孩子的眼圈红红的，我看到了他眼睛里打转的泪珠，他不想让眼泪流出来。这时候，我将孩子紧紧搂入怀中，我想让他知道，我非常理解他的感觉，因为我也有着共同的感受。这是一种很崇高的感觉，没有什么可害羞的，这就是经典文学作品的魅力。

我好几次讶异于孩子聆听文学作品时的表现，这引起了我深深的思索。当我们想方设法为孩子降低阅读难度的时候，他们的感受力和理解力已经远远地超过了我们想象。永远不要低估孩子的学习能力。永远不要将文学名著想当然地翻译成所谓"通俗、易懂"的语言，那样孩子便会与其中的"精华和养分"擦肩而过了。

🌱 3. 小目标更可靠

我们已经知道，成功的体验对孩子来讲非常重要，那我们怎样能够帮助孩子在成长中获得更多成功呢？答案就是，帮助孩子将大目标分解成一个个小目标。过大的目标容易压得人喘不过气，还有可能成为孩子成长路上的绊脚石。反而是一些小的目标，因为更容易完成，能让孩子更频繁地感受到激励，从而获得更大的进步。

成功是一个化整为零的过程，非一蹴而就。想想我们玩过的闯关游戏，通常都设置有许多关卡，有的游戏关卡之多，能以百来计数。这样的设置降低了每次的任务难度，每打通一个小关卡，我们就能获得一种成就感。正是这一次次的成就感推动着我们去打赢更大的关卡，直到打败最后的"大boss"。如果我们借鉴游戏设计的思路，将孩子的学习成长这一总目标分解成为循序渐进的多个小目标，就会帮助孩子在一点点的收获中不断成长。

在学习和生活中，帮助孩子设定一些小而具体的目标，更能够促进孩子去达成目标。比如，"学好英语"这样模糊的口号，永远比不上"下一次测试中英语成绩达到 90 分"这样清晰明确的目标来得有效、可靠。

面对大的学习成长目标，我们可以带孩子从分解目标做起。具体来说，就像我们能不能将孩子"学会认字"这个大目标，分解为"每天学习 3 个汉字"这样的小目标呢？我们能不能将孩子"学会计算 20 以内的加减法"分解为"学会整十加法""学会 20 以内的不进位加减法""学会 20 以内的进位加法""学会 20 以内的不退位减法""学会 20 以内的退位减法""学会 20 以内进退位加减混合运算"这样一系列的阶段目标呢？再比如，我们能不能将"提高孩子英语阅读能力""孩子拥有健康的身体"这样的大目标，转化为"每天阅读一本英语绘本"和"坚持每天跑步 3 公里"这样易于量化的小目标呢？

尤其是当一个目标对于孩子来说显得很"抽象"的时候，父母更是有必要将这种大的目标"具体化"。在生活中，我和孩子就经常将"参加比赛"的大目标和"平时的训练"的小目标结合起来。

坚果 4 岁的时候去参加一个机构举办的"小勇士挑战赛"。这个比赛以增进孩子体能、激发坚强品质、增进亲子情感为目标。因为知道孩子的体能是不可能在一次比赛中得到提高的，靠的是平时的锻炼，所以我从报名的时候，就明确了坚果参加这次体能比赛的意义，那就是以"完赛"为目标好好锻炼身体。因为担心他拒绝参加，所以我找了一个专门的时间，声情并茂地向他描述了这场比赛："这个比赛就是一个边跑步边闯关的游戏，到达终点的小朋友就是'真正的小勇士'，他们会得到小勇士的奖牌。你愿意成为这样的小勇士吗？"话音刚落，他就说："当然了！"两只眼睛好像在发光。看他如此坚定，我暗自感到欣慰，他的兴趣和斗志就是实施这次"体能计划"的感情基础。于是，赛前的"体能训练计划"在全家范围内开展起来。就这样，"成为一个真正的小勇士"成为孩子心目中想要达到的目标，这是他发自内心的自我激励，远比外界的激励来得坚定、持久。

距离比赛还有一个半月的时间，我们已经明确了大的目标，这是第一步。接下来，我们和孩子一起围绕"小勇士必备技能"这一话题，开启了一场"头脑风暴"。我们不仅对小勇士挑战赛官方发布的关卡实景图进行观看，同时也收集到一些以往的比赛视频，这能让孩子身临其境地去感受，对这场比赛有一个初步的印象。通过我们大家的观看、分析和讨论，最终得出结论：小勇士不仅要有胆量、够勇敢，还要有很好的身体耐力能跑长跑，有足够的力量会攀爬，除此之外，身体的平衡能力、灵活度也都必不可少。为了方便时刻提醒自己，我们将这一系列技能目标落在纸上（如下图），张贴起来。针对这每一个技能目标，我们也都制订了相应的"训练计划"：比如在小区院子里开展"长跑计划"，在公园攀爬乐园开展"攀爬计划"，在家里开展"平板支撑计划"等，各项技能逐一突破。

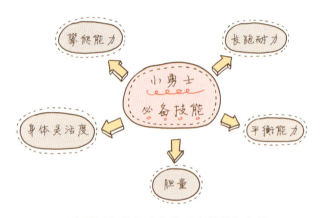

"大目标"分解为多个"小目标"实例

比如，针对"能跑长跑"这项"小勇士"的必备技能，考虑到孩子所在组别的赛程为 2.5 公里，又结合孩子之前的运动表现，制订出"每天晚上 8 点绕小区长跑（雾霾天除外），最初为每次 2 公里（2 圈），逐渐增加里程，目标为 3 公里（3 圈）"的具体目标。为了保证计划顺利进行，我和孩子爸爸一起参与到这项计划中。

"长跑计划"的第一天，训练不尽如人意，孩子在跑步中夹带着走路，跑着跑着还会说，"我不想跑了！"不过，因为他及时调整好心态，最终完成了计划好的里程。我和爸爸没有计较这些小"瑕疵"，依旧对他进行了嘉奖。

"长跑计划"的第二天，跑步中走路和喊累的情形有所减少。

到了第三天，极少出现边跑边走的情况，而且他还学会了鼓励同伴。比如，跑的过程中，他会提醒我保持匀速前进，就像我们之前鼓励他那样。

　　慢慢地，公里数渐渐增长，耗时渐渐减少，孩子也感觉自己越来越有劲儿了，回到家还愿意把当天跑步的公里数、路线和步数用画图的方式记录下来。在执行计划的每一天，孩子都拥有着幸福和喜悦。幸福是因为他感受到全家为了一个共同的目标而齐心协力，喜悦是因为他欣喜地看到自己每一天都有进步。与"参赛"这个"结果"相比，这个"过程"似乎更有意义。

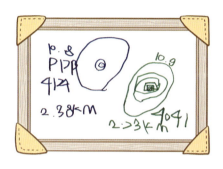

坚果用图画记录的跑步日记

　　临近比赛了，我们一起再次观看了比赛场地的照片，并一起想象参加比赛的情形。我们特意将比赛跑道的里程数换算为坚果更为熟悉的说法："比赛的赛道长 2.5 公里，也就是小区跑两圈半，比我们平时练习跑的路程还要短半圈！"另外，因为他平时会很注意衣服的整洁，考虑到这一点，我们也必须记得给他做好心理上的"铺垫"："你完全不用顾忌泥巴会弄脏衣服。小勇士要不怕脏、不怕累，身上越多泥泞，小勇士就越勇敢！"最后，我们对他说说："想象一下明天的你戴上奖牌的样子吧！"

　　终于到了比赛这天，坚果轻松顺利地完成了比赛，真实上演了他在昨晚想象中的一幕：赛场的工作人员热情地为他挂上了"小勇士"奖牌。此刻，他终于成为梦寐以求的、真正的"小勇士"。我和他同样沉浸在幸福的喜悦中，当然，我更不会忘记和孩子一起备战比赛时那些坚持训练的日子。看到他这一路的蜕变，看到他通过自己的努力最终达成了目标，我由衷为他感到高兴。他欢喜地与远方每一位家人分享了他参加"小勇士挑战赛"并拿到奖牌的经历，话语里带着自信和荣誉感。家里喜悦的气氛持续了一周之久，直到现在他还会偶尔拿出奖牌观赏、回味一番。相信有了这次通过努力最终达成目标的成功经历，他在面对更多挑战时，会更加相信自己、相信努力。

03　让孩子与"时间"做朋友

在时间碎片化的当今，时间管理显得愈加重要，甚至已经成为我们能否获得成功的一项重要因素。做好时间管理，绝不仅仅是我们大人的事情，培养孩子从小养成良好的时间观念，养成合理安排时间的好习惯，对孩子的一生都有着极大的益处。

作为孩子的父母，我想这些情形大家应该都不陌生：孩子早晨不愿意起床，晚上不愿意睡觉，让他们去刷牙，就像打仗一样；写作业的时候，他们却在摆弄橡皮、铅笔，时间过去了，作业本上却还是一片空白；因为不能及时穿好衣服，出门时间一推再推……有人说，越担心孩子拖沓，就越容易拥有一个拖沓的小孩。暂且不去判断这句话正确与否，单论它的出发点，"担心"确实是无济于事的。我们与其担心孩子、责怪孩子，焦急、动怒，不如切实地思考一下，我们能从哪些方面入手来帮助他们。

🌱 1. 有时间观念的孩子更自律

帮助孩子做好时间管理的第一步，就是尽早让孩子熟悉时间的概念。我们可以为孩子买来钟表，让时间"可视化"，帮助他们认识表盘上的时间。我们还可以借助手机上的秒表、倒计时、闹钟等功能，帮助他们感受时间。比如，通过秒表帮助他们记录写作业所用的时间、跑50米所用的时间，或者用倒计时或闹钟功能设置"刷牙时间"，钟表一响，就要立刻停下手头的事情去刷牙。

另外，生活中有关时间的抽象概念，我们可以尽量用具体的语言来表达。

比如跟孩子说"晚上 9 点睡觉""早上 7 点起床""看半个小时书""这件乐高积木需要 1 个小时能够拼好",等等。再比如,我们常常跟孩子说:"快一点,我们要出门了!"这样的说法,对时间的描述含混不清,孩子无从得知距离出门具体要多久,执行起来自然是拖沓、懒散。我们可以换作这样说:"5 分钟之后我们要出门,在这之前你需要穿好衣服。"这样的说法不仅能让孩子明确眼前的任务,而且能为他潜移默化时间的概念。可能最初孩子并不知道 5 分钟是多久,但是通过一次次具体的体验,他渐渐地就可以感知并量化 5 分钟是多久——是出门前穿好衣服的时间,也是喝完一杯牛奶的时间,同样也是从家门口走到小区门口的时间。这样一来,时间的概念在孩子头脑中不再是抽象的概念,而是变得更具体、更易于把握。孩子通过对时间的感受,做事会越来越有秩序感,他们也会更加认同做计划的重要性——如果我们列出计划,那么生活和学习时间都将变得可以预测,也更容易掌控。有了这种认同,下一步我们就可以带着孩子一起来做计划了。

孩子每天在学校的学习生活,已经由学校老师提前规划好,同样地,若想让孩子高效、合理地利用好校外的时间,就需要父母帮助他一起规划好校外的学习和生活。现在的孩子,课余时间常常被安排了这样那样的兴趣班或者实践活动,剩下的可以灵活支配的时间并不算多,而且常常是零散的。不过,千万不要小看了这些"碎片"时间,如果能够好好规划、有效执行,日积月累定能够积沙成塔,看到孩子的进步。

时间储蓄罐

自从坚果学会了认钟表,他在学习、玩游戏、准备睡觉和睡醒的时候就经常会抬头看表,就好像是担心时间不够用了一样。后来我发现,他是真的在担心时间会不够用,因为经常听到他说:"时间过得真快呀!"这个时候,我会补上一句:"开心的时候和专注做事的时候,就会觉得时间过得很快!"有时候他写完作业,抬头一看表,都已经到了吃饭的时间,他就会有些生气地说:"哎呀,时间要能再多一些就好了!"这个时候,我会接着说:"时间对每一个人都是公平的,想要时间更多,就要节约时间,学习的时候要提高效率，这样一天的时间就能变长。"

想要更多的时间？那一定会喜欢赢得时间的感觉吧！为了帮助坚果提高学习和做事的效率，思来想去，我想到一个好方法，就是把他平时高效做事的时候节省下来的时间，帮他"存"下来。我告诉坚果这个想法，他很感兴趣，我们就决定尝试一下。我在家里白板上画了一个时间的储蓄罐，罐子最初是空的，用来储存坚果平时结余下来的时间，装满了可以将时间"花"掉，也可以继续保留，而且会有新的"时间储蓄罐"用来继续装入时间。

具体的做法是这样的：坚果学习、收纳整理、吃饭、游戏正式开始之前，我们都会根据以往的速度预估一个时间。我们在计时器上输入这个时间，开始倒计时，如果坚果能够在响铃之前提前完成，那么节约下来的时间就为他"存"入他的"时间储蓄罐"，留作今后的自由活动所用。

随着这项活动的开展，坚果变得更加关注时间了，就连读钟表上面的时间也会尽量精确到分钟。出门前穿衣服节约5分钟，做作业节省下10分钟，晚上刷牙节约出3分钟……时间积少成多、积沙成塔。一瓶瓶的"时间储蓄罐"装满了，看着白板上画的好几瓶满满的"时间储蓄罐"，坚果特别开心。"你真是一个富有的人"，我说。

这些时间，我们都会在坚果需要的时候还给他。比如，当全家人一起玩"大富翁"桌游的时候，坚果可以从"时间储蓄罐"里取出一些时间，能多玩一会儿。想去登山，想看动画片，想去做手工、玩积木的时候，也可以自由支配这些"存起来"的时间。总之，做事的时候我们要专注、高效，用更少的时间，更好地去完成，节余下来的时间被存进"时间储蓄罐"里，用来做自己最想做的一些事情。这样一来，坚果更像是自己时间的"主人"了。

当然，有奖励就要有惩罚。如果是办事拖拉超过了预计时间，也会从"时间储蓄罐"里面扣除。比如有段时间，坚果每天晚饭后都要进行一个口算练习。为了提升他的做题速度，最初我们以倒计时的方式，设置一个合理的期望时间，时间一到就响铃。这样试了几次，感觉他压力太大，有时候因为担心闹钟响，不惜牺牲正确率也要抢在响铃之前做完，失去了计时的初衷。

规则总能在执行的过程中，不断得到更好的修正和补充。我们商量将"倒计时"改为"正计时"，每次批改完习题，我们都会将这次做题所用的时间写在题目旁边，方便看到每一次的进步。后来，计划实施的过程中，我又发现了一些新情况，坚果在做题的时候，有时会出现找不到橡皮的情况，因为他非常在意自己每次做题用的时间，所以会自行将计时器按下暂停键，找到橡皮之后再继续计时。于是，我立刻补充了新规定，就是削铅笔和找橡皮的时间也要计算在内，中途不允许暂停。这样一来，坚果之后就很少出现忘记准备橡皮、忘记削铅笔的情况了。他每次会记得先把铅笔削好，将橡皮准备在手边，以免中途因为这些琐事延误做题的时间。

当我们放手让孩子对自己的行为负责，他们自己就会想办法去做得更好。时间观念可以在孩子学着去负责、学着去承担后果的过程中建立起来。

🌱 2. 轻松做计划

怎样去帮助孩子一起做计划呢？我们可以按照时间顺序来制订计划，也可以将事情划分优先等级，按照事情的重要程度来列计划。当然，也可以在一个计划中同时体现出这两种思路。

时间安排与优先级

下面这幅图，就是坚果列出的一个当天的"待办事项"，是他对课外班下课到晚上睡觉这段时间的规划安排。由于此时的他还不能掌握汉字的书写，所以他用自己比较熟悉的英文列出计划。开始做计划之前，我会问坚果："你今天晚上想做哪些事情？"因为是对想做的事情进行"头脑风暴"，所以他先在本子中间画上中心图，写上"to do list"这一主题，之后画了一个更大的圆圈，分散地写上了今晚想要做的事情。孩子想做的事情可真不少，为了完成这些计划，那就必须有一个严格的时间安排。我接着问他："那么先做哪一项、后做哪一项呢？"于是他拿起蓝色的笔，在所有列出的事项上标出了序号，从第 1 项开始做，以此类推。

计划做到这里就可以开始执行了。当然，如果能够为每一项加上具体的时间，也不失为一个好的方法。因为在这份计划里，像画画、画思维导图这类事情如果加上了严格的时间，反而影响了那种自由创作的体验，所以这一次我并没有提醒他将每一项的完成时间写在上面。倒是因为我一句出于好奇的问话："这几项要做的事，你分别有多喜欢呢？"他立刻像得到了启发，不厌其烦地拿出红笔，用画"爱心"的方式表示对事情的喜欢程度。我也因此知道了，原来在他心目中"写汉字"与"玩游戏"同样有趣，都得了四颗"爱心"呢！

当日待办事项　坚果 5 岁

孩子的计划列表，当然不能以孩子的喜好程度来排优先级。孩子需要知道，他们先做哪件事情、后做哪件事情，不能完全凭借自己的喜好，也要综合考量其他的衡量标准。我们还需要让孩子了解，为了他们自身更全面的成长，需要战胜自己的情绪，对时间进行合理规划，该做的事情不逃避、不拖延，想做的事情争取时间去完成。下面这幅图，就是坚果制订的一张同时包含"必须做的事"与"想要做的事"的计划列表。

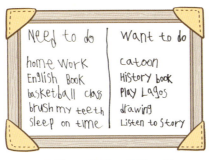

必须 VS 想要　坚果 6 岁

细心的你一定可以发现，孩子在此次的表格当中标注了时间。也许是之前曾经数次因为时间不够，导致当天计划无法完成，这一次，他记得在计划中标出了每个项目的具体完成时间。这说明他开始思考完成计划的制约因素——除了安排好各个待办事项的完成顺序，计划好每一个事项的完成时间也尤其重要。

当日待办事项　坚果 6 岁

此时，因为确信坚果对做计划这件事有了更深刻的体会，所以我认为是时候向他抛出"优先级"的概念了。"有时候我们会发现时间不够了，那么就要优先去做一些当天必须要完成的事情"，我补充道，"比如，如果我们现在的时间只够用来完成一项任务，可是列表上还有'完成作业'和'拼乐高积木'这两项没有完成，那就要先保证把作业完成，而拼乐高积木这件事可以放在第二天放学回家之后再玩儿。"

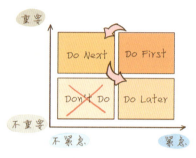

妈妈画的"做事优先级"示意图

我们可以画这样的图示让孩子去思考"什么事情是最重要的？""什么事情是最紧急的？"，然后帮助他们列出事情完成的先后顺序。孩子在规划自己的学习和生活的时候，如果不仅能够考虑到事情的顺序、完成每一件事情所需的时间，还能够考虑到每件事情的优先级，那就是将这种时间管理的思维活学活用了。

帮孩子轻松做计划的小妙招

"每日计划"进行了一段时间，孩子渐渐流露出怕费事、不愿坚持的情绪。我很理解他，尤其是对于他这个年纪，连写字都是一件较为吃力的事情，更别说列计划、执行计划，这会给他带来一定的心理负担。可是计划还是要继续的，为的是保证他每天放学后的这段时间能够高效地学习和游戏。

怎么办呢？我想到他之前列的"每日计划"，其中的"待办事项"大多集中在"看中英文绘本""写汉字""做算术题""做游戏""画思维导图""画画"等这几项。如果能够将这些经常做的事情制作成卡片，每次只是由孩子从其中进行挑选，那么做计划这件事就变得容易多了。孩子没有了心理负担，自然就容易坚持。

于是我和孩子一起，将这几个经常做的事项用不同颜色画在卡片上。孩子每天做计划的时候，只需要在这些卡片里面选择需要的那一个，用磁铁吸附在"今日计划"模板的空格当中，就能形成当天的计划列表。这种做计划的方式既灵活，又轻松不少。

高兴的是，我们的这次尝试成功了，不出我的所料，孩子更能够坚持做计划了。对他来说，"做计划"这件事再也不是一件有负担的事情，而是意味着只需要"稍微动动双手，将当天计划要做的事项卡片排成一列"这样一个小小的动作。父母在引导孩子做计划的时候，不妨试试这个方法，将孩子经常做的事情制作成卡片，做计划的时候直接拿来使用。

直到今天，我们家都还保留着这种灵活又方便的列计划的方式。孩子坚持做计划这件事，不仅仅意味着他将掌握时间管理的技能，更意味着他将成为自己生活的主人，不虚度光阴，不蹉跎岁月，认真地对待属于他的人生。

🌱 3. 发呆 = 浪费时间？

这个时代，很多家长看不惯孩子发呆，都会把孩子的时间安排得很满。很多人认为孩子什么也不做就是在浪费时间，总想把孩子的分分秒秒都安排满。比如，空闲的时候记记单词、做几道算数题或者看一篇绘本故事。我非常理解这些想法，因为我自己也一直不是一个会给自己留出时间发呆的人。

想想自己，真的是好长时间都没有发过呆了，确切地说，是不舍得花时间去发呆。因为在"教育孩子"这件事中妈妈的角色非常重要，所以我白天争分夺秒地做事，为的是孩子放学后我能投入更多的时间与他相处。待到每天晚上孩子睡下，我终于又安静下来，看书、学习、整理心得或者是反省自己。我的第一本育儿漫画，就是在孩子每晚睡下之后"挑灯夜读"完成的，那时我朝九晚五地上班，晚上回家陪伴孩子，夜里写书。在利用碎片时间这方面，我一直以来"挖空心思"，刷牙的时候、独自进餐的时候、去接孩子的路上，我不是在听书，就是在构思一篇写作，或者在脑中安排着一天的计划。时间恨短，我在这条路上越走越远，有时候这种密不透风的高压已经影响到我的状态，我调整自己，可是并没有察觉根源到底在哪儿。就在我坐在电脑前写下这些文字的时候，我深深地自我检讨。我尝试着将自己放空：当家里的气氛再次安静下来，我并不急于去完成一些所谓的计划，而是一边仔细地琢磨着发呆这件事，一边发呆。

发呆的感觉真好，身体放松，呼吸平缓，大脑挣开了缰绳，思绪漫天飞舞。我一边陶醉于这种发呆的小确幸，一边庆幸并没有因为对自己的一贯苛责而去用同样的态度要求孩子。从坚果很小的时候开始，我就向家里每一个人提出了一个期待，就是家里人看到坚果自己在做事、观察、发呆的时候，千万不要打扰，我号召全家人"我们要好好去呵护他的这种状态"。那个时候，我还不知道发呆这件"小事"却是孩子成长中的"大事"，我也并不清楚发呆能给孩子带来哪些益处，只是冥冥之中顺应着作为母亲的一种直觉，就要坚定地这么做。

每次看到孩子整个人安静下来独自发呆，我都不忍心去打扰，于是就静静地、远远地看着，就像是欣赏一件美好的艺术品。好好去发呆，专注地发呆，作为一个大人，我却应该向孩子学习。想到这里，孩子一次次发呆的画面不由得浮现在脑海。

发呆的时候，坚果眼看着窗外，发现了树枝上的鸟巢，捕捉到了天边的彩霞。

发呆的时候，坚果随手拿起沙发上妈妈给他讲过的书，静静地翻来翻去。

发呆的时候，他静静地把玩着抽屉里面的一枚枚纪念币，拿起又放下。

发呆的时候，他会留意到家里墙面上我刻意张贴的印象派画作，站在那里看上半天，就像在美术馆。

哪怕就是摸一摸自己心爱的玩具，也能让他舒缓情绪、整理自己，或许还能在发呆的时候萌生一些好玩儿的点子，于是下一秒灵机一动，立刻玩起来。

⊙ 发呆——状态的切换

发呆可以帮助孩子顺利地完成个人状态的切换。我好几次看到这样的情景：坚果完成了烧脑的思维训练之后，深舒一口气，静静地合上书本，然后随手翻翻后面的练习，他不是真的要看个究竟，我认为那更像是一种状态的舒缓。他会放缓动作，继续将自己的桌面收拾干净，这时候，他的大脑已经慢慢松弛下来。那是一种清醒而放松的状态，我并不急于上前和他说话，而是让他尽情地放慢。

孩子的发呆时间就像绘画作品中的留白，虽然什么都没画，但是对于整幅作品的最终效果必不可少，有时候甚至还成了整幅画里的点睛之笔，意味深长。发呆是一种很好的精神调剂手段。不要任何时间都为孩子规定好应该做什么，留出时间给他们自己，哪怕是随意地发发呆也好。

⊙ 发呆是一种思考的沉淀

发呆还能帮助孩子对之前所学的知识进行消化、理解，甚至产生顿悟。坚果就是这样，他在安静地发呆之后，经常会跟我说起对之前所学知识的新的理解。比如吃饭的时候，餐桌上刚刚结束一阵热闹的探讨，之后坚果默不作声，进入了发呆的状态。别看他安静地埋头吃饭，脑袋里却是在想着别的事情。直到他忽然开口，谜底才被揭开，我们从他的话语中可以得知他刚刚在想什么事情。

有一次，坚果吃着饭，忽然抬起头兴奋地说："我能给你们出一道数学题。""好啊，说来听听。"我说。他咧嘴笑着说道："一只狮子从夜里12点到凌晨1点抓了70只鬣狗，那么按这样的速度，这只狮子从夜里12点到上午10点能抓多少只鬣狗？"这时候坚果五岁半，还没有学过乘法。我赶紧鼓励他道："这个题目出得好，多绕了一道弯。因为题目并没有直接告诉大家是几个小时，而只是间接地告诉大家从几点到几点。"

坚果一听，发现自己的小心思被大人理解了，于是备受鼓舞，说："我还能出一道更难的。"他接着说，"一只狮子从前一天晚上10点到12点抓了 30 只鬣狗，那么按照这个速度，从前一天晚上 10 点到第二天中午 12 点能抓多少只鬣狗？"这次的题目一连绕了两道弯，我继续鼓励他："这道题目更难了，不仅没有直接告诉大家一共几小时，而且没有直接告诉大家一个小时能抓几只鬣狗，都要算一下才可以知道。"于是，坚果就跟我一起算起来，坚果抢答说："一共是 14 个小时。"我也积极算题："嗯，而且 2 个小时抓 30 只，那么一个小时就是 30 的一半，也就是 15 只。"因为坚果还不会计算乘法，最后，我和坚果拿来了计算器：15 乘以 14 等于 210 只。坚果不仅想出了一道好题目，也解出了这道题，满脸洋溢着开心、满足。

给孩子留出时间，让他自由地去放空、去思考，从而厘清更多的事物关系：一些之前没有被消化的知识点顿悟了，一些不被理解的规律被渐渐理解了。

◉ 发呆与创造力

一些父母之所以一看到孩子发呆就要上前阻止，将孩子一把拉回到眼前，我想多半还是觉得"发呆就是精神涣散""发呆就是注意力不集中""发呆没有意义""发呆太不实用"等。在这个节奏快、竞争激烈的时代，人们总是低头赶路而忘记去看一眼沿途的风景。

科学研究表明，发呆并不等同于注意力涣散。只要控制好时间和频率，发呆对我们来说就是一件好事情，因为它不仅能缓解大脑的疲劳，还能调节我们的情绪。当孩子看书、学习了较长一段时间之后，鼓励孩子看看窗外、发发呆，能够缓解疲劳、积蓄能量，从而能高效、积极地投入下一段活动当中。

人的需求也是多方面，人们不仅需要"实用的东西"，比如木商看古松、饥饿的乞丐看到饭菜等，事物之于他们是能解决实际问题的。人们同时也需要"不实用的东西"，比如发呆、听音乐、与朋友的闲聚等，虽然这些事情"寒不可为衣，饥不可为食"，但都是必不可少的。就像朱光潜先生所说："在有所为而为的活动中，人是环境需要的奴隶；在无所为而为的活动中，人是自己心灵的主宰。"

有时间去发呆的孩子，会有更多空间去发挥创造力。如果一个孩子课外的生活日程被家长安排得密不透风，那么孩子多半只会被动地接受外在的安排，独处的时候也不知道该做些什么才好，创造力就更谈不上了。

　　时间是宝贵的，我们希望孩子的每一分一秒都是在有意义的事情中度过的，发呆也是有意义的。给孩子发呆的时间，许多灵感就会不期而至。在发呆的时间里，坚果第一次开始欣赏迈克尔·杰克逊的音乐，他一发不可收，学着迈克尔·杰克逊的舞步，一遍又一遍不厌其烦地跟着节拍起舞。在发呆的时间里，坚果随意摆弄着抽屉里的小玩意儿，他第一次发现了计算器，于是开始研究计算器的操作，研究太阳能板的工作原理。发呆的时候，坚果在厨房的角落里第一次发现了家里好久没用过的电子秤，于是开始用它来称玉米、书本、各种各样的玩具，甚至还想称一称自己。发呆的时间里，孩子才更像是一个孩子，而不是忙碌的小大人。

　　孩子不是学习工具，要有张有弛。孩子的每一次发呆都不会白白浪费，他们或是在为自己积蓄能量，或是在体验一种感觉，或是在与自己对话。发呆也是孩子跳出固有思维，迈向新发现的有效路径。我们要懂得让孩子适当"发呆"，在放松身心的时候也让他们放飞思想，孩子才有更多的机会去收获健康、快乐和创造力。

🌱 4. 不要让时间"绑架"了孩子

　　孩子有时间观念是好的，可是如果过于关注时间，就会适得其反。原本是一种自我约束，却一时间变成了压力、枷锁，好事变成坏事。

　　有一段时间，我在家里发现了一个现象，就是坚果总爱看表，而且越是心慌、着急的时候越要去看。每次他看完表之后，觉得时间不够用了，就加剧这种焦虑。什么情况下容易出现这种现象呢？比如坚果已经花了好长时间去解一道数学题，还是做不出来，这个时候他就会去看表。再比如背诵英语段落的时候，遇到一些生词背了半天还没记住，这时候他也会去看表，因为担心一会儿打羽毛球就没有时间了。

　　一天下午，我们一起听《三国演义》故事，听了大约10分钟，他忽然扭头去看表，说准备5点开始穿衣服，5点5分下楼玩儿。我也看了一下表，这时只有4点半不到。这之后，他一直心神不宁，注意力也不能完全集中在听故事上。想到前两天他做数学题的时候也出现过这种情况，结合这些天的观察，我觉得有必要先把钟表摘下来一段时间。

我开导坚果，告诉他我们做喜欢做的事情，或者做必须要做的事情时不要过于盯着时间，要全情投入。被时间牵制的感觉不好受，会在心理上造成紧张的气氛。我们不能做时间的奴隶，而要做时间的主人、时间的"皇帝"。也就是说，我们不能被时间牵着鼻子走，扰乱我们的心绪，而是要让时间为我们所用。

晚上，爸爸下班回来了，一看到家里的墙上少了钟表，他就猜到了事情的原委，爸爸支持先将钟表摘下一段时间的做法。虽然没有了钟表会给家里的生活带来一些不便，但是为了缓解眼前坚果这种分秒必争的紧张状态，一段时间的不便当然算不了什么。爸爸这样跟坚果说："每天感觉时间不够用，以及掐着具体时间点安排学习和生活的人，就像是时间的穷人，我们要摆脱这样的现状。"

今天的家庭"茶话会"的主题自然是"时间管理"。爸爸告诉坚果："世界上有两种穷人，一种是金钱上的穷人，一种是时间上的穷人。什么是金钱上的穷人呢？就是我只有这么多钱，我是买一个面包填满肚子呢，还是饿着肚子省下这些钱去买一本书呢？这就是金钱上的穷人的思维。还有一种就是时间上的穷人。比如许多人都会都觉得每天的时间不够用，一些大人会想：我晚上的时间是用来陪孩子呢，还是用来自己补会儿觉缓解一下疲惫，或者是用来多加两个小时的班，多挣一些钱呢？这就是时间上的穷人的思维。"坚果陷入思考，爸爸接着说："坚果就是时间上的富人，因为坚果可以想做什么事情全都去做。你的时间比较富裕，不用做出取舍，只需要安排好顺序就好。"

爸爸还说："坚果，你不要等到时间上没有选择的时候再去做一些事情。比如不要等到吃饭前才想起来去做自己喜欢的手工，因为那会儿你不能吃饭，那样你的时间特别紧。你也不要将必须完成的作业放到晚上 9 点再做，因为那会儿你快要睡觉了。把要完成的事情放在这会儿做，就会影响睡觉，而且心情不会太好，是一种欠债的感觉。"坚果认真地听着，说："我明天还要表现得更棒一些。"

一段时间之后，和我们预期相同，这种状况得到了改善。我们甚至已经习惯了没有钟表的日子，在必须的时候，大家会找来手机看时间。听故事的时候，孩子更能够沉浸在故事当中，他支起耳朵听，仿佛自己也在故事里；看书的时候，孩子慢慢地翻看，直到自己看清楚这一页所有的细节之后，才不舍地翻开下一页；画画的时候，因为没有时间限制，孩子可以尽情挥洒想象，直到脑海中的灵感一个一个都被捉住，然后从容地表现出来。这个时候，孩子才更像是自己做了时间的"主人"。

04 生活实例：习惯养成，从游戏开始

我们都知道，养成一个好习惯，能让人终身受益。叶圣陶先生在强调培养习惯的重要性时，他是这样说的，"教育的本质就是培养习惯"。

随着孩子步入小学、初中，我们不难发现，促使孩子拉开距离的往往并不是智商，而是学习习惯。那些班里表现优秀的孩子，通常是从小的时候，父母就开始注重培养他们好的学习习惯了。我们经常能听到各种各样的豪言壮语："让孩子打卡英语阅读 100 天""让孩子坚持每天认识一个新的汉字"等，最终能完成这项计划的，当然除了要有一个能够时刻督促孩子前进的家长，还要有一个高度配合的孩子。

制订目标、分解目标、时间管理等，都是好的习惯，更是促使新的习惯养成的好工具。接下来，我通过一个生活中真实的案例，向大家展示如何在家中制订计划，以促进孩子好习惯的形成。

1. 让孩子成为游戏设计者

帮助孩子做计划的时候，我们完全可以将"计划"和"目标"作为"游

戏的规则"，跟游戏融为一体。我们可以试想一下，如果孩子知道"执行计划"就像"大富翁游戏"一样好玩，那一定会乐不可支、积极参与。

为了将整个计划制订得好玩、引人入胜，在开始制订计划之前，让我们再来探讨一下好的游戏是如何引人入胜的。自我决定论的两位创始人——美国心理学家德西和瑞安认为，人的内在动机发展离不开自主感、胜任感、归属感这三方面的满足。根据这一理论，我们很容易就能发现一款"好的游戏"让孩子为之痴迷的原因所在。

首先，好的游戏能给孩子充分的自主感、胜任感。在游戏里，他们不仅能够自主选择游戏的难度，还能够在每一个关卡自主选择策略，这都有利于施展孩子自身的主观能动性。孩子在游戏中会有一种"我很有能力"的感觉，这本身就是一种自我激励，促使他们走向成功。

其次，好玩的游戏常常会在中途有及时反馈，无论是好是坏，玩家都能及时看清眼前的局势，有一种切实的掌控感。这远远好过在"最后一刻"才得知一个"坏消息"时的那种无力挽回的失落感。

除了掌控感，好的游戏可以给孩子归属感。玩家即使在游戏中失败，也不会受到任何责备。这就让孩子在游戏中能够将精力集中在眼前的"战局"，而不必担心自己的失败会造成不好的影响。好的游戏能给孩子这么多好的体验，怪不得他们会沉迷于其中。

明白了这些要点，我们就可以借鉴设计游戏的思路，开始制订我们的计划了。我们先明确此次计划的期限和目的，这是针对坚果小学入学前一年的学习和生活制订的一个中期计划，目的是希望他在上小学之前能够形成好的学习习惯、运动习惯、生活习惯。接着，我和坚果爸爸特意挑选了一个孩子状态很好的周末上午，跟他说了这个想法。我们将这项计划描述为一项得分的游戏，并且告诉他："每达到一定的分数，都会获得相应级别的奖励。"坚果认真听着爸爸妈妈的描述，说："好啊！"

坚果表明了意愿之后，我们就可以针对具体的游戏规则进行探讨了。我和坚果爸爸邀请坚果一起来参与计划的制订。一方面，我们把他当作团体中的一员，让他有一种归属感；另一方面，他参与了游戏规则的制订，自然也会对整个计划更加信服。另外，他参与得越多，就越觉得自己能干，还能获得一种自主感和掌控感，可谓"一举三得"。为了保证整个计划在日后能够顺利推进，我们一定要让孩子参与到计划的制订当中，这样他们更有意愿投入计划中，配合度也会相对比较高。

接下来，我们一起对游戏的奖励规则进行了细化：每一局游戏满分为100分，其中在30分、70分和100分都分别设置了奖励，达到100分之后重新清零。第一档奖励之所以会设置在"30分"，是考虑到坚果可以在游戏一开始就能及时地得到激励；第二档奖励设置在"70分"，比第一次的奖励来得漫长，是想让坚果在游戏中段能磨炼一下耐性；接着到了"100分"，又是一个较为及时的奖励，比第二次奖励来得更快，希望在一局游戏结束的时候给他留下"这个游戏并不难"的好印象。坚果对奖励的设置没有异议，他内心惦记的却是：每次的奖品是什么。

进行到奖品设置的环节，主要由坚果来发表意见，他想出了三个最想要的奖品：汽车玩具、指纹锁、摄像头。对于这三个奖励的顺序，我和坚果爸爸给出了补充意见，就是奖励物品的金额应该依次上升，比如第一档的奖励是一个小奖，金额在几十元；第二档的奖品金额在100元到200元之间；最后的大奖，金额可以在300元左右。只要在这个金额范围内，坚果可以自主挑选心仪的奖品。按照这个原则，我们一起确定了这三档奖励的奖品，第一档的奖品是汽车玩具，第二档的奖品是指纹锁，第三档的奖品是摄像头。

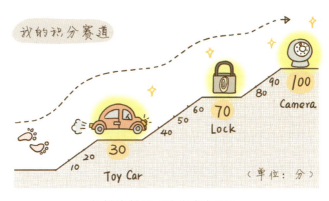

妈妈绘制的《游戏路线图》

为了更直观地将游戏的得分机制展示出来，我根据最终统一的意见绘制了一幅《游戏路线图》。后来想到，除了亲手去画，我们也可以直接借助飞行棋或者大富翁游戏的地图来代替，比如设定起点为"0分"，终点为"100分"，中间再选择几个节点设定为"30分"或者"70分"。

看到我将每一件奖品画在了对应的分数上，坚果开心极了，就好像这些奖品已经属于他了一样。对于这个游戏的期待，这一刻，在他心中便真正地开启了。

2. 计划中细节决定效果

接下来，我们一起对得分的项目进行头脑风暴，总结下来，分为英语、数学、语文、篮球、跑步、看绘本这几项，并针对每一大项都进行了细化。

比如，阅读方面，晨读一篇中文或者英文文章得1分；能够复述出故事梗概，得1分。

数学方面，分为数学绘本和口算心算习题，每进行一项得1分。

跑步方面，连续坚持3天下楼跑步，得1分。

篮球方面，上课专心听讲得1分；动作标准得1分；比赛每进1个球得1分。

具体如下图所示：

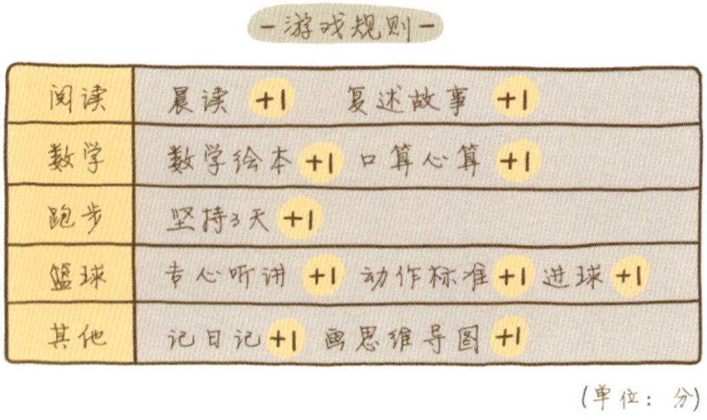

（单位：分）

最初整理的"游戏规则"

因为是第一次进行这样的"游戏"，我们希望以激发他的兴趣为主，所以在具体的得分设置上面，比如"每次算几道习题""每天跑多少公里"等目标量化方面，并没有严格要求。此时，我们希望他能主动开始去做这件事情，并从中收获快乐和自信，进而能够坚持下去。坚果仍然沉浸在设置这三档奖品的喜悦当中，对于我们提出的建议，连连说"好"。

大概是由于得奖心切，坚果在制订完计划的当天就开始执行了。他还特意针对这次的游戏，制作了一个非常直观的盘旋赛道，跑道上的卡通人物代表他自己，正奔跑在得奖的赛道上。这一天坚果得了好几颗星星，连睡觉前都在数星星的个数。

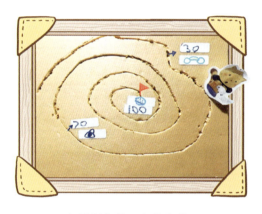

坚果制作的"盘旋赛道"

实践出真知，在计划执行的过程中，我们需要时刻检验"游戏规则"，一旦发现不妥要及时进行调整。虽然在计划之初，我们三个人一起做了周密的计划，但是一些规则到了真正执行的时候，还是会暴露出一些需要调整的问题。

比如针对篮球训练方面，之前由于坚果是刚刚开始接触篮球，所以在最初制订的"游戏规则"中，希望对他上课分神的情况进行提醒和约束。一段时间的训练之后，坚果对篮球的兴趣越来越浓厚，已经完全能够自觉地认真听讲，所以我们就将这一规则进行了调整。根据坚果当前在团队比赛中不愿去抢球的表现，我们将"专心听讲"这一得分项改为"整场比赛摸不到球扣2分"的扣分项，希望能够激励他在比赛中勇于去抢球，帮助团队得分。

又比如，坚果主动完成了算术题，学习态度可嘉，可是正确率不达标，能不能得分？于是，我们三个人又一起坐下来探讨，针对个别条款补充了量化指标："口算心算习题，能主动完成得 1 分，题目全部做对再得 1 分。"

还有，一开始在"游戏规则"列表中，我们是没有列出"好人好事"这一得分项的。有一天，我们听老师说坚果在学校帮助了小朋友，为了表示对他的肯定和鼓励，我们就加上了"助人为乐"这一得分项。后来，又听说他在课堂上积极举手发言，为了及时给予他鼓励，我们回到家后，立刻在列表最后添加上了一条新规则："爸爸、妈妈都觉得可以加分的事情，可加 1 分。"

除此之外，为了鼓励他做一件事情的持续性，我们一起商量之后，特意补充上这一条："连续 7 天进行一个项目，加 2 分"的条款。

— 游戏规则 —

阅读	晨读 +1 复述故事 +1
数学	数学绘本 +1 口算心算(主动 +1 全对 +1)
跑步	坚持3天 +1
篮球	动作标准 +1 进球 +1 整场没抢到球 -2
其他	记日记 +1 画思维导图 +1
补充	连续坚持7天 +2 助人为乐 +1 未列出项目若爸妈都觉得能加分 +1

(单位：分)

第一次调整后的"游戏规则"

随着越来越多的细节被考虑到，我们的规则越来越严密，合理性也越来越到位。每天放学回到家，坚果都会不厌其烦地数一数得到的星星数量，看看那个代表着自己的"小人儿"，算一算距离奖品还差多少分，然后再进行其他事情。自由活动时间一结束，只要妈妈稍作提醒，坚果就会走进书房，投入"挣星星"的事情当中。当他完成了一个得分项再次迈出书房的时候，满脸挂着期待的笑容，大声向家里人宣布："我又得到星星了！"在一片赞声中，他熟练地进行着一系列的操作：首先将手中的星星对齐贴在某一栏对应的位置上；然后将代表自己的"小人儿"向前挪上几步；最后再算一算自己距离目标还有多远。一个流程操作下来，他这才放心地去做别的事情。就这样过了不到两周的时间，坚果得满了30分，他期待的第一个奖品如约而至。

🌱 3. 当计划面临"考验"

"游戏规则"一旦执行起来，不宜轻易变动，但也有例外。随着时间的推移，孩子在逐渐进步，有些规则需要及时更新。

就以篮球训练为例，随着计划一天天推进，坚果的球技也稳步提升，"投进球"和"抢到球"对于此时的他来说，都不再是难事，也几乎不会出现整场比赛抢不到球的情况。有好几次，篮球课下课之后我们回到家，当我们盘点坚果在课上的表现，一起为他整理得分时，发现只是"进球"这一项，就得到了五六分之多。这个时候我们意识到，"进球加1分"这一项，开始给整个得分规则带来极大的不平衡：因为按照规则，他复述一个故事，外加做对所有的算术题，一共也只能得到3分，可一节篮球课结束就能轻松得到5～6分。我们第一时间发现了问题，并及时进行了调整，将之前"整场比赛抢不到球扣2分"这样一个被"闲置"的条款取消，同时将"进球得1分"调整为"综合表现优秀得1分"。我们跟坚果解释了"综合表现"的意思，"综合表现"主要考量进球数量、动作是否标准、比赛中犯规次数等方面的表现，如果爸爸妈妈都觉得当天坚果训练得好，那么就能够得到"综合表现优秀"的得分。

另外，针对他在篮球课上的每一次进步，比如一次精彩的助攻，或是一次利落的抢断，我们都会及时给他额外地加分。我们鼓励他继续完善自己的球技，同时也关注他在打比赛时与团队球员之间的配合。

我们在整个计划的执行中都坚持着"赏罚分明、事出有因"的大原则。正因为孩子的每一次得分或者失分都有理有据，所以孩子对于这个游戏有充分的认同。这是一个基础，我想只有这样，"游戏"才能进行得长远。

游戏规则	
阅读	晨读 +1　复述故事 +1
数学	数学绘本 +1　口算心算(主动+1 全对+1)
跑步	坚持3天 +1
篮球	综合表现优秀+1 助攻+1 抢断+1
其他	记日记+1 画思维导图+1
补充	连续坚持7天 +2　助人为乐 +1 未列出项目若爸妈都觉得能加分 +1

(单位：分)

第二次调整后的"游戏规则"

形成一个好的习惯哪有那么一帆风顺呢？在前进的途中，孩子难免经历挣扎、折返。"游戏"有序地进行了一段时间之后，新的挑战再次来临。坚果的第二个奖品姗姗来迟。一是因为第二次奖励的得分要求更高，所需的完成时间更长；二是因为他在计划执行的过程中，慢慢出现了拖沓的情况，显得动力不足。

"考验"如期而至，我担心它的来临，却又盼望着它的到访，只有经历了这一关，孩子才能在形成良好习惯的道路上更进一步。这考验，不仅仅是对孩子，我更将它看作是对家长耐心上的考验。

"游戏进程"就这样放缓了脚步。我知道批评、辱骂和棍棒是不可取的，我也会要求自己严格控制愤怒、失望这类情绪的表露，我知道这些都会消磨孩子的热情，进一步将孩子推向放弃。于是，我尝试着去体谅他。首先，对于孩子在"计划列表"之外的项目，我选择积极回应。当我耐心规劝，孩子却仍然不愿意开始执行计划的时候，我并没有继续强迫他去遵从，而是索性定下 20 分钟的闹钟，并在这游戏"加餐"中与孩子尽情玩耍。闹铃一响，玩乐的时间结束了，尽情地玩耍之后，就连孩子自己也觉得应该进行点什么其他的活动了。

其次，在孩子平静的时候，我多次向他表达信任和期望："这不是一件容易的事情，哪怕对我们大人来说也一样。不过，我相信你能够做到。"这是一种"期望效应"，也即美国著名心理学家罗森塔尔所揭示的"皮格马利翁效应"——如果孩子能够感受到我们对他的信任与期待，正向激励自然会奏效在轻松、安全、友善的氛围中。

我和孩子之间彼此建立着信任：我信任他、理解他、给他安全感，在他需要的时候，我会保持友善并尽力为他提供支持；孩子也信任着我，他知道，妈妈的反馈源于对他的关心和支持，而不是对他的批评和指责。我将列计划的"权力棒"重新交回给他，由他来决定放学之后自己想学什么，从哪里起步。如果他决定去学习，我就在一旁默默看书；如果他想要看绘本，我与他共读；如果他要运动，我也踊跃参与。就这样，我们一起努力又找回了这种"进步"的感觉。

🌱 4. 好习惯不是一天养成的

形成一个好的习惯，需要多久？有人可能说，21 天。这个说法虽然听起来让人振奋，但却是一直以来我们的误读。这个说法来自美国麦克斯韦尔·马尔茨博士在 1960 年写的《心理控制术》一书。根据他在书中的阐述，通常来说，截肢病人需要 21 天才能接受他们失去肢体的事实，而整容后的人平均需要 21 天来习惯手术后的新貌。作者本意是在说，人们通常需要 21 天能接受生活中的重大变化，这与我们所理解的"21 天养成一个好习惯"的说法相距甚远。

通常来讲，养成一个习惯并非 21 天就可以达到，而是需要更多的时间。伦敦大学的心理学家于 2009 年的一项研究给了我们答案。他们当时开展了一项调查问卷，这项问卷邀请了将近 100 名参与者，要求他们选择一项希望发展成习惯的锻炼活动或者控制饮食活动，并记录下整个过程。一旦参与者能够毫不费力地继续这项锻炼或者控制饮食活动，就可以称他们形成了习惯。最终的数据显示，人们养成习惯最少需要 18 天，最多需要 254 天，平均 66 天可以养成一个习惯，养成习惯的时间是有差异的，哪怕是同一个人形成不同难度的习惯，所需的时间也不同。

于是我提醒自己，在习惯的培养上，要给自己和孩子多留一点时间。令人欣慰的是，在计划执行到第三个阶段的时候，坚果已经慢慢养成了主动学习的习惯。游戏之后，他会主动要求去做会儿算术题，或者是写一写汉字，还不忘纠正我的说法，"妈妈，这不是学习，这也是游戏！"这个时期，他并没有像最初那样不厌其烦地数着星星，可还是会开心地与家人分享"战绩"："今天有一个难题，但是我最后做对了！""今天我读英语非常流利。""今天读了一个有趣的故事。"他开始去关注每一件有意义的事情本身，多少次，他出色完成了计划中的项目，却忘记了在第一时间去兑换"星星"（1颗星星代表1分）。

一连两三天，计划表上的"星星"并不见增多，一直停留在80多分的位置，赛道上的"小人儿"也没有继续向前走，离100分还差一些。计划仍在如火如荼地开展，只不过坚果这时候已经将外在的物质奖励逐渐转换为自我激励，只有被妈妈提醒，才会想到要将当天的分数更新上去。这是个好事儿，因为这个"游戏"最终目的就是要淡化得分，靠孩子自身的力量来驱动。

后来，我和坚果爸爸将忘记统计的分数估算了一下，与现有分数加在一起的话，早就超过100分了。于是我们郑重地告诉坚果：可以选择一个喜欢的奖品了！由于距离最初的奖品设定已经过了很长时间，之前商定的"大奖"已经不是孩子眼前的兴趣所在了。为了保证这次激励的效果，我们将奖品灵活调整了一下：在规定好的商品金额范围内，为他选了另外一件"大奖"——智能门铃。之后我和坚果爸爸同时宣布，虽然这项学习计划仍要继续，但是以后不再采用这种积分制度了，而是要靠坚果自觉去推动这件事情。当然，为了庆祝他取得的阶段性学习成果，我们还是一样会给他准备意外的惊喜。

这一局"游戏"当中，从最初我们一家三口一起制定规则、修订规则，到孩子在"游戏"中逐渐养成习惯，再到后来"游戏积分"概念的淡化，最终将好的习惯内化于心，一共用了40多天的时间。我们在前期借助了"游戏"中的奖赏规则，来唤起孩子开始去做一件事情的兴趣。当孩子在学习的过程中体会到胜任感、成就感，意识到学习的价值和意义，外在的激励就逐步转化为内在动力。慢慢地，孩子抛开外在的"游戏"奖励机制，而是去关注"学习这件事情"本身。他不满足于游戏中规定好的项目，而是自主设定学习内容、学习目标，获得更多的自主感、责任感。孩子就是在这样的过程中，逐渐爱上学习的。

很多时候，孩子在坚持一个好习惯的时候动力不足，往往就是因为不知道这样坚持下去的意义何在。我们可以用"一个玩具""一份蛋糕"这样的奖励去鼓励孩子开始去做一件正确的事情，却不能保证这样的奖励会一直奏效。尤其是当孩子已经能够积极主动地进行一项活动的时候，外在奖励反而会削弱他们已经形成的内在动力。这个时候，就可以给孩子心中描绘一个"理想的蓝图"，让他为了更大的理想去坚持做一件正确的事，而不单单是眼前的奖励。

有一段时间，坚果每天都要坚持做一些算术题，进行到 20 多天的时候有了拖沓的表现。看他劲头不足，爸爸这样鼓励他："你数学学得好了，长大就可以去造宇宙飞船了！"这时候，磨蹭了好半天，刚刚拿起笔要去做题的坚果忽然抬起头来，他盯着正前方的墙面想了想，然后马上按下计时器，快速做起题来。一旦明确了坚持下去的理由，孩子就更能够将一件正确的事情坚持做下去，因为每一个孩子都期待着变得更好。

"学如逆水行舟，不进则退。"如今，孩子的学习计划仍在继续，他每天都会有新的成长。我真心希望孩子能够享受这种"坚持做正确的事情"所带来的成就感，在建立良好习惯的道路上不要轻言放弃。

第二章

提升孩子的学习力

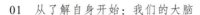
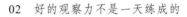
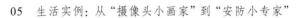

01　从了解自身开始：我们的大脑

🌱 1. 一台精密而又神奇的"仪器"

在孩子学会学习之前，我认为非常有必要让孩子先了解大脑的运作方式。为什么呢？这就像我们不能让一个不识字的人去阅读一本书，也不能让一个不懂加法的人去解算术题，所以，我们最好能够在孩子了解大脑运作方式的情况下，再让他们去完成各种各样的学习任务。当孩子了解了大脑工作背后的科学知识，他们便不再将"思考"当作一个抽象的概念，而是懂得大脑如何帮助我们学习，又如何在学习的过程中帮助我们获得实实在在的成长。

大脑——一座精密的控制台

为了给孩子讲解大脑的结构，我先是给孩子找来一个有关大脑的科普视频，让他通过视频中的讲解初步了解大脑的运作过程。当然，对于一个四五岁的孩子来说，科普视频里面稍微专业一些的术语都会妨碍他们的理解，这就需要父母将这些术语转化为更加形象、易懂的语言。于是，我一边在纸上画，一边为他讲述大脑这座"控制台"的内部结构。

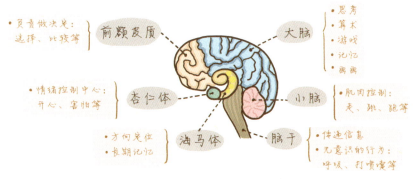

画给孩子的大脑"控制台"示意图

"我们的大脑分为两个半球——左半球和右半球。每个半球都是由许多部分共同组成的，包括大脑、前额皮质、海马体、小脑、脑干和杏仁体。"

"你看，这是大脑，它占整个脑部的很大一部分，它能帮助我们思考、做数学题、游戏、画画。此时此刻，我们的大脑就在不停地工作。"

在大脑的前面，我画出了前额皮质，我告诉坚果，"它能够帮助你做决定。比如你在玩具店挑花了眼，不知道该买哪个好的时候，前额皮质能够帮助你作出选择。"

接着，我画下了小脑的部分，"这是小脑，在你打篮球的时候，小脑就一直在忙碌地工作，它控制了你的肌肉，能够帮你移动、奔跑和跳跃。"

接下来，我在小脑的下方画出了脑干，"在我们睡觉的时候，是谁让我们继续保持呼吸，心脏继续跳动？这多亏了脑干，它非常勤劳，即使我们休息了，它还在工作呢"。

这时坚果打了一个喷嚏，"对了，它还掌管着打喷嚏！还有一些其他无意识的反应，比如打哈欠、咳嗽之类的。"坚果目不转睛地听着。

之后，在小脑的左边，我画出了海马体，"海马体的形状像一个小海马，它掌管着我们的记忆。"

"你还记得动画片《头脑特工队》里面黄色的核心记忆球吗？海马体就决定了哪些事情可以变成我们的'核心记忆球'保留下来。"我在海马体上画了一些黄色的小球，这些就是电影里所说的"核心记忆球"。

"还有一个部分，它很小，像一个杏仁儿，但是同样很重要"，我一边画一边说，"杏仁体掌管着我们的情绪，就像是一个情绪控制中心，我们头脑中的'乐乐''怕怕''怒怒''忧忧'都听它的命令，由它决定谁来掌控我们的情绪。"

坚果认真地听着，我猜想他的小脑袋一定是被大脑的神奇所深深吸引住了，他会不时地打断我，迫不及待地将自己想到的大脑各个部分的应用场景补充上来。他开始留意当自己思考、学习、运动的时候，大脑是如何工作的，以及当自己有一些情绪的时候，大脑是如何反应的。这是一个好机会，让孩子认真地、冷静地去审视自己。

大脑神经元——好似天上的星星数不清

在了解了大脑各个结构的运作方式之后，我和孩子一起继续去了解大脑中更小的组成部分——脑神经元。

"大脑神经元就是我们常说的脑细胞，它是大脑中最小的组成部分，肉眼看不见"，我说。"那用我的显微镜能看到吗？"坚果急忙问道。我很高兴他能有这个想法，冲他笑了笑，"也许需要更高倍数的显微镜。科学家跟你想到了同样的问题。"

我立刻上网搜索到一些大脑细胞在显微镜下的图像，拿给坚果看："你看，就是这个样子的！"

"你能想象出我们的大脑里面，有多少个这样的脑神经元吗？"我接着问他。坚果想了想，说了一个自己能想到的大数目："100万个！"我摇摇脑袋，瞪大了眼睛告诉他："远远不止哦！有上百亿个脑细胞！""是不是就像宇宙中的星星那么多？""对呀！多到数不清呢！"

"那小昆虫有大脑吗？"坚果想到了他一直非常感兴趣的昆虫朋友们，好奇地问。"这个问题问得非常好。几乎所有的昆虫都有着和我们一样的大脑细胞，只不过它们的脑细胞数量比我们少得多，而且组成脑细胞的成分有一点点不同。"他静静地听我说着。

"就拿小蜜蜂来说吧，那么小的一个大脑就能够掌控飞行、寻找花蜜、采花蜜、建造蜂巢等这么多的技能。而我们人类有这么强大的大脑，我们能学习和研究更多的事情，我们应该为人类所拥有的大脑而感到骄傲。"

我希望孩子能够从这个激动人心的事实中感受到自己的大脑是多么强大，在未来的学习路上，永远不要怀疑自己的潜能。

2. 用进废退的自然法则

看似无心，实则有意。又一次，在与孩子的聊天中，我将话题引向了大脑的构造。

"每个人的脑细胞数量相差不多。可你知道吗？"我的话再次吸引了他的注意，"一个人有多聪明，关键看他大脑中的神经网络有多发达！"

为了便于他理解，我将大脑神经网络的形成比作"铺路"，"随着我们不断学习，我们的脑神经元开始'铺路'，它们长出了一些树枝状的神经纤维，向各个方向寻找其他的神经元，并且连接起来形成了网络。"

我在纸上画了起来，继续跟他解释道，"你看，从小宝宝出生到他长大成人，大脑中这种神经网络也是在不断成长的，就像这个样子。"

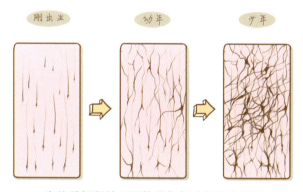

为孩子解释神经网络是如何成长的示意图

"你希望你的大脑有很强大的神经网络吗？"坚果一个劲儿点头，"当然了！"

"那让我们一起来看一看，大脑细胞在什么情况下能够建立连接。"这时，我开始播放一个讲解"神经元是如何建立连接"的短视频，他认真地观看神经元建立连接的整个过程：在一个个神经元细胞上，长出像树枝一样的突起，接着，小的突起一点点地向四面八方生长，直到与周围的其他神经元细胞上的"小树枝"连接起来。

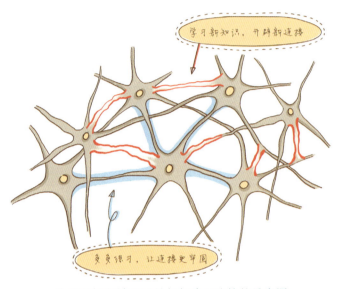

为孩子解释神经元是如何建立连接的示意图

随着视频中的镜头逐渐拉远，一个个神经元细胞在画面中越来越小，映入眼帘的是几十个、几百个、几千个密密麻麻的神经网络。最终，神经元之间建立了数不清的传递信息的"连接通道"。这种"连接通道"的数量惊人，连接方式错综复杂。

我兴奋地跟坚果说："快看呀，这就是学习新知识的时候我们的大脑。当我们学习一项新的技能，我们大脑中就会建立许多新的连接。"

我又补充道："当我们对所学的知识通过一遍遍的练习进行巩固的时候，这种'连接通道'就会慢慢变得越来越粗、越来越强壮。"

坚果跃跃欲试，拿过我手中的笔，说："这一次我来画吧！"

看，这就是坚果所画的大脑中错综复杂的神经网络，小小年纪的他甚至还不会写字，便用拼音拼写出"Da nao"的字样。画面上，他还用红色笔和蓝色笔制作了记号，标出当我们学习新知识、大脑中建立新的连接时的"示意图"。

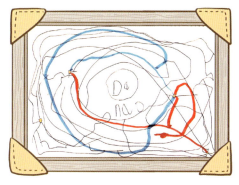

大脑神经网络　坚果 5 岁画

"在什么情境下，你的大脑里面开始建立新的连接呢？"我的一句话唤起了他的思考。

"比如，你迎接一个新的挑战，或者看一本新的绘本，与新的朋友聊天，又或者做一项新的实验，这些时候，你的大脑都像是在开辟新的道路，你画的蓝色和红色的连接也就建立起来了。"

看他没有说话，接着，我又打了个比方，"如果我们经常应用所学的知识，就会对这些知识越来越熟悉，就像是在走'熟悉的路'；有些知识长时间不用又不去复习，就像是'总也不走的路'。时间久了，'总也不走的路'渐渐就会被忘记，变成了'陌生的路'。这就是'用进废退'的道理。"

"我们平时多去体验新的事物，多去思考和学习，我们的大脑中就会建立许多这样新的连接。如果我们在之后还能不断地去强化练习，这些连接也会变得更加牢固，思考也会变得更加顺畅。"

🌱 3. 我们的大脑需要滋养

正如汽车开动需要燃料，大脑的运转也需要养料。为了保证大脑的运转，我们必须给它提供充分的养料。

好的食物、有氧运动、优质信息以及好的睡眠都是大脑的能量来源。我一边跟坚果讲，一边画出一棵大脑造型的小树，这棵小树不断从外界获取养料，从而能够苗壮成长。

什么算是好的食物呢？我们不能够挑食，吃的食物要尽可能多种多样，营养均衡了，大脑才不缺营养。我一边在纸上画，一边跟坚果列举那些"大脑喜爱的食物"。我希望坚果能够尽早知道这一科学事实，这不仅能让他更加了解自己的大脑，还有助于培养他均衡饮食、不挑食的好习惯。

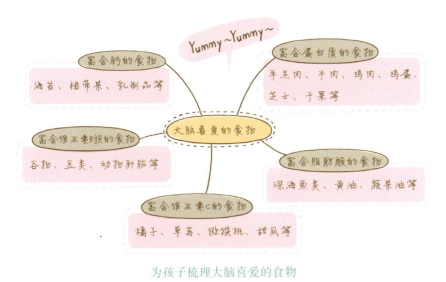

为孩子梳理大脑喜爱的食物

　　我发现，孩子有时候做事固执、不听家长劝，是因为他们不懂相关的科学道理。当他们了解了一些科学事实之后，会更愿意讲科学、讲道理。当坚果了解了大脑运作的原理，知道了怎样做能让大脑更聪明之后，他就变得更加爱惜自己的大脑了。有一次在餐桌上，坚果打算将鱼和鸡蛋剩在碗里，我便提醒他："大脑特别喜欢'吃'鸡蛋和鱼，对吗？"这时，坚果仿佛想起了什么，毫不犹豫地将鸡蛋和鱼塞进嘴里，方才下了餐桌。看得出来，他非常希望自己的大脑变得更好，于是慢慢学着将科学当作自己的"信仰"。

　　氧气，是大脑维持正常运转所需要的一种至关重要的"养料"，所以有氧运动对于大脑来说也特别重要。其中的一些科学道理，我们只需要看一看纽约大学神经科学与心理学系教授 Wendy A. Suzuki 博士的 TED（技术、娱乐、设计）演讲——《运动改变你的大脑》，就能知道了。运动不仅能让我们拥有更好的心情、更充沛的精力，还能提升我们的记忆力和注意力。运动能对我们的大脑产生立即、持久的积极作用，还能保护大脑，并且能够持续人的一生。

　　好的感官刺激对大脑的成长也必不可少。无论是带孩子走进大自然，还是走进博物馆、美术馆、科技馆，无论是翻看书籍或是观看电影、图片，还是进行游戏、实践，又或者是父母与孩子之间充满温情的互动，都能给孩子的大脑提供优质的"养料"。创造足够多的机会，让孩子的大脑去接受丰富的信息，让它更加健康，功能更加强大。

　　另外想要提醒大家的是，睡眠是孩子非常好的大脑滋补品。有些孩子因为课业负担重不惜牺牲睡眠熬夜学习，一定是得不偿失的。有研究表明，熬夜产生的大脑废物会对大脑造成不可逆的伤害。父母除了要督促孩子拥有足够的睡眠之外，也要注意以身作则，不熬夜、不晚起，养成规律的作息。如果我们连自己都做不到，那又怎样去教育我们的孩子呢？

02 好的观察力不是一天练成的

1. 认识世界从学会观察开始

孩子认知世界的过程中，观察力占据了非常重要的地位。从出生那一刻起，孩子们就对世界充满了好奇心，他们正是通过对周围世界一点一滴的观察，不断积累，渐渐成长。

观察与阅读、听讲、交流同样重要，它们都是丰富孩子认知的重要途径，可是随着孩子逐渐长大，观察却不像阅读、听讲或者交流那样，在家长那里得到同等的重视。我一直认为，顺应孩子的好奇心，培养他们学会观察世界，越早越好。观察力之于孩子，就如阳光、空气和水之于植物，这是他们能量的必要来源。

如果孩子能够对身边的事物感兴趣，并且时常进行观察，乐在其中，那么不仅有助于他们积累有关自然界的科学知识，还能帮助他们摸索出观察事物的方法。在这个过程中，如果家长恰好能够巧妙地引导孩子去思考不同现象之间的因果关系，那就更好了。除了带孩子在大自然中观察，带孩子去参观工厂的生产过程也是一个不错的想法。参观的过程便是孩子学习的过程，与课堂上的听讲相比，这会让获得知识的过程变得自然许多。

同样的世界，所见不同

孩子如果缺少了对世界的观察，尽管他有时候身处美景当中，也会视而不见。怎么去理解呢？就像是一个只顾低头爬山，却不知好好欣赏一下美景就匆匆下山的孩子，一定不能体会杜甫那"会当凌绝顶，一览众山小"的诗句中所蕴含的卓然独立的豪情壮志。也如同一个只会爬山却不会思考的孩子，一定不会真正理解苏轼那一句"不识庐山真面目，只缘身在此山中"所富含的哲理。只有真正地观察和体验，才能够在孩子心中留下深刻的痕迹，触发他们的感情，增长他们的见识。

同样的世界，一个有着良好观察力的孩子，能看到更多的东西。他们的言语和情感变得更加丰富，他们愿意参与更多的话题，因为无论谈到什么，他们都能说一说自己的看法。当然，这些看法都是建立在他们对身边事物曾有的细致观察的基础之上。这些孩子不仅能从观察中学到更多的知识，还往往成为课堂上积极发言的优等生，因为每当老师为学生们展示新的学习内容，这些孩子更能够主动去观察、去思考，从而能发现更多的"秘密"。

观察力与智力的形成

观察力对于孩子智力的形成尤其重要，这种重要性被古往今来的教育学家一遍遍地强调。著名教育家苏霍姆林斯基说："观察就是知识的理解和记忆之母。"在几十年的教育生涯中，他非常重视学生观察能力的培养，他认为"观察是智能的极重要源泉"。他还说，"教学工作的水平，在许多方面取决于观察在学生的智力发展上占什么地位"。

观察是思维的起点。一个善于观察的孩子，一定也会思考和分析。孩子们从观察中汲取知识，并在观察中调动已有知识，对眼前所见进行分析思考。于是，旧的知识通过观察在头脑中进行整合，新的知识开始形成，心中的世界图景也越来越清晰。

2. 自然教育中的观察力培养

教育工作者、艺术工作者、文字工作者、工程师，以及科研工作者，尤其是自然科学研究者，他们都高度评价观察力的重要性。英国著名生物学家、《物种起源》的作者查尔斯·罗伯特·达尔文在自传里曾说，自己之所以能够在复杂的大自然当中发现生物进化的奥秘，离不开敏锐的观察力。他自我评价道："我没有杰出的敏捷的理解能力，也没有超乎常人的智慧……另一方面，我觉得有一个优点是，在对转瞬即逝的事物观察能力上，我是超过中等水平的。"

显微镜下的世界

科技馆是我们常去的地方，如果没有更好的安排，我们常常会去科技馆度过周末的时光。在生物学展厅里，坚果对"显微镜下的世界"这个展台非常感兴趣，每次都要把小手放在显微镜下仔细看个半天。显微镜里所能看到的，其实都是机器中提前设置好的细菌图像。可孩子们都天真地以为，他们在显微镜里看到的，就是自己手上的细菌的模样。可就是这样一台逼真的显微镜模型，却在孩子心中埋下了小小的种子。

圣诞节到了，老师给孩子们留了一个温馨的作业，就是让每个孩子回到家给圣诞老人写一封信，在信上写出自己想要的礼物。坚果想要的是一个显微镜，他认真地将显微镜的英文单词拼写在信纸上。他的态度是如此诚恳，只见他用英语写道：亲爱的圣诞老人，我的英语很好，我希望圣诞节能够得到一台显微镜作为礼物。到了圣诞节那天，坚果果然收到一台显微镜。那一刻，他激动得不行，小心翼翼地打开包装，并迫不及待地开始用它来观察。就这样，一台显微镜，开启了孩子美好的观察之旅。

坚果从此像一个饥渴的、期盼雨露来临的小苗，不厌其烦地观察着不同倍数物镜下所显示出的标本。在操作中他发现，随着使用的物镜倍数越来越高，观察到的标本越来越清晰，细胞在镜头中也愈加被放大。比如，10 倍的物镜下，他观察到"百合的子房细胞，看起来就像一些聚集的小点儿"；25 倍的物镜下，他观察到"有些圆圈里面有小黑点儿，有些圆圈里面没有小黑点儿"。观察的时候，我不忘提醒他，可以将观察到的东西在小本子上记录下来。就这样，坚果记录下了不同倍数物镜下所观察到的百合子房标本的样子。

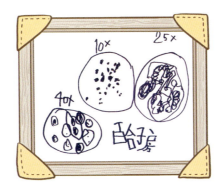

我想，我们永远不应该低估孩子的观察力。如果不是我参与到孩子的观察活动中，亲眼看见他一次又一次的观察过程，我可能无法深切地体会到孩子的观察是多么细致、准确。他们的眼睛往往过滤并剔除掉了一些混杂在图像中的"杂质"，将事物最本真的样子如实地"还原"出来。他们观察到的"形"并不是无懈可击，但重要的是，孩子们往往更能抓住事物中的"神"，这种"神"里面，往往蕴含着事物之间最本质的差别。

🌱 3. 观察力刻意练习——use it，or lose it！

观察力就像我们身上的肌肉，如果长时间不使用，便会渐渐失去它。所以，除了观察毛毛虫结茧的过程、蚂蚁挖洞的过程这样长期的观察活动，我也经常会带坚果做一些训练观察力的小练习或者小游戏。

1）"找找看"图画书

现在的孩子真幸福，他们从小能有这么多种类的图画书陪伴着长大。其中，有一种图画书就是专门为了锻炼孩子的观察力而设计的，比如这本《好乱好乱的屋子》。在这个绘本里有一位老爷爷，他住在一个凌乱的屋子里，里面的物品到处摆放，小读者们需要帮助爷爷找到几样出门必备的东西，他才能带孩子们去公园里玩。看到书里面这位爷爷找不着东西，抓耳挠腮，小读者们便会迫不及待地想要加入帮爷爷找东西的队伍中。

这一绘本在颜色上有着独特的设计，为了让找东西的过程变得更加有趣，插画师选用了非常鲜艳的颜色来绘制。极富空间感的房间，远近、高低、前后错综的物品摆放，让整个房间犹如迷宫一般。不多花些时间仔细观察，小读者是很难帮助爷爷找到所需物品的。每当孩子拿到这本书，都会一头扎进绘本里，瞪大了眼睛仔细"扫描"着每一处细节。与孩子共读这样的绘本，就像是带孩子一起与书中的物品玩一场有趣的"捉迷藏"，孩子怎么能不喜欢呢？

2）数学思维训练

观察力的本质是思考，最终的目的也是让孩子学会思考。一些让孩子边观察边找规律的数学逻辑题，也非常适合用来训练孩子的观察力，有针对性地提升孩子在观察中思考的能力。

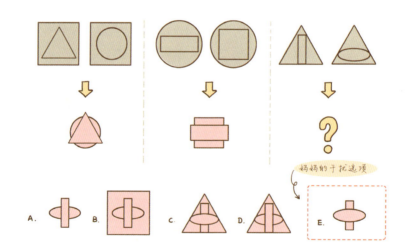

这是一道一年级小学生的数学思维训练题。在这道题目中，孩子通过对前两组几何图形的观察进行推理，进而对第三组几何图形进行判断和选择。

因为是出给低年龄段孩子的题目，所以在答案中并没有给出干扰项，坚果很快就做出了这道题。为了进一步锻炼他的观察力，考察他对这道题的理解程度，我将这道题的题目进行了拓展，为坚果增加了一个干扰选项。

他一眼看穿了我的心思，跟我讲了起来："妈妈你看，前面两组的组合图形，都是左边的内部图形在上面，右边的内部图形在下面，所以选 A 呀。"

他所说的这些理由，正是表明了他的一系列思考，不仅能从内外关系上判断出保留的图形，还能够注意到保留下来的两个图形之间的重叠关系。我知道，他是真正理解了这道题目。

3）观察力小游戏

我和坚果还会玩"哪里不一样"的小游戏。这个游戏简单有趣，不需要特意准备，随时随地可以玩起来。具体的玩法是，先让孩子看清楚桌子上都放了什么东西，之后让孩子背过身去，这时候家长悄悄拿走或者移动某些物品，然后让孩子转过身来，观察一下当前的桌子上发生了哪些变化并描述出来。在此期间可以通过增加计时环节来调整游戏的难度。

"哪里不一样"小游戏示意图

这个游戏对于前期准备要求不高，可以随时在餐桌上、书桌上玩起来。当然，如果愿意好好准备一下再开始游戏，当然也很好。比如，我们会将坚果的小动物模型摆满桌面，给坚果10秒钟来观察和记忆眼前桌面的景象。之后坚果捂上双眼，由我迅速对桌面的小动物摆放进行改动。每次的改动可以从一个小动物开始，逐渐增加到更多数量的小动物，也可以增加摆放的小动物数量，使场景逐步复杂，这样由易到难，逐级深入。起初，坚果只是看一看哪些小动物增加了、哪些小动物减少了，从小动物的种类和数量上找变化。后来，随着每次妈妈采用不同的方式来变换，坚果学"聪明"了。他除了会记住每次摆放的小动物种类和数量，还会留意到它们的摆放角度、摆放顺序、相对位置等。这样的游戏，不仅对孩子的观察力有帮助，还能促进孩子注意力、记忆力的发展。

4）爸爸出的画画习题

有天晚上，我在书房给学生们备课，就让坚果爸爸带坚果在客厅看看书、画画儿。当我备完课走回客厅，发现他俩玩得不亦乐乎。原来，根据爸爸的新创意，两个人玩起了"你摆动作我来画"的游戏。只见爸爸在前面摆着各种姿势，坚果坐在桌前，认认真真地画出爸爸每一个好玩的动作。两人嬉皮笑脸，时而笑得前仰后合。

"看看坚果画的！"爸爸指给我看坚果的画。不大的画纸上，画满了摆着各种姿势的小人儿，我忽然明白他们俩在笑什么了。我看着画里的小人儿，脑补出爸爸刚才当模特摆姿势的情形，也笑出声来。

"你摆动作我来画"游戏中坚果所画

画面上的每个动作都不一样，想必爸爸为了让自己的每个动作都具有辨识度，花了不少心思。爸爸的动作摆得认真，坚果也观察得认真。这个过程中不仅锻炼孩子用眼睛看，更是锻炼他们动脑筋去思考，将看到的事物用画笔概括出来。这是第一次坚果在一张纸上画下了这么多不同动作的小人儿。坚果的画里，将人体归纳为头、躯干、四肢三个部分。他抓住了人体的主要特征，自动剔除了像衣服、鞋子、眼镜等这样的细节，将每一个动作交代得清清楚楚，毫不含糊。不由得，我又一次在心里默默感叹，孩子的眼睛如此犀利，他们常常能一眼看穿事物的本质。孩子观察的时候，总是天然地接近事物的本源，这也是为什么连毕加索这样的画家也希望能够画得像个孩子吧！

上面谈到的这些，是我们在家里经常进行的一些观察力训练活动，有阅读，有做题，有游戏，有画画。在这些活动中，坚果找到了自己的观察方法，锻炼了观察力，加深了对世界的认知。在进行这些观察力训练的时候，我会从孩子的角度出发，对活动的难度进行调整。如果他在活动中表现出较强的能力，我会增加游戏的难度；如果他在一些游戏中表现不那么好，我也不会着急，我会想办法鼓励他、帮助他，让他在这个过程中多积累些信心，帮助他越做越好。孩子会对有趣的事物感兴趣，只要我们在生活中多去思考、多想创意、多多实践，我想一定还有更多、更好玩的活动来有效地提升孩子的观察力。

03　好的记忆力让孩子学习事半功倍

记忆力对于学习有多重要？记忆是基本的学习技能，我们通过记忆来掌握一些基础的知识，也就是常说的"打地基"，一切对知识的灵活运用和加工创造都以此为前提。就像是我们经常跟孩子打的一个比方，学习就像是建造一栋高楼大厦，如果没有打牢地基，不仅之后需要经常修修补补，还可能随时倒塌，大楼很难建造得既高大又坚固。没有一个翻译官会在传译的时候去查阅外语词典，没有一个化学家在探索新物质的时候要去查阅元素周期表，也没有一个音乐家会存在识谱的问题，更没有一个画家会一边画画一边参阅人体骨骼及肌肉解剖图。基础知识牢固了，能够把更多的脑力用于更高级的创造性工作。没有记忆力，就没有其他能力可言。

苏联著名教育实践家和教育理论家苏霍姆林斯基在《给教师的建议》一书中明确地指出了记忆基础知识的重要性："我从事学校工作 30 年，发现了一个依我看是重要的秘密——一条独特的教育规律：中、高年级出现落后和成绩不好的现象，主要是由于学生在低年级学习时没把作为知识基础的基本真理牢牢地保存在记忆中终生不忘。"

记忆力的重要性不言而喻。好的记忆力不仅能让孩子提高学习效率，还可以帮他减轻学习负担。拥有一个好的记忆力，孩子才更有可能赢在起跑线。拿孩子的早期阅读来说，识字水平决定着他们自主阅读的发展进度。在孩子的数学学习上也是这样，孩子熟练掌握了常用的加减乘除运算，从而不必大伤脑筋地去计算的时候，才能将更多的精力集中在更为复杂的思考上。无论是记忆语文汉字、词语，英文单词、句型，还是记忆数学定义、公式，或是历史年代、地理常识，孩子各个学科的学习，都存在大量需要牢记的部分。

坚果刚开始学习英语的时候，我为了检测他一段时间的学习效果，会随机抽查一些英语单词。结果发现，持续一段时间的"英语阅读计划"并没有想象中那么有效：虽然培养了语感，但是对一些生词的记忆并没有想象中那么好。因为一直很注重培养孩子高效地学习，所以我开始反思。我意识到，英文阅读的过程中，孩子只是对一些语句反复朗读，而少了一些记忆技巧的运用。尤其是对于那些易于混淆的英文单词，要刻意地使用技巧，才能记得更牢。

记忆力并不是一成不变的，好的记忆力需要靠后天的培养。如果我们的孩子能够尽早地掌握一些记忆技巧，将记忆技巧的培养贯穿于他们的语文启蒙、英语启蒙当中，他们在未来的学习过程中一定会感觉更加轻松、更加高效。

1. 善用记忆的"线索"

许多时候，知识都是一串串冗长而杂乱的信息，如果没有找出内在的逻辑，即便是死记硬背，也无法达到好的记忆效果。在孩子面对新知识、新概念的时候，运用找"线索"的方法可以帮助他们更好地记忆。

怎样帮助孩子建立记忆的"线索"呢？就是将新知识与旧知识建立联结，将它们相互关联起来，这样就能减缓遗忘的速度。接下来，我们一起来看几个具体的例子。

1）分组块记忆
分组块记忆的过程，就像玩拼图游戏，面对一堆杂乱无章的拼图碎片，孩子会先将一些有关联的碎片拼接成几组小的局部，最后再将几组局部拼合在一起，形成一幅完整的拼图。若要帮助孩子提升记忆力，可以采用相似的方法，就是先根据信息碎片之间的关联将信息分组，之后再将这样一些小的组块拼接起来，进行记忆。

◉ 记数字

分组块记数字示意图

比如，怎样帮助孩子快速记住这一串杂乱的数字"119200800868844"呢？

引导孩子寻找数字之间的关联。我们可以与孩子一起，先将这一连串的数字分为几个有意义的组块，之后再对这些组块进行记忆。通过仔细观察我们可以发现，这一串数字可以分为"119""2008""0086""8844"这4部分。为什么这样划分呢？是因为每一个小的组块都有特殊的意义，比如"119"是火警电话；"2008"年在北京举办了奥运会；"0086"是中国的国际电话区号；珠穆朗玛峰的海拔刚好为"8844"米。虽然还是这15个数字，但是孩子只需要记住这4个非常好记的组块就可以了。

◉ 记英语单词

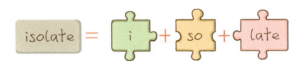

分组块记英语单词示意图

在背英语单词的时候，我们并不是说让孩子看到生词就要马上开始死记硬背，而是先观察这个单词里面有没有孩子熟悉的组块。就像"isolate"这个单词，孩子可能并不认识，但是通过观察他会发现，这个单词可以划分为3个熟悉的字母组块"i"-"so"-"late"。"isolate"有"孤立无援"的意思，所以我们刚好可以将这3个组块连接起来形成这样一个意思："我来得这么晚，以至于一个人都没有了(所以特别孤立无援)。"通过拆分出这3个简单的组块，并进一步建立起组块与单词释义之间的关联，孩子不仅记住了单词的拼写，单词的意思也一并记住了。

⊙ 记汉字

当孩子记忆比较复杂的汉字时，根据汉字"字中有字"的特点，我们可以引导孩子利用分组块的方法，将汉字拆分为多个部分来记忆。比如"森""粥""鱼"这几个字，我们可以先将它们拆分为3个组块，再让孩子去记忆。

分组块记汉字示意图

另外，汉字里的形声字，通常是由表意的形旁和标音的声旁组合而成的，所以我们可以引导孩子将形旁和声旁看作两个单独的组块，让孩子通过共同的形旁或者声旁去记忆某一类汉字。比如"江""河""湖""海"这一类汉字都以"三点水"为偏旁，含义都与"水"有关。又比如"财""账""货"这一类汉字中都有"贝"字，因为"贝"字在古代表示货币，所以这些汉字都与"钱"有关。孩子知道了这些，就可以通过一个字的形旁来记住它的意思，通过标音的声旁来记住这个字的读音。

孩子对知识的积累就像滚雪球，随着他们知道的越来越多，他们的"组块库"也越来越大。在记忆新知识的时候，他们就有更多的知识组块可以去调动，从而形成新的记忆。旧有的知识储备是记忆的基石，在这个基础上孩子能更好地去记忆更为复杂的内容。

2）字形联想

象形文字是由图画文字演化而来的，是一种最古老的文字。了解汉字的图像释义，对孩子学习、记忆汉字非常有帮助。象形文字就像是用线条勾勒的图画，文字与其所代表的事物在"形"上非常相似。在孩子汉字启蒙的时候，我们可以找来对应的象形字给他们看，孩子理解了汉字所表达的意思，就更容易学习汉字，也会萌生对汉字的兴趣。

在最初教坚果识字的时候，为便于他理解和记忆，我都会跟他讲一讲这个文字的演化过程。现在网络很发达，有很多象形字字典网站，我们可以用来查询一些常用汉字对应的象形字。有些网站甚至展示了字形演变的整个过程，让我们可以清晰地看到一个汉字从甲骨文到楷书这一系列演变过程中的字形变化。尤其是当孩子对某个汉字的记忆有困难的时候，我们更是可以从甲骨文的图像释义出发，帮助孩子理解汉字的象形释义，也就更便于记忆了。

以"旦"字为例，我一边在纸上写写画画，一边跟坚果解释"旦"字的字形演变过程。

"旦"的字形演变

我告诉坚果，"旦"字最早出现在商代的甲骨文中，那时的文字就像画画，是上图中最左边甲骨文所示的样子。

"上半部分的图形，你看像不像太阳呢？"我问坚果，他使劲儿点头。

"下面的圆圈是古人用来表示地面的。你猜猜，这个字描绘的是什么图景呢？"

"那就是太阳从地面上升起来了！"坚果说道。

"是的！古人称日出为'旦'，也是天亮的意思。"我说。

"就像你画画的时候，经常会用一条直线来表示地面，古人也想到了用直线来表示地面呢！"我接着说。

坚果看到，随着古人对文字进一步简化，逐渐将下面的圆圈简化成一条直线，就如篆文中所示的样子。篆文里的"旦"字，与如今经常在印刷体中看到的"旦"字，已经非常像了。"现在你能认出来，它们表示的是同一个字了吧！""能！"坚果斩钉截铁地答道。

通过这一系列的解释，孩子弄清楚了"旦"字是从何而来，也因此对"旦"字的印象更加深刻。这时候，我又在纸上写出两个成语"通宵达旦""危在旦夕"，先让坚果猜一猜这两个成语的意思，之后再向他公布正确答案。"通宵达旦是一整夜的意思，从天黑到天亮。危在旦夕里面的'旦夕'就是早晨和晚上，意思是危险就在眼前。""'夕'和'暮'都是日落的意思，是'旦'的反义词。"我补充道。

进行到这里，我和孩子对"旦"字的学习也就暂时告一段落了。日后，当孩子在日常生活中再次见到这个"旦"字的时候，一定会觉得就像遇见了他的"老朋友"。

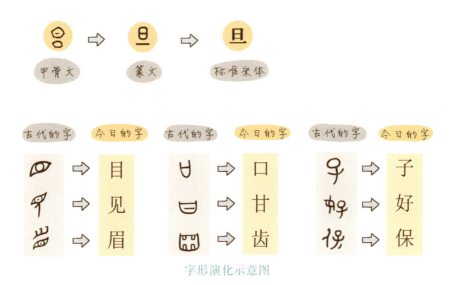

字形演化示意图

用同样的方法，我们又学习了"目、见、眉、口、甘、齿、子、好、保"等文字。每次的学习不仅仅是一堂识字课，更像是一堂文化鉴赏课，我和孩子一面赏析着我们祖先所创造的迷人的文字，一面赞叹着这泱泱大国数千年博大精深的民族文化。

3）"编"故事记忆

如果孩子想要快速地记忆一连串的词语，又该怎么样去记呢？

以"狗、月亮、房子、铅笔、皮鞋"这几个词语为例。我们可以看到，每个词语之间没有明显的联系，这就需要发挥我们的创造力和想象力，像穿针引线一样为这些词语建立联系。比如，我们可以引导孩子用这几个词编一个小故事："一只狗在月亮下面的房子里，拿着铅笔擦皮鞋。"这样一来，我们只需要记住这样一个情景，就可以回忆起这 5 个词语了。

根据故事场景来记忆实例 1

又比如"sub、hub、tub、rub、cub"这几个单词。因为含有共同的结尾"-ub"，孩子在记忆的时候非常容易混淆。我们可以与孩子一起通过编故事的方法来记忆。比如"sub（潜水艇）的 hub（中心）有一个 tub（浴缸），我在 rub（揉搓） the cub（动物幼崽）"。

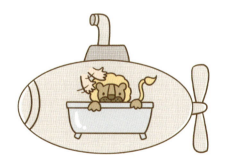

根据故事场景来记忆实例 2

编出来的故事是否合理并不重要，只要孩子觉得足够好玩、方便记忆就可以。这种方法，家长们不妨试一试。

🌱 2. 对比学习让记忆力升级

如果没有对比，一些知识的细节差异就很难被发现。坚果最开始识字的时候，就出现过类似的情况。比如，那时的他已经认识了"日"这个汉字，但是当他看到"白"这个字，仍然以为是自己认识的"日"字。再比如，他还经常将"四"和"西"混淆。但是奇妙的是，如果同时将"四"和"西"摆在坚果眼前，他就能在简单的思考之后正确地分辨出每个汉字。

在陪伴孩子学习的过程中，经验告诉我：孩子在学习一个新的知识点时，如果能同时展示两个相似的例子对比着学习，那么他通常能够掌握得更好。比如，孩子最初学习英语字母的时候，如果能够让他同时学习"b"和"d"这两个字母，他们就更容易去分辨这两个字母的不同特征，以后单独遇到某个字母的时候，也能减少出错。

下面我们举一些具体的例子。

⊙ 记汉字

比如，"刀"和"力"这两个汉字看起来十分相似。在坚果刚刚接触这两个字的时候，我就让他同时学习这两个字。首先，我让坚果找出这两个汉字的区别。坚果看了看说："右边这个字的撇长一些。"接着，我念出"刀"字的读音，问他这个字的样子像不像一把菜刀。之后，我念出了右边的"力"字，问他："你看，它高出的这一撇像不像我们举起的手臂？"我一边说一边将手臂握拳举过头顶。于是，坚果也开始模仿，他一边举起手臂，一边念叨："力，力量的力。"

后来，我发现坚果在阅读的时候经常将"回"和"向"混淆。于是我就

带他对比学习"回"和"向"这两个字。我引导他找出记忆的线索："这个是'方向'的'向'。你看，上面的一撇，像不像指南针在指明方向？"紧接着，我灵机一动，为"回"字也找出了字形辨认的"合理"解释："你看这个回家的回字，像不像我们回到家里，将门关好，然后将里面的窗户也关上？"坚果的情绪被调动起来，"像！"他指着中间的口字，"妈妈你看，中间这个'口'字就像是一个小窗户。"

⊙ 记单词

在学习英语单词的过程中，我们同样可以通过对比的方法，将拼写相似的单词放在一起来学习。坚果在英语学习中经常会遇到一些容易混淆的单词，如果不是刻意去整理、记忆，确实很难分得清楚。

对于近似单词的梳理，有一个很奏效的方法就是画思维导图，我和孩子常常叫它"单词记忆地图"。画图的时候，我们先找出相似单词的共有部分，将它写在中心图里。然后将每个单词作为向外的分支写在中心图的外围，同时将对应的示意图画在单词的旁边。这样一来，不仅单词的拼写一目了然，画出的图像还能帮助我们记住单词的释义。更重要的是，孩子对这种记单词的方式不仅不会有任何的抵触心理，一旦参与进来，反而是兴致盎然，还会与大人一起思考怎样将这份"地图"呈现得更好。我和坚果一起梳理这样的"地图"的时候，我也常常会问他："这个单词，我们画一个什么样的图更容易记住呢？"孩子亲自参与绘制"单词记忆地图"，记忆也会更加牢固。

绘制"单词记忆地图"实例 1

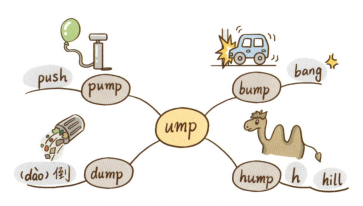

绘制"单词记忆地图"实例 2

⊙ 记忆数学概念

孩子在学习数学的过程中遇到困难，很多时候是因为不能从本质上区分不同的数学概念，也就无从选择相应的解题方法，无法对号入座。孩子想把数学学得扎实，能灵活运用，同样可以借助对比学习的方法，来帮助他们看清楚不同题目之间的差别，从而选择正确的解题方法。对比学习有一个很大的优点，就是能让孩子留意到之前不曾留意的细节，增进他们的理解，巩固他们的知识。

$$3 \text{ tens} + 2 \text{ ones} = ?$$
$$3 \text{ tens} + 10 \text{ ones} = ?$$
$$3 \text{ tens} + 11 \text{ ones} = ?$$

我以坚果在数学启蒙中遇到的情况为例。上图中，第一道数学题里面的知识点，由于坚果练习过很多遍并且正确率很高，我原本以为坚果已经能够熟练掌握了。直到后来，坚果在第二道题目中犯错。我仔细分析可能导致他犯错的原因，补充了第三道数学题目，并将这三道数学题写在一起，进行对比。

我和坚果一起对这三道题的差异部分进行识别和分析，通过细致的对比，每一道题目中蕴含的知识点更加清晰。接着，我又按照相似的规律给他出了几道题。在一次次的出错和修正当中，坚果逐渐练就了一双会"辨题"的"火眼金睛"，他学会了如何去区分不同的题目，也学会了识别题目中的"陷阱"，他出错的时候越来越少，也越来越能捕捉到出题人的"心思"。

🌿 3. 化整为零，省时又高效

说到提高孩子学习效率，家长们常能想到的就是减少对孩子的干扰，比如创造一个好的学习环境，让孩子在安静而又舒适的书房里学习，能够不受一切干扰，并有充足的时间投入学习当中。这种心情，就像是我们总想等到拥有大块时间之后，才开始读一本大部头书。仿佛我们只要保证足够的时间、真空的场所，就能自然而然地获得好的学习效果。这真是一个美好的理想。

与我们美好的理想相比，真实生活却呈现给我们一番不同的景象：每一天，孩子都有满满的学习规划和生活计划，想要拥有一个完全不被打扰的大块时间，在舒适的桌前正襟危坐、学习精进，真的很难。从时间上来看，孩子白天在学校学习知识，课下要上兴趣班，晚上回家要完成作业、看课外书，剩下的时间还想进行一下自己的小爱好或是单纯地放空片刻。时间像是被拆碎了，想要大块的时间真是不切实际。从学习环境上来看，孩子每天穿梭在家、学校、兴趣班，一天当中有很长时间都在"赶路"，所以很难有一个固定的、安静又舒适的学习场所。由于这些原因，孩子计划列表上的"宏图大志"在真正开始执行的时候却打了折扣。

1）学习的间隔效应

如何应对时间碎片化的常态，让孩子更有效地去学习呢？科学家对于"间隔效应"的发现，就是给我们指出了一条科学、有效的学习路径。定量记忆研究的先驱赫尔曼·艾宾浩斯，对，就是那个发现了"遗忘曲线"的德国心理学家，他通过长期、大量的实验研究，第一个发现了学习中的"间隔效应"，那就是"同样的重复次数，若恰当地分成几组、拉开时间距离来完成，要比集中起来一次完成的效果明显好很多"。

在这之后，许多学者对这一研究结论进行了验证性的研究，都得到了同样的结论。比如，一些科学家通过做实验，在小学三年级学生的加法学习中得到了验证：每天教一次、连续教 10 天的效果，远比每天教两次、连续教 5 天的效果要好很多。不仅如此，科学家在中学生的生物课堂中也同样验证了这一说法：将知识分为几堂课来讲，比只用一堂课讲完的效果要好很多。

这个消息令人振奋。这意味着连续多个小时的学习，并不比缩短每次的学习时间、拉开时间间隔多学几次来得更有效果。在灵活多变的生活和学习场景中，利用这些碎片时间，孩子刚好可以对知识点进行少量、分次的学习。不要小看了这些碎片时间，无论是上学放学的车程上，还是排队时的等待中，我们都可以帮助孩子利用起来，记忆新的知识。比如，认字、记英语单词、做几道数学题，或者是读几页科普书籍。我们需要将每一个知识分成多次去强化，而不是一口吃个胖子。无论我们的记忆力有多强，表现得有多么专注，仅仅通过一次记忆就能记住新的知识是不现实的。

具体来说，应该怎么做呢？如果我们让孩子用 15 分钟将一篇要背诵的课文朗读三遍，那么他一般来说只能记住一小会儿，过后就忘记了。可是，如果保持总的学习时间不变，仍然是让孩子背诵 15 分钟，只是将这 15 分钟拆分为三次，变为每隔一个小时或者多个小时朗读一遍课文，那么孩子就能记住更长的时间。时间间隔的把握很重要，要让孩子赶在记忆消逝之前就去复习，以保证学过的知识还能够记得住。现在有一些记忆英语单词的 App，每隔设定的时间就会提醒人们进行复习，依据的就是这种原理。

在辅导孩子学习的过程中，无论是对于乘法表、英语单词、古诗等知识的记忆，还是像数学概念、物理概念的理解，我都会创造孩子与这些知识多次"碰面"的机会。当孩子第一次接触一些新知识，就像是跟新朋友礼貌地打个招呼，想要成为彼此熟悉的知己，需要不断地制造第二次、第三次碰面的机会。像这样，每次"碰面"只花费短短的十多分钟，然后每隔一小段时间就再次"见面"，虽然看起来拉长了学习的战线，但是记忆却能更长久。相反，考前临时抱佛脚，却只能是将知识暂时塞进大脑，一旦考试结束，知识便忘记得一干二净了。

2）灵活转换学习场景

也许你会担心，学习场景总是在变，孩子会不会无法安心学习？这一点，已经有科学家进行了研究，结论是：换一个完全不同的学习场所，换一个完全不同的时间段，能够强化我们的记忆。为什么呢？因为"这样的实践本身就能强化你的学习，让你学得的东西越发不必依赖于周遭环境"。

在我们家，孩子的一切学习活动都是可以在书房以外的地方去完成的。不依赖于固定的学习场所、学习环境，无论在哪里学习，孩子都觉得很自然。无论是画画、识字、学英语、做数学题，都不必区分场合，孩子随时随地可以开展起来。通常外出的时候，我都会提醒孩子计划好路上要做些什么，有时候他希望带上画本随手画些东西，有时候他想听音频故事，有时候他希望带上一两本绘本，以备排队或者等餐的时候打发无聊的时光。

还有一些时候，我会刻意带他换一个环境学习，比如带他去楼下小区花园里、公园、咖啡厅阅读、朗读、做题、画画、学习。每次聊起那些在吊床里看书、在帐篷里听故事的美好时光，坚果都激动、欢喜，恨不得马上要再体验一次。

通过不断地摸索、实践，慢慢地我们发现了越来越多适合在碎片时间进行的活动。比如我会提醒孩子，将近期学习的汉字或者英文单词写在卡片上带在身边，碎片时间拿出来考一考自己。又比如，我在手机里面存储了好多本绘本故事的英文录音，路途中、等待时都可以随时播放了听，或者跟读。再比如，我们也可以在等餐的时候随手给孩子出一两道数学题让他思考。总之，就如鲁迅先生说过的那句话，时间就像海绵里的水，只要愿意挤，总还是有的。希望每一位家长都能根据孩子的兴趣特点，尽情发挥创意，开发出一套适合自己孩子的"碎片时间学习计划"，让孩子乐在其中。

🌿 4. 交替练习

经常去健身房健身的人应该都知道，交替练习更有利于肌肉体积和力量的增长。同一块肌肉不宜连续进行练习，而是要遵循"交替训练"的原则。交替练习是为了保证每块肌肉在练习后都能有足够的恢复时间，从而保证在接下来的训练中能够承受更重的负荷。

孩子通过学习锻炼大脑的过程与我们训练肌肉的过程非常相似，如果能同样采用交替式的方法，也更能够保证知识的高效增长。什么是"交替式"学习呢？就是将不同的概念、技巧穿插在一起学习，这样不仅能够帮助孩子搞清楚每个学习内容的不同之处，还有利于他们彻底搞懂每一个学习要点。

⊙ 学习艺术鉴赏

也许还有一些人坚持认为，集中的学习能够让人更专注，从而学习效果更好。但科学家的实验研究更具说服力，他们在对于交替式学习的研究中发现，交替穿插不同画家的作品让人去记忆，比让人集中揣摩同一位画家的作品效果更好。根据科学家的这一点发现，我想我们可以找到一条更好的道路去培养孩子的艺术鉴赏能力，那就是用交替式的学习方法让孩子分辨不同风格流派（比如印象派、立体主义、表现主义等）画家的艺术特点，并引导孩子从笔触、色彩和造型等方面去辨识与鉴赏，从而能够在众多并不熟知的艺术作品中准确识别出一幅画所属的风格和流派。

⊙ 不同科目"混搭"进行

有科学研究表明，孩子学习数学的时候，同种类型题目的集中练习，并不能有效地提高孩子的解题能力。相反，将不同类型的数学题掺杂在一起练习，更能推动孩子去分辨每道题属于哪种类型，从而提升孩子的解题能力。

通过对孩子数学学习的观察，我对这一点深有体会。比如，如果坚果正在进行"破十法"的减法专项练习，那么他在做题的时候根本不用考虑其他的解题方法，遇到问题只需要用同一种思路套公式去计算即可。这样一来，我认为做题效果是会大打折扣的。所以，后来我为坚果布置数学习题的时候，都会特意将不同章节的题目各选一些给他，以提升他的应变能力，避免他做题时"想当然"，产生惰性。

交替式的学习方法通过变换学习内容，打破了孩子的惯性思维，让他们随时面对不同的状况，从而保持大脑一直活跃的状态。另外，从趣味性的角度来说，也应将相同内容的学习活动间隔开，穿插进行。比如，孩子做数学题觉得枯燥了，就背一背古诗或者读一读英语，将不同的科目进行"混搭"，缓解孩子的疲劳感。当然，总是频繁地更换学习内容也不好，不利于孩子养成深入探究的习惯，所以交替式学习要把握好"度"，可以选择至少 30 分钟之后再更换学习内容。

⊙ 体育训练

我对孩子参加的篮球训练班的课堂教学有过细致的观察。我发现交替式的学习方法不仅仅适用于孩子的学科学习、艺术鉴赏能力培养，其实在篮球训练这件事上也一样。比如，一节 90 分钟的篮球训练课上，篮球教练同样采用了交替训练的方法。比如，他会用 15 分钟训练孩子的灵活性，用 15 分钟训练孩子的爆发力，再用 15 分钟训练孩子的投篮技巧以及速度、传球等。有经验的教练都会选择在一节课当中对这所有的专业素质进行综合训练，而不是一节课练习并攻克其中一种技能。另外，篮球教练们还会在下课之前为孩子留出 15 分钟进行组队比赛，给孩子机会去运用所学到的知识。

🌿 5. 学霸的秘密——预习和复习

失败的人生各不相同，但是成功的经验往往是惊人的相似。我关注过一些高考状元的报道，发现他们在采访中无一不提到的一个学习经验就是"勤于预习和复习"的好习惯。在学习新知识前进行预习，那么正式的学习便是一次复习，新的知识更容易理解。在上课之后对所学的知识进行复习，这样忘记的部分也能再一次掌握，记住的部分，理解也会更加深刻。这个看似最不起眼的学习秘诀，却是孩子学习中非常重要的环节，利用好了，孩子的学习就会非常轻松。

1）预习好，上课就是复习

在上课前进行预习，课上的知识就更容易理解，孩子上课的学习效果自然会好，反之，孩子学得费力。如果做不到课前预习，课堂上的讲解就像是老师单方面的知识灌输。对小学低年级学生来说，预习并不是什么"大工程"，只需要将上课内容阅读一遍，然后看看自己有没有什么不明白的地方就可以了。我们可以将孩子预习的时间控制在每次 10 分钟左右，没有必要用大块的时间，因为那样就代替了课堂的"正餐"，真正听讲的时候反而会失去兴趣。所以，这样算下来，想要坚持下来预习的习惯其实并不那么难。当然，若想有更深入的预习，也可以让孩子事先看一看课后的习题，根据现有的理解进行回答。即使这时并不能将课后题目回答得十分准确，但是有机会让孩子先接触课上的知识要点，就能够提醒孩子在听课的时候去关注这些地方。

我一直认为，孩子预习做得好，那么，上课的时候那就是又复习了一遍。如果是从我们前面小节提到的"间隔效应"来看，课前预习就好比多创造一次与新知识见面的机会，当然能加强记忆的效果。所以，我在坚果进入小学之前就开始培养他课前预习的习惯。我并不会因为一门课是课外兴趣班而放松对这门课的重视，而是跟他一起坚持课前预习，从而保证上课的学习效果。

坚果在学龄前阶段，我并没有给他报很多兴趣班，一般都是尊重他自己的意愿，有兴趣、愿意坚持的才会给他报，网络英语口语课就是其中之一。由于是自己选择的兴趣班，坚果很有兴趣学习，也更容易坚持一些像"课前预习"这样的好习惯。基本上每次上课前，我都会与坚果一起认真地预习这节口语课的内容，比如，有哪些新的单词，有哪些新的句型，也会跟他一起分角色朗读课文里的对话，并对老师可能问到的问题简单地进行演练。坚果也希望能跟外教更好地交流，所以对于预习时想到的一些好的语句或者有意思的问题，他都会记下来。有时候他会重复默念，或者是干脆将它们写在白板上，在上课的时候再次跟外教聊起。

当然，预习的深入程度比不上正式的课程，只是先"混个眼熟"，所以，即使已经预习过，但还是会有不懂的地方，需要在课堂上弄懂，这就是上课的意义。好在坚果愿意问问题，遇到不懂的地方能及时地向老师反馈："I don't know what it means."或者直接问老师："What does that mean？"这样一来，预习中没有记住的单词就能通过老师课上的回答再次加深印象。这段时间，坚果口语的进步还是挺明显的，我想不仅因为他喜欢英语、经常练习，更与他每次课前都能做到提前预习这一点有很大的关系。

预习绝不是一件可有可无的事情。预习可以直接影响孩子的听课状态和学习深度。先让孩子在头脑中形成对课程的第一印象，这样老师进行讲解的时候，就像是听到了老朋友那熟悉的名字，亲切、顺耳。家长们可以带着孩子试一试，相信课前预习的好习惯，一定能给你们带来惊喜。

2）复习巩固记忆

复习在孩子学习中得到的关注比预习要多许多，这不仅因为老师总是会布置课后作业，而且学校也会经常举办大、小的考试，所以复习想躲也躲不过。虽然孩子们都要面对复习，但是每个孩子复习的效果却差别不小。仔细想来，主要是两个方面不同：复习的时机和复习的方法。有的孩子总在考试临近的时候去复习，希望能够临时抱佛脚，这样的复习效果当然不如将复习扎扎实实做在平日里。还有的孩子不得复习的要领，对课本死记硬背，用错了方法，复习再努力效率也不高。

⊙ 复习的时机

我们都知道，记忆并不是一劳永逸。有记忆，就会有遗忘。为了加强记忆，一定程度的遗忘必不可少，就像是我们的肌肉，在得到锻炼之后也是先损耗，之后才会迅速增长。我们前面提到的那位发现学习"间隔效应"的德国心理学家赫尔曼·艾宾浩斯，他研究了大脑对新事物的遗忘规律，并发现了著名的遗忘曲线。

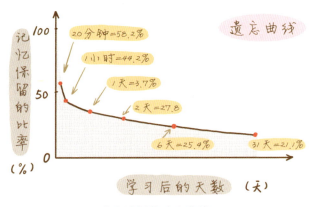

艾宾浩斯的遗忘曲线

如图所示，遗忘在学习之后就会立即开始，尤其是在初期，遗忘的速度很快。这个规律的发现非常重要，许多家长抱怨孩子虽然刻苦学习却总是得不到回报，就是这个规律在作怪。

按照艾宾浩斯所发现的遗忘规律进行复习，一般来讲有这样几个好的、适合复习的时间节点，分别是初次学习之后的 5 分钟后、20 分钟后、1 小时后、9 小时后、1 天后、2 天后、5 天后、8 天后、14 天后。无论是孩子背诵古诗，或者记忆英语单词，如果能在这样几个时间节点提醒孩子进行复习，就能够帮助他们将内容记得牢固又准确。

这是一个理想的状态，为什么这样说呢？如果只有一个复习任务，家长还比较容易对复习的时间节点进行管理。可是如果同时有多个学习任务，就很难管理好复习的时间节点了。这个时候，我们如果借助一些单词记忆 App 就能轻松管理这些复习节点，比如百词斩 App，它能够利用图片建立起单词与应用场景之间的联系，并能够按照艾宾浩斯记忆规律管理好每一个单词的记忆进程，在相应的复习节点提醒我们对知识点进行复习。

除了让孩子依据遗忘曲线的规律来记忆，家长还应该了解一天中的几个记忆黄金时段。之所以说是"黄金时段"，就是因为在一天中的这几个时间进行记忆能够起到事半功倍的效果。

首先是孩子早晨起床后的一段时间里，大脑经过了一夜的休息，正处于学习的高峰期，孩子可以利用这段时间背诵一些难记的知识。我会让坚果在这段时间内朗读英语文章、背诵古诗或者是跟他一起阅读知识百科这样的书籍。

其次是上午 8 点到 10 点，这段时间里孩子精力充沛，大脑思考能力强，是攻克难题的好时机。所以一般来讲，学校最重要的课程都会安排在这个时间段。如果是周末在家，我也会在这个时间段让孩子做一做数学思维习题，玩一玩智力游戏，或者阅读一些英语科普文章。

最后是晚上 9 点左右，这是记忆力的最佳时段。我们可以利用这段时间让孩子对白天学习的知识加以复习、巩固。这个环节并不一定要孩子在学习桌前完成，也可以选择一种更为轻松的方式，与孩子一起靠在沙发上，像放电影一样帮助孩子回忆当天所学的知识。

◉ 复习的方法

死记硬背的效果并不好，积极的复习才能帮助学习。如果孩子的复习能够建立在理解的基础上，并且主动运用一些有效的复习方法，复习效果就会更好。

大多数时候，我们很难发现自己掌握知识的不足之处。所以，经常对自己的学习情况进行评估和测试显得非常重要。

◉ 知识回顾

主动地回想比起单纯、被动地重复，在记忆效果上要好很多。在孩子背诵课文、记忆英语单词的时候，最好能够让孩子放下书，闭上眼睛用力去回想，只有在实在想不出的时候再去翻书。这样一个努力去回忆的过程，科学家称为"记忆提取"，他们认为，记忆的提取越多，这个记忆在下次提取时就会越顺利，也就是回忆起来越轻松。

因为知道回顾知识的重要性，所以坚果学完了新知识后，我经常会与他一起静静地合上书，对所学的新知识来一次回顾。这个时候，他都会继续调动自己的小宇宙，一边快速转动着眼睛，一边争先恐后地抢答刚刚学过的一个个知识点。"今天学到了什么？""哪些地方掌握得很好，哪些地方需要继续加强？"当孩子主动去思考这些问题，回顾知识，并评价自己的表现时，他们就是在学习的道路上更进了一步。坚果受益于这种学习方法，他愿意通过这种方式让知识变得更牢固。

知识回顾的过程要让孩子作为主导，家长负责引导和补充。对于年龄小一些的孩子来说，家长还要做好"穿针引线"的工作，将孩子讲到的一些零散概念像穿珠子一样穿成一串儿，与孩子一起总结知识点。

⊙ 课后小测试

测试是一种很好的复习方法，而不仅仅是检验知识的工具。上完课之后，可以让孩子做一做练习题，检测一下知识的掌握程度。即使一时不能全部做对，能找出掌握中的不足，同样会对学习有帮助。无论是学校老师留的家庭作业，还是自学时的课后习题，对孩子的学习来说都必不可少。

孩子在学习中经常出现的错误，我们一定要给予足够的重视。比如，在坚果学习的过程中，如果我发现他总是犯同一类的错误，就会将这些习题整理在一起，一两天之后再次拿出来让他练习。等孩子年纪稍大一些，整理错题的工作就可以完全由孩子自己来负责。

课后的小测试是一种有针对性地纠错，能够让孩子关注到一些自己很难发现的学习漏洞，对于年纪小的初学者来说，更是如此。

除了做测试题，背诵其实也是一种测试。我们可以让孩子阅读课文5~10分钟，之后让他合上课本尽可能地一边回忆一边去背诵。

除了上面提到的这几种复习方法，还有另外一些也是我在家里带孩子学习的时候经常用到的，比如让孩子扮演"小老师"给家长讲一讲学过的内容，或者是让孩子将所学知识通过画图的方式进行整理等。这些方法在之后的"知识输出练习""边画边思考"话题中会有详细的讲解。

04　知识内化——知识的真正掌握

🌿 1. 教会孩子思考，而不是替他思考

我认为培养孩子学会思考是让孩子学会学习的关键，而不是只关注孩子是否将知识点记牢了、记准了而考个没完。

1）让孩子独立思考

孩子不会主动思考是一件"危险"的事情。没有主动的思考和判断，只按指令行事，孩子在未来必然会失去竞争力。就拿孩子制作手工这件事来说，现在市面上有许多搭建、拼插的手工制作玩具，包装盒里都附带了清晰的步骤说明和操作说明。我发现，孩子经常是花了大量的时间去看懂这些图纸，而不是花时间去琢磨为什么要这样安排每一道工序。所以，即使是乐高积木这样经典的玩具，如果不能够让孩子在搭建的过程中充分发挥主观能动性，只是让孩子被动地按照说明书上的指引照搬，一样不能起到开发孩子智力，提升孩子动手能力、创意能力的作用。这也是为什么我建议那些喜欢按照乐高图纸拼模型的孩子也去尝试一下自由拼砌的玩法。我们不能让孩子的进步仅仅停留在技法和技巧层面，而是应该让他们一边独立思考，一边有所收获。

孩子独立地完成一项任务，与在家长、老师的帮助下完成一项任务，两者的差别巨大。后者，虽然孩子能够有一定的独立性，但通常都是有可以照搬的模板，所以在对孩子独立思考的培养上，并没有太大的改进。

我在跟孩子一起用生活材料制作手工的时候，更看重正式开始之前的这段准备环节。我会让孩子做主导，安排手工制作的工序。刚开始孩子可能并不能说出一个完整的想法，家长可以试着引导他们去思考。比如他对一件作品的整体期待是什么，可以按照什么样的顺序来制作，哪些先做，哪些后做，之前的部分与之后的部分又是怎样联系在一起的。

在真正动手制作的环节中，仍然是以孩子作为主导，我们需要做的，就是敏锐地观察孩子是如何动手制作的，在他们真正遇到困难的时候帮他们一把，而非在他们动脑之前就给出明确的方案。由于从前期的策划开始，整个手工活动都是以孩子为主导，手工制作的顺序、具体操作上都难免会犯错。可是犯错又有什么关系呢？想要摸索出一套合情合理的好方法，总是会犯错的。我每次都会一边看着坚果犯错，一边默默在心里等待着他发现自己错误的那一刻。我提醒自己一定不能做一个"多嘴的妈妈"，即使看到孩子一直在"弯路"上来回折腾难免有些心软，但还是要耐心等到他自己发现错误、改正错误的那一刻。

孩子通过自己的思考修正错误，与按照我们的要求去订正错误，无论对于建立孩子信心来说，还是对孩子的提升来说，都是天壤之别。他们应该通过自己的思考和努力去主动寻找答案，而不是等着我们将正确答案"塞进"他们的脑袋里。

无论是孩子做手工，还是孩子做题等，我们需要做的不是去避免孩子犯错，而是应该关注孩子是否能在犯错的过程中主动思考、寻找对策。没有从来不犯错的孩子。那些被家长"保护"着不给机会去犯错的孩子，当他独立面对错综复杂的局面时，马上会变得束手无措。

2）多向孩子提问

提问不仅对孩子是一种锻炼，对家长也是一种考验。如果我们能够更多、更好地向孩子提问，那么孩子就更容易成为一个爱思考的人。

怎样正确地向孩子提问呢？这需要我们的智慧。我们首先要在生活中多多发现问题，然后再以比较巧妙的方式将问题提出来，这个过程中如果孩子能够跟着我们一起思考，慢慢也会成为一个会思考的人。

调动孩子的思维，要用开放式的问题去提问。开放式的问题没有现成的答案，而且往往答案并不唯一，非常适合锻炼孩子的发散性思维。面对开放式的问题，孩子必须考虑得更细致、更全面才能找到答案，而且只要愿意思考，永远可以找到更好的答案。

　　为了能在提问的过程中跟孩子有更好的互动，家长要有一个开放的心态。具体来说，就是尊重孩子，愿意听孩子谈论自己的想法，而且要有足够的耐心，对他们的答案抱着宽容、接纳的态度。如果孩子回答得不对，我们可以继续发问，提醒他们注意到忽略的内容；如果孩子回答得不够全面，我们同样可以继续提问，启发他们进一步地深入思考；如果孩子的回答很有创意，我们也要及时地给予他们肯定和鼓励。总之，我们一定不要打着"开放式提问"的幌子，却抱着教导、评估的目的向孩子问问题。无论孩子能否回答出我们想要的答案，我们都应该鼓励孩子勇于表达自己的想法。

　　我在这里列出几个可以向孩子提问的方向，供家长们参考。

- 家长引导孩子多去做假设，可以这样发问："假如……那么会怎样？"
- 家长引导孩子多去做比较，可以这样发问："他们有哪些区别？又有哪些共同之处？"
- 家长引导孩子寻找替代方法，可以这样发问："这是最好的解决办法吗？还有没有其他的办法呢？"
- 家长引导孩子用举例的方法说明问题，可以这样发问："为什么这样说呢？你的生活中有这样的情况出现吗？"

　　实际生活中怎样去跟孩子对话呢？我举一个例子。比如，"假如……那么……"这样的提问，就经常出现在我们与孩子的对话中。有一次，我和坚果一起听《三国演义》音频故事，到了第十四回"曹孟德移驾幸许都，吕奉先乘夜袭徐郡"，故事讲到刘备收留了与曹操战败、无处可去的吕布，曹操先是给刘备发了密信，让刘备杀了吕布，不久又假借汉帝之手诏使刘备去讨伐袁术。我先是问坚果："你觉得刘备会按照曹操说的去做吗？"坚果想了想，摇摇头，表示没想清楚。"你可以假设一下，如果刘备听了曹操的话，杀了吕布会怎么样呢？"我提醒他。我们一起开始设想，若是刘备杀了吕布，那么此时的刘备就少了一大助力，在群雄纷争的局势下，万一曹操趁机攻打徐州，就很容易失守。想到这里，坚果赶紧说："刘备肯定不会杀吕布的。"他这时忽然想起了前几回合我们讲过的"鹬蚌相争，渔翁得利"的成语典故，我继续问："那么谁是'鹬'和'蚌'，谁是'渔翁'呢？"坚果一边思考一边说，"刘备和吕布是'鹬蚌'，曹操想当'渔翁'。"

我们一边继续听故事，一边继续聊。我又问他："你觉得刘备会按照诏书说的去打袁术吗？"坚果学会了妈妈的办法，说："那我们来假设一下吧！"于是，新一轮的假设推理又开始了：如果刘备此时不按照天子的诏书去攻打袁术，那么就是抗旨不遵，犯的是大罪，所以即使刘备深知这是曹操的计谋，却不得不听从。最终，坚果的推理结果在故事中得到了验证，他继续好奇地听着故事，心得也越来越多，对故事也越来越喜欢。

3）思考要深入

如果思考只是浮于表面，那么对知识就是一知半解，不能算是真正的理解。常常能看到一些孩子用死记硬背、题海战术的方法去学习，殊不知这些方法对学习的帮助并不大，因为它并不能有效地激活我们的思维活动。

就拿"题海战术"来说，单纯的重复练习大多是在做无用功。想要真正地掌握知识，将知识内化于心中，就不能单单靠"题海"去创造学习的"记录"，而是要让孩子多去思考、多去运用、多去探索。

我们再说一说"划重点"。"划重点"的方式对于学习的帮助并不大，这一点得到过科学家的验证。因为"划重点"的方法并不能促使我们在学习中主动再现这些知识。那些"划过"的"重点"，反而让我们误以为自己已经掌握，从而放松学习。这也是为什么我去博物馆参观展览的时候，总是克制自己想要去拍摄下来的想法，然后逼着自己用大脑去记忆。因为我深深地知道，一旦这些展品的照片被我移存至电脑，并收录到名为"展览"的文件夹中，我就会放下对这些展品的记忆和思考，因为我的大脑告诉我，即使我不努力去记忆，也随时能够打开电脑找到它们。这种事情在我们的工作和学习中并不少见。我们常常只记得一些重要的文件保存在哪一个文件目录下，却总是记不起确切的内容。

如果孩子能够对所学的内容进行深入的思考，那么即使他没有刻意去记，一些内容仍然能够很好地在大脑中保留下来。尤其是当孩子接触一个新的知识点，如果不去思考其中的深层原因，而是将知识的掌握寄托在之后的复习上，那么一定得不到好的学习效果。

另外，为了培养孩子深入思考的能力，我认为家长对于孩子学习时间的把握很重要。坚果在学龄前阶段，他在家看书或者学习的时候，我们都至少给他留出 30 分钟的时间。如果遇到他当天状态非常好，想要再继续深入学习，也会适当再增加 10～20 分钟。学习时间太短，孩子容易对学习的内容浅尝辄止。为了让孩子能够更深入地思考，我们需要保证孩子的学习时间充足，这样他们才有足够的时间渐入学习佳境。当然，如果当天孩子情绪欠佳，我们也尽量早一些结束学习。孩子的专注力和耐力是一点点培养出来的，我们需要带孩子慢慢来，不可能一口吃个胖子。

4）学会经常反思

许多知名的球队都会在比赛前花大量时间反复观看之前比赛的回放，反思自己球队的表现，找出提升实力的方法。这就是一个很好的善于"反思"的例子。"反思"不仅仅是大人的事情，孩子一样可以通过"反思"的方法，不断地在总结经验教训中成长。

大一点的孩子可以每天记录学习日记，小一点的孩子可以口头日记，将每天的学习情况记录下来，反思、改进。比如，今天篮球课上老师纠正了"我"的投篮姿势，下一次我要用更标准的动作去投篮。又比如，今天做数学题的时候，"我"没有审完题就着急写答案，结果简单的题都做错了，以后"我"要注意审题。虽然都是孩子随手记下来的一些内容，但是同样能够提醒孩子以后在相似的问题上要多加注意。除了在日记中反思学习，还可以与自己进行对话，问自己一些问题，比如"今天我有哪些好的表现？以后怎样继续努力？"等。

家长也可以与孩子共同去反思一天的学习生活，比如一起想一想："今天有哪些收获？有哪些不足？明天怎样让自己再进步一点点？"等。

孩子总要长大，我们不可能代替他们去理解这个世界，更不可能时时处处帮他们去解决困难。教会孩子自我成长，让他们真正为自己负起责任来。

🌿 2. 知识输出练习——将知识大胆讲出来

我们经常遇到这样的情景，就是孩子虽然觉得自己已经完全听懂了讲解，可是一到做题的时候还是不会。这是因为，孩子在学习中只是简单识记了老师所讲的东西，却并没有形成自己真正的理解。要知道，学习的过程是一个闭环，不应该仅仅包括知识的输入，比如听课、看书、听故事等，还应包括知识输出的环节，比如复述、演讲、表演以及讲给别人听等。

这一小节中，我会为家长们提供出一些切实可操作的方法，帮助孩子用自己的语言将所学的知识进行表述，从而更加深入地掌握所学的知识。

1）复述

复述是检验学习的好方法，它能够较为全面地将孩子对知识的记忆、理解、思考等多个方面展现出来。每当孩子看完一本绘本、听完一个故事或者是学习了一些知识点之后，都可以让孩子进行复述。孩子在复述的过程中，能够对所学知识进行再现，他将自己记住的、理解的以及所思所想，通过口头表达讲给别人听。能不能很好地进行复述，能够侧面反映出孩子对于所学内容有没有透彻地理解、熟练地掌握。

每次我们带孩子看完书、听完故事之后，都会让他将书里的内容讲给家里人听。孩子一开始也许不太乐意，这很正常，毕竟看书、听故事容易，想要将内容重新组织起来讲给别人听还是有难度的。所以，一开始需要家长对孩子进行引导，循序渐进，逐渐增加难度。比如，我们可以引导孩子先从复述一个故事段落入手，慢慢地再让孩子试着去复述整个故事。

家长在这个过程中要注意营造轻松的气氛，否则就容易让复述变得像考试一样，孩子自然也就不愿意配合。在这个过程中，我们可以一起参与进去，以一种轻松的方式与孩子一起互动、交流，遇到卡壳的地方一起去回忆、思考。这样一来，孩子就不会把复述看作是家长变相来检验他们的一种方式了。

复述的过程中，我们既不能让孩子机械地按照原文去背诵，也不能满足于孩子只讲出个大概，这两种做法都不利于孩子去理解内容，也不利于孩子表达能力的提升。在复述故事的时候，我们可以教孩子运用"6W"原则，让孩子根据故事发生的地点（where）、时间（when）、人物（who）、事情（what）、原因（why）和发展经过（how）这几个要点来进行复述。孩子学会熟练运用这个框架之后，就可以鼓励孩子再多描述一些故事中的细节。

这个进程一般会比较缓慢，一开始孩子往往会东说一句，西说一句，没有章法，想到哪里就说到哪里。家长们不用心急，关键是让孩子接受这种学习方式，形成好的习惯，坚持一段时间之后，我们会发现孩子的表述越来越有条理。

2）亲子表演

表演能够促进孩子对故事情景的理解。看过的动画片、绘本故事以及带有对话的中英课文都可以拿来当作剧本，由孩子和家长一起进行表演。如果孩子能够将读到的故事内容表演出来，那么他的收获一定比单单读文字要多许多。

坚果小的时候最喜欢的一个绘本——《熊占了我的椅子》，就曾经被坚果和爸爸当作剧本一起表演过。这个故事讲述了一头北极熊占了小老鼠的椅子，可是小老鼠想了许多办法都没有让这头大熊离开，故事的结尾发生了剧情的反转，当北极熊回到家里准备睡觉的时候，却发现小老鼠占了自己的床。这个故事是要孩子们明白人与人之间相处的规则，让孩子建立起物权的意识。坚果每次看到书中的小老鼠为了赶走北极熊使尽浑身解数，尤其是看到小老鼠穿着短裤从快递箱里忽然跳出来吓唬北极熊的样子，都乐得哈哈大笑。

表演这个故事的时候，坚果挑选了最喜欢的主人翁小老鼠，爸爸来扮演北极熊。由于书里这两个人物性格鲜明、对话丰富、动作性强，而且故事情节相对简单不复杂，所以很适合年纪小一点的孩子来表演。

接下来要准备表演的道具了。这个环节做到位，可以让孩子更容易进入角色，表演效果也更加生动。我们特意找来了一把与绘本中非常相似的椅子，还为坚果准备了小老鼠用的鸭梨、纸箱，为爸爸准备了北极熊用到的梳子、镜子、报纸和手机。

一切准备就绪，一场小小的家庭演出开始上演了：爸爸学着北极熊"笨重"地坐在老鼠小小的椅子上看报纸，而坚果学着书里面小老鼠的模样，在一旁使劲摇晃手里的大鸭梨，希望能够吸引北极熊的注意力，让他从椅子上离开。一开始，坚果还会回忆绘本里小老鼠说的话，后来觉得反正自己不可能说得跟书里一模一样，就干脆抛开"剧本"，自己临场发挥起来。爸爸的表演深入角色，坚果的表演也越来越放松，越来越自信、自然，我在台下不停地喝彩。有时候还能看到剧本之外的即兴表演，因为看"北极熊"不为所动，坚果饰演的"小老鼠"甚至想到去挠"北极熊"痒痒，看看这样"北极熊"能不能注意到他。引得"演员"和"观众"笑作一团，前仰后合。

家长给孩子讲故事只是内容的单向传播，与孩子一起将故事表演出来，就是双向的沟通和交流。孩子有没有按照故事的原貌去表演，以及孩子在表演的过程中演得像不像，都不是最重要的。重要的是让孩子按照自己的想法去大胆参与，体会到表演故事的乐趣。即使表演有不合理的地方，家长也应以鼓励为主，不要挫伤孩子的积极性。对于故事的情节，我们要鼓励孩子大胆进行想象和创造，发挥自己的创意。另外，我们也应该尊重孩子的想法，在孩子有意愿表演的时候，选取孩子喜欢的故事，让孩子担任他喜欢的角色来表演。表演过程，就是学习和应用的过程，孩子的想象力、创造力、语言表达能力以及肢体语言能力都会得到相应的提升。

除了能够和孩子一起表演故事，还可以与孩子一起表演情景式中英文对话。我们可以和孩子一起设定一些对话场景，比如早上起床后到上学前孩子与妈妈的对话、参加同学聚会时与朋友之间的对话、看病时与医生的对话、在学校与老师的对话、与朋友打电话时的对话等。因为家里刚好有几本英语口语对话的书，所以我和坚果索性就根据书上的对话来表演。刚开始的时候，我们只是按照书本分配角色、朗读对话，慢慢地，我们开始摆脱书本上的内容灵活发挥，想说什么就说什么。因为每次都能和妈妈玩得特别开心，所以坚果对英语对话表演一直很感兴趣。

3）变身"小老师"

当"小老师"教别人知识，是孩子最好的学习方法之一。如果你也有过当老师的经历，我想你一定会认同这样的观点，那就是担任老师这个角色确实能够帮助我们真正吃透所讲的内容。这也是为什么我们常说教学是一个双赢的过程，不仅学生学到了知识，老师也在知识的教授中巩固了知识。

孩子当"小老师"给别人讲解的时候，他们自己也在学习。想必我们都有这样的感受，就是只有当我们对一个知识有充分的理解，才能够去教会别人。为了给别人讲授知识，孩子需要先形成自己对知识的理解，然后用自己的语言向别人解释清楚，偶尔还会发现自己知识掌握中的漏洞。这个过程中，孩子对知识进行回忆、整理、提取、表达，不仅对知识的理解更深入了，思维得到锻炼了，表达能力也越来越好了。

每一个孩子心里都藏着"好为人师"的秘密。我们大可满足他们的愿望，让孩子在家里过足当"小老师"的瘾。从坚果很小的时候我们就发现，每次他掌握了新的知识，都迫不及待地向家里人再讲一遍。自从他在幼儿园开始学习英语，便经常回家拿起一把长杆充当教鞭，学着老师的样子教不懂英语的奶奶、姥姥学英语。奶奶、姥姥越是不会，他越是像上了弦一样，小嘴巴拉巴拉地讲个不停。如果奶奶、姥姥表示没学会，他还会将教过的内容再重复教一遍，而且从来不会觉得麻烦，反而兴致会更高。每次教课的时候坚果都特别认真，有时候他还会在开始之前仔细想一遍，因为他知道自己要对讲授的内容有十足的把握，学生才能够学得好。为了唤起大人们时刻的注意，他还必须饱含热情与自信，并且注意力集中。孩子在当"老师"的过程中，不仅对知识有着高度的兴趣，积极主动，还肩负着"要教会学生"的责任感，这不正是我们希望看到的吗？

上面举的例子里，奶奶、姥姥是真的不懂英语，坚果一边在前面讲，奶奶、姥姥一边在下面做笔记。如果孩子讲的是一些我们熟知的事情，那就真的要靠演技了。比如，看到坚果学了什么新知识，我也会主动跟他提出邀请："假装我是一个小小孩儿，想让你来当老师给我讲一讲刚才学习的内容。要讲清楚哦，要不然我可听不懂。"坚果这个时候就会兴高采烈地答应，马上变身为一个负责任、有爱心的"小老师"。遇到一些比较难讲的地方，我会通过向他提问的方式来帮他梳理"讲课"的思路。若是在讲述的过程中坚果忽略了一些知识点，我还会主动举手向"小老师"提问："老师，为什么会得出这样的结论呢？"他就立刻投入思考，想方设法给我解释明白。课程结束，家长还要记得给"小老师"好评。如果孩子真的认为自己成为一个"好老师"，下次他会更加努力来做好这件事情的。

让孩子当"小老师"，除了让孩子讲课，还可以让孩子给家长出题。在辅导坚果做数学题的时候，我也常常让他当老师编写应用题。通过对他学习效果的观察我发现，在充分理解知识要点的基础上，让孩子自己编写应用题与让孩子做应用题相比，更能促进他们对知识点的深入理解，下次再遇到相同类型的题目，问题也就迎刃而解了。

在孩子变身"小老师"的过程中，孩子以绝对的心理优势获得了满满的自信和成就感。更重要的是，他们在教授别人的过程中，对学到的知识进行反复的回忆和确认，促进了自身对学习内容的消化、对知识的深入思考。家长们不妨在家里实践起来。

3. 活学活用——用知识解决实际问题

许多时候，孩子学习动力不足不是因为他们不求上进，而是因为不明白学习的意义何在，不知道学习能有什么用。孩子想当然地认为学习是为了父母，不是为了自己。这个时候，即使我们再摆上一些大道理，孩子也不会深切认同。学习的过程是发现意义的过程。我认为让孩子明白学习的意义，最好的办法就是让他们在日常生活中感受到学习之用，让知识真真正正地解决他们生活中的实际问题。有了这些深刻的体会，孩子才能够认同家长的一片苦心。

孩子对知识应用得越多，那么他对知识掌握得也越好。这也是为什么各个学科都提倡情景式教学，为的就是让孩子在大量的实例中学习，从而能够对知识深入地理解和掌握。

生活中的减法问题

以孩子学习数学为例。我们知道，应用题通过真实的应用场景，帮助孩子深入地掌握数学概念，在孩子的数学学习中可谓扮演着重要的角色。

坚果在最初接触数学的时候，加法运算还是很容易接受的，涉及减法，就不如加法那么顺利。我翻了翻小学教科书，上面清楚地写着减法的定义："已知两个数的和与其中的一个加数，求另一个加数的运算，叫作减法。"这么拗口的一句话，如果直接抛给孩子去理解，那学习效果一定不好，所以我果断放弃了用解释概念的方式去教他。

之后，我决定从真实生活情景出发，借助一些应用题，让孩子了解减法的含义，以及哪些情况下需要使用减法。我带坚果一起学习了这样几道有关减法的应用题：

1）比较求差的情形

坚果有 5 个橘子，妈妈有 3 个橘子，请问坚果比妈妈多几个橘子？（或妈妈比坚果少几个橘子？）

小朋友们列队站齐，坚果排在第 2 名，Wendy 排在第 8 名，请问 Wendy 在坚果之后的第几名？

2）求剩余的情形

水果盘里有 6 个苹果，坚果吃掉了 3 个苹果，还剩几个苹果？

书架上有 8 本书，Dora 借走了 3 本，书架上还剩几本书？

坚果班里一共有 15 个小朋友，其中有 8 个女孩，请问班里有几个男孩？

像第一类问题，如果题目涉及两种不同种类的事物之间的比较，问谁比谁多，谁比谁少，或者是排列次序的问题，谁在谁之后，谁在谁之前，这些情形下我们就会用到减法。

第二类问题中，无论是第一个例子中的苹果，吃完了不存在了，还是第二个例子中被借走的书，虽然不在书架上，但仍然被保留在借书的人那里，其实说的都是在一个整体当中，已知一部分的数量，求剩余部分的数量，这样的情形中也会用到减法。

识字改变生活

都说父母是孩子的第一任老师，其实也不全对，仔细想来，孩子的启蒙老师有时候并不是我们做父母的，而是生活。

坚果的识字过程，就是一边在生活中学习、一边在生活中应用的过程。小的时候，他看到街边的路牌、草地里的指示牌、花花绿绿的广告以及家里的玩具包装、饼干盒等，都会让我将上面的字念给他听。他对这些事物充满着好奇，更是对语言文字产生了兴趣。此时的坚果像一块小海绵，走到哪里，都会尽力地"吸取"知识。看坚果这么喜欢认汉字，于是我就买来了识字表挂在家里墙上，他没事儿就过去看一看。

过了一段时间，我抱着试一试的态度，对识字表里的汉字进行了考查，发现坚果居然会了十有八九。于是我就又换一幅识字表继续贴在墙上。这个过程中，我只是顺应了孩子自身发展的需求，并没有刻意进行识字的培养。加上平时经常念书给他听，坚果在学前阶段就已经能够认识许多汉字了。

这一点，让坚果的生活发生了巨大的改变。比如，坚果更小的时候，总是让妈妈给他读指路牌、广告牌，买了一件新玩具不知道怎么玩，就要妈妈给他读玩具说明书，而现在，这些事情他都可以自己做。连他自己都感觉到自己的成长，再也不用事事依靠别人了。每一次他凭借识字这个技能解决了一个生活中的实际问题，都会兴高采烈，满脸洋溢着无法言喻的成就感。以前做数学题的时候，因为坚果认识不了太多汉字，所以每次都要我坐在旁边，随时准备给他读题。随着他识字越来越多，我已经不需要陪在他的身边，偶尔听到他问"妈妈，这个是什么字"，过去帮助一下就好。以前因为坚果识字少，总是要妈妈念给他听，而现在，他已经能在书店里翻一翻自己感兴趣的书了。生活中，汉字无处不在，一天天的耳濡目染不仅开启了坚果对汉字的学习，而且当他认得的汉字在生活中一遍又一遍地重复出现，更是加深了他对这些汉字、词语具体应用场景的理解。知识用起来，才能够记得更牢固。

从不识字到识字的反差当中，相信坚果一定能够深刻地体会到"学习能够改变生活"这个道理。当他在识字的过程中感受到学习的甜头，我就不必反复跟他强调识字有什么用，显然，这些道理已经不言自明。

用英语解决数学问题

孩子没有生活在英语国家，英语不是主要的沟通工具，所以学英语单词就不能像认识汉字那样，简单地让生活当他的启蒙老师。我们还需要在生活中主动为孩子营造英语的应用场景，给孩子一个好的英语学习环境。

孩子的英语学习，在实际生活中应该怎样活学活用、以用促学呢？比较容易想到的方式有跟外教交流、阅读英文读物、看英文动画片或者唱英语儿歌等。除此之外，我们还尝试过另外一种在实际运用中促进英语学习的方法，那就是让孩子用英语学习数学。

有的家长可能会担心，孩子能够学好英语一门科目就不错了，还要同时学习数学和英语，这不是让孩子更加糊涂吗？但是从我和孩子的经历来看，用英语来学习数学这件事，并不能简单地看作学英语和学数学这两件事情的叠加。首先，数学学习中所用到的英语表述非常简单，尤其是数学启蒙阶段，常用的词汇例如 plus、equal、minus、more、less、in all 等，词汇量并不大。其次，好的数学课件都会搭配相关的图示，加上场景的描述，孩子理解起来并不难。

坚果学习了一段时间英语之后，由于他的英语水平有了初步的基础，而且对数学产生了兴趣，我便萌生了让他用英语学习数学的想法。刚开始只是抱着试试看的态度，后来发现他并没有遇到太大困难，做题的正确率很高，而且认识的英语单词也越来越多。在我看来更重要的一点是，他对于用英语学习数学这件事非常感兴趣，因为用英语学习数学本身听起来就很特别，而且他发现自己的英语能力有了用武之地，居然解决了数学问题，所以倍感自信。

学习英语的目的，并不是英语本身，而是要掌握这个工具去叩开认知的大门。英语是世界通用的语言，是一门与外界沟通、交流、学习的工具，如果不在生活中应用起来，学习英语就没有意义可言。数学也是一门通用的语言。无论将我们的这次尝试看作是"用英语去学习数学"，还是"用数学去学习英语"，本质都是相同的，都是一边学习，一边应用，一边成长。

4. 为孩子构建知识"版图"

孩子有了合格的成绩，是不是就意味着已经合格地掌握了知识呢？苏联著名教育家、心理学家赞可夫在《论小学教学》一书中给出了答案，他说："学生得到了这样的分数，说明他们可能达到了大纲的要求，但是他们的知识和技能掌握可能还是片面的、片段的，并没有在大脑里形成一个完整严密的体系，如果遇到新的、不一般的情况，就无法自如运用已经获得的知识和技巧。这样掌握的知识就不是真正意义上的掌握。"他在这段话里强调了"在大脑里形成一个完整严密的体系"的重要性。

我们常会遇到这样的情形，就是孩子能零星地说出一些历史朝代、历史人物，能讲出一些科学现象、科学原理，或者是了解一些艺术大师、艺术名作，但是深入地问下去，却说不出个所以然来。之所以这样，就是因为孩子此时的知识是零散的，每一个知识点都是孤立的、不成体系的。

在心理学领域，科学家们早已验证了一个观点，那就是：如果各个因素之间没有联系或者联系很少，那么就不可能长期被保存在记忆当中。只有我们能够找到多个知识点之间的本质联系，并在它们之间建立连接，形成一个严整而有序的知识体系，那么这时候，我们才能成为知识"真正的主人"。将新学的知识融入已经掌握了的知识当中，比单纯地学习新知识效果要好得多。倘若我们能帮助孩子在这些知识点之间建立起联系，形成一个磅礴而坚固的知识网络，那么孩子对某一领域的认识就不会止于表面，知识点的掌握也会更加深刻。

用笔记或者画图的方式可以很好地帮助孩子梳理知识框架，从而让他们在宏观上对某一学科有一个整体的认识。下面我们从自然科学入手，具体谈一谈怎样帮助孩子建立知识体系。

让孩子从小接触自然科学有什么好处呢？如果单从成绩上来看，帮助并不明显，但是如果从长远的学习来讲，那就意义重大了。孩子天生对世界充满了好奇，自然科学刚好能满足他们的好奇心，从身边的现象入手，解答孩子永远问不完的"十万个为什么"。孩子不仅能用眼睛观察，还能够用耳朵倾听，用小手触摸，在自然科学中他们一边学习一边玩耍。孩子通过对自然科学的学习，不仅能拓宽知识量，还能学习严谨的治学态度，以及探索未知世界的科学方法。

和所有的孩子一样，坚果从小也是对大自然充满着兴趣。很长一段时间里，坚果早晨起床后的第一件事就是让妈妈念一段儿童百科全书里的文字给他听，然后带着这种内心的满足开启美好的一天。渐渐地，综合的百科全书已经不能满足他想要深入了解某一细分领域的要求，所以后来家里又买来了昆虫百科、恐龙百科、动物百科等。大量而零散的科普知识，如果不经常在头脑中归类和整理，就非常容易遗忘。随着对科普知识了解得越来越深入，也非常容易陷入"只见树木不见森林"的局限当中。

看到坚果对于动物的知识掌握得越来越多，我认为是时候跟他一起梳理一下动物的分类了。我们一起画了下面这个动物分类图，希望它能成为我们头脑中的"收纳柜"，把我们已经知道的知识一一对应地收纳到每个"抽屉"里面。日后我们再有了新的知识，也会知道应该打开哪个"抽屉"来存储。

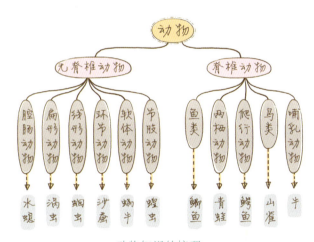

动物知识的梳理

试想，如果我们在孩子对动物还没有太多了解的时候，就跟他讲动物分类，孩子一定会觉得这些知识太枯燥、太无聊了，而且学习的效果也不会很好。所以，选择在什么时机为孩子呈现这幅"大的知识图景"非常关键。我认为不能为之过早，要等到孩子有了相应的知识储备之后，并且真正有这样的学习意愿时再顺势而为。否则，家长的一片苦心教导，反而会起到相反的作用。

分门别类看似枯燥，而且分类名称大多都很拗口，想让孩子接受并且记住这些知识，就要将这个大的学习目标贯彻到每一次的讲解中。坚果最初接触到的百科知识是我从书上念给他听的，当时我就极少用"俗称"或者"白话"给他翻译，这样一来坚果记住的都是准确的学名。比如，在我们学习昆虫的时候，我会认真地为他念出每一种昆虫所属的"门、纲、目、科"。我念得认真，他也听得认真。有些家长担心这些内容孩子会听不懂，担心孩子会因此觉得这部分内容太枯燥，想要省略这些内容。可事实证明，这些都是多余的担心，如果我们觉得这些内容很重要，那就笃定地读给孩子听，孩子能感受到这部分内容的重要性，也会笃定地去听、去记。比如，我每介绍一种昆虫，都会以这样的话来开始："螽斯，属节肢动物门，昆虫纲，直翅目，螽斯科……"这种昆虫实际上就是我们非常熟悉的"蝈蝈"，很少有人知道它的学名，可是孩子却会记得。随着孩子知道的越来越多，他们会慢慢发觉每一种分类下昆虫的共同特征，然后沿着这个线索去形成更大的知识脉络。如果我们给孩子讲解的时候刻意略去这部分，那么孩子就失去了在脑中独立建构知识版图的机会。

孩子接受新知识、新概念的能力超乎我们想象。我们完全没有必要将严谨的科学描述翻译成没有养料的大白话，即使一些表述再拗口，也要告诉孩子准确的科学描述，这本身就是一种科学精神的体现。我想，一个完整而严密的知识体系要靠这样一系列准确、严谨的概念和逻辑来搭建，搭建的材料越正确、越严谨，那么孩子知识体系的基础就会越扎实、越牢固。

最终的目标，是要让孩子将这些小的知识板块连接起来，从而形成更大的知识版图。所以，孩子每学一些新的知识，我们都应该引导他们将新的知识编织到已有知识的网络中。这样一来，孩子眼中的知识点不再是孤立的个体，而是系统中的一部分。孩子们看到的是"一片森林"，而不是孤立的"一棵棵大树"。

05　生活实例：
从"摄像头小画家"到"安防小专家"

🌱 1. 一次偶遇打开一个新世界

静物画有许多种。我们除了可以见到喜欢以花卉植物为绘画主题的静物画家，还可以见到喜欢画瓶瓶罐罐、食物或者水果的静物画家。然而与他们都不同，我们家有一位醉心于画"摄像头"的小"静物画家"。

一次偶然的发现

好奇心是观察的基础，因为孩子只留时间给自己感兴趣的事物。坚果与摄像头的邂逅是在一次逛超市的时候，他偶然发现了安装在高处的摄像头，那时的他刚刚 4 岁。他觉得很新奇，便问妈妈："那是什么？"从这之后，他便开始像小侦探一般搜寻城市里每一处的摄像头。

最初的坚果只是在观察，并没有想到要将摄像头画下来。没过几天他告诉我，他特别想拥有一个属于自己的摄像头。我没有答应他立刻去买，而是说："我们可以回家自己做一个呀！"坚果的热情像被点燃了一样，回到家，一口气在纸上画满了摄像头，并且一画就是好多张。画完了，行动还没有结束，我们一起把摄像头裁剪下来，并且按照坚果的指示，在家里许多地方都"安装"了"摄像头"。

从他的一番话语中，我得以了解他对摄像头的理解，其中一些判断，夹杂着他自身的一些归纳和思考。比如，在一开始选择摄像头安装位置的时候，他强调"摄像头一定要安装得高高的"，而且"要正对着门"。对于另外一些要安装的摄像头，他又说"要对准客厅中间"，还有一些"要安装在角落"。

这些安装要求看似是他的一些执拗的想法，其实却是他通过一直以来的观察，所形成的对摄像头用途的思考。

《摄像头》 坚果 4 岁画（1）

这就是坚果最初画下的摄像头，可以看出，他此时对物体的观察都来自正面视角，画面中主要体现了摄像头的外轮廓以及最关键的构造——镜头。

他经常会让大人将他高高抱起，以便能够近距离地观察摄像头，甚至去触摸感受。他到处寻找摄像头，仿佛警犬那般敏锐：小区里的摄像头、街道上的摄像头、饭店里的摄像头、电梯间的摄像头等，不放过任何近距离观察摄像头的机会。渐渐地，他发现了不同摄像头的镜头和红外灯在外形、数量以及用途方面的区别。这个时期的画，体现了他对镜头、红外灯的观察和理解。

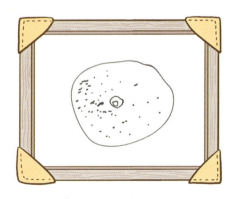

《摄像头》 坚果 4 岁画（2）

对"结构"的思考

又过了几天时间，在他的画里开始描绘摄像头的安装支架。这体现出了他开始不满足于观察摄像头的外观，而是开始关注摄像头与其他事物之间的关系。下图中，最右边的蓝色摄像头，画出了摄像头后方的支架，清晰地体现出他对"摄像头是如何固定在墙上的"这一问题的思考。

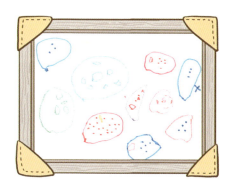

接下来的一段时间里，这位小小的观察员一刻都没有闲着。每到一个新地方，他都忙于观察，他对于摄像头的"搜索范围"扩大到商店、游乐场，甚至是人们"谈之色变"的医院。在医院里，所见之人全都眉头紧锁，想要尽快离开，可是坚果却兴致盎然，沉迷于对摄像头的观察当中。他想要了解这里的摄像头有什么不同，东看看、西瞧瞧，想要探个究竟。看着他对世界充满好奇的样子，我不禁想到了那位毕生致力于研究儿童自然学习行为的美国著名教育家约翰·霍特的一段表述："孩子对理解世界的需要，对在世界中应付自如的需要，就如他们对食物或者休息或者睡眠的需要一样深刻和强烈，有时候甚至更强烈。"

2. 建立"摄像头"数据库：信息的收集和积累

拥有属于自己的摄像头

不久，坚果拥有了一款真正的智能摄像头，是爸爸要买给他的，这成了他好长一段时间里最为开心和津津乐道的事。在我看来，拥有一款真正的摄像头，是他探索摄像头过程中的里程碑，让他从一个"摄像头发烧友"变得更像是一个研究摄像头的"安防专家"。

当孩子的好奇心被激发起来，他们的学习速度是惊人的，没用多久，他便对这款摄像头的所有功能了如指掌，不仅尝试了平放、悬挂、侧挂等多种安装方式，还能够很熟练地在 App 端进行操作。很快，他便不满足于家里的这一款摄像头，开始去搜寻和探索不同款式的摄像头。

晋级摄像头小"专家"

接下来的很长一段时间里，坚果总让我帮他在购物网站搜索出各种款式的摄像头，然后仔细地观看每一款摄像头的广告视频和照片。本是枯燥的宣传广告，他竟如此爱看，并且要求反复观看。我发现，在这些广告照片和视频中，大都总结了每款摄像头的功能亮点，并展示了真实的应用场景，有的甚至对警报功能大加描绘。仔细想来，坚果之所以爱看，一来这是一个获取知识的渠道，广告里的讲解比妈妈讲得更加生动形象，二来能够看到"小偷入室"相关的情景演绎，刚好满足了他对于"警察捉小偷"这个主题的兴趣，对他有着十足的吸引力。我深知这是孩子自身对于知识的渴求，也是他成长与发展的必经阶段，所以我对他的这个"爱好"一直很支持和理解，并以此当作对他其他方面良好表现的奖励。

不久，他对市面上常见的摄像头款式、品牌和功能了如指掌，这时候，他已经更像是一个小"安防专家"了。所到之处，他都能留意到这个地方安装的安防设施，他甚至看一眼摄像头的外观，便能够立刻说出这款摄像头的制造厂商和具体功能。一次又一次，当我最终走近摄像头，看到机身上的 logo 与他所说完全一致，我都会暗自感叹孩子强大的自我学习能力。孩子的头脑就像是一套复杂的计算机系统，他们通过眼睛的观察、头脑的思考、切身的体会不断丰富着大脑"数据库"的储备信息，当他们需要作出判断的时候，便会在自己建立起的"数据库"中搜索有用的信息来帮助自己做决策。这是一套多么完美的"智能学习系统"！

　　坚果的"数据库"里有关摄像头的数据还在不断地更新着。"妈妈，这是一个新款的摄像头！"每当他看到自己从未见过的摄像头，他都会让妈妈帮他拍照，美其名曰"收集新款"。这些都是应坚果的要求，所拍摄下来的各种款式的摄像头，展示出来的只是照片库中的很小一部分。无论是白天或者夜晚，只要遇见了"新款"，就要把摄像头的样子拍下来留存。

通过拍照的方式收集到的"新款"摄像头（部分）

公园里的意外"来客"

　　有一次坚果放学后，他迫不及待地拉着我，说要给我看一个"好玩的东西"，结果是要给我看公园的一批"新居民"——摄像头。这些"新居民"甚至还没有安家，它们被横放在花丛边上。

坚果与公园里的意外"来客"

正因为这样，坚果才可以轻松地摸到这些原本以他的身高不可能摸到的摄像头，他喜出望外，绕着摄像头转了一圈又一圈。坚果仔细观察它们的镜头、红外灯，还有他称之为"屋檐儿"的结构（其实就是摄像头上方的遮雨挡板）。他说是幼儿园老师白天带他们出来玩的时候发现的，说着还给我展示了他当天在幼儿园里画的一幅画，就叫作"花丛里的摄像头"。想想我要是孩子，也会和他一样开心吧。

户外写生+大胆创作

如果说在家默画，能促进坚果对摄像头外形及功能的归纳和思考，那么对着真实的摄像头写生则是他新一轮知识转化的开端。在这个过程中，坚果体会并记录下自己的观察。因为不仅仅靠眼睛看，还要手脑并用地将所见落于纸面，所以这又区别于"走马观花"式的观察。

坚果对摄像头有着持久的兴趣，他持续对各个场景中的摄像头进行写生。因为深深地理解并希望默默支持他的这一"爱好"，所以这个时期我最重要的任务，便是时时刻刻帮他带好画笔和画本，以便能够让他捕捉到突如其来的"灵感"，无论我们身处任何地方。

无论是在安静的公园，还是在繁华的商圈，坚果一旦提笔便总能全情地徜徉在真实与想象交互的场景中，对周围的人和事不看、不闻。多少次，我就是这样静静地在一旁陪伴着他：仔细地观察他创作时的每一个细节，试着从他的角度揣度画中的思路和情感，但又尽量掩饰对于他作画的关注，避免一些言语打乱了他的思路，只是这么静静地在一旁看着，让孩子放松、自然地作画。渐渐地，孩子也习惯了，他也觉得像这样一边观察、一边记录是再正常不过的事，即使有一些好奇的路人凑前看个究竟，他也丝毫不受影响，继续沉浸在自己的小世界。

坚果正在进行摄像头写生

🌿 3. 像产品设计师一样思考

梳理现有产品体系

慢慢地，坚果能够按照摄像头的外观、安装方式和功能，将不同的摄像头进行分类了。下图中所示，就是他这个阶段画下的摄像头，与初期画的摄像头相比，这个时期的画里体现了更多他对摄像头外观、安装方式、功能的细致观察。与其说他是对摄像头进行一种"再现"，不如说他是在为摄像头进行设计，他总是一边画一边描述着接下来的设计："它是一个吸顶悬挂式的摄像头""能够联网，不需要布线""这款摄像头有底座，是放在桌面上的""这一款有人脸识别功能"……

渐渐地，坚果做设计的时候不再局限于市面上已有的摄像头功能，而是自己想出了五花八门的"新功能"。比如，他对摄像头现有的报警功能进行了改进，赋予了摄像头"制裁小偷"的无穷威力。他一边画一边描述道："当这款摄像头识别出小偷之后，便会对他们开枪，同时也会给警察发短信，这时候警察就赶过来了。"除此之外，他给每一个新款的摄像头起了英文名字，作为它们的品牌和商标，还为设计的摄像头画了安装说明书。

《摄像头设计》　坚果4岁9个月画

这是坚果在闹市商圈进行摄像头有关创作的情景。他一边画下眼前这座高大的建筑物，一边为它构思设计了整个安防系统：大楼的楼顶、角落以及房间的内部都需要安装摄像头。坚果像一个负责任的设计师，深深地沉浸在其中，身边来往休憩的人换了一拨又一拨。

为眼前的写字楼设计安防系统　坚果4岁9个月画

"折腾"出的摄像头4S商店

当我们像个"警察"一样，时刻紧盯孩子以达到我们设定的目标时，事情的进展往往不会那么顺利。相反，如果我们放手让孩子自己去"折腾"，事情往往能向前推进得很好。

又过了一阵子，出于自身对探索和发展的渴望，坚果不再满足于在纸上画摄像头的设计图纸了，而是开始打造自己的"摄像头公司"，生产制作自己公司品牌的摄像头。

最容易想到的塑形材料就是孩子们常玩儿的超轻黏土，这是坚果实现想法的不二之选。他先挑选好几种颜色，之后便像一个小工匠，全神贯注地制作摄像头。只见他用小手不厌其烦地揉搓着细小的黏土，将一粒粒的"红外灯"粘贴在摄像头的正面。不久，一个"新款摄像头"就制作好了。

孩子的作品反映着他们对事物的认知，他们将看到的东西原原本本地在作品中还原出来。他制作的那些密密麻麻排列在一起的红外灯，不就是我们平时所看到的那个样子吗？我不由感叹孩子的真实和诚恳，同时又感慨孩子敏锐的观察力，竟能够将事物的"神"捕捉到并表达得如此到位。作为一个成年人，我甚至感到惭愧，与他们相比，我们的作品中有时却忽视了对事物本质——"神"的把握。怪不得艺术大师毕加索曾经感慨："当我还是个孩子的时候，我就会画拉斐尔那样的作品了。但是我花了一辈子的时间，才画得像个孩子。"

坚果制作的"摄像头"与真实的摄像头

坚果在桌子上整齐地陈列着"Toumtra"（由他自己命名）公司的商品，并将公司业务定为"摄像头4S商店"。这是从"汽车4S店"的说法中学来的，他也希望自己的商店能够同时拥有摄像头销售和维修的业务。"有悬挂式的、吸盘式的、支架式的，还有长安街上那种镜头上面带'屋檐儿'的摄像头。"

他继续说，"有的是家里用的，有的是治安用的，有的是给交警用的。"忽然他来了灵感，又说，"这一款能够人脸识别出坏人，上面还有枪"，"先拍照录像，再开枪，之后发短信给警察叔叔。"

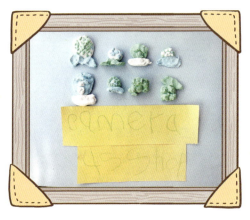

接下来的故事就很容易猜到了，就是由坚果扮演店员，家人扮演购买摄像头的人，进行询价报价、展示说明、付款找零、包装送货等一系列"销售活动"。随着买卖活动的进行，这些"摄像头"全都在家里"安装"起来了，有的粘在了窗户玻璃上，有的粘在了门框上，有的摆在了桌子上和窗台上，有模有样地坚守在安防的前线。

🌱 4. 终将到来的"拆解"和创造

谈到摄像头的款式、功能、品牌，在我们家早已经没有人能比坚果更了解了。如果不是坚果接下来对摄像头进行了拆解，我想，他将很快因为没有新的方向而搁置探索摄像头的进程。当对摄像头的认知到达一定的阶段，坚果想要拆解摄像头的想法便自然而然地产生了。

对于他拆解东西的做法，我和坚果爸爸一向是很支持的，并且几次跟他讲："这件东西已经是你的了，所以你来决定拆或者不拆。"不过，他还是先征求了我们的同意，然后才开始对摄像头进行"解剖"。整个拆解过程在一个完全没有催促和压力的氛围下进行着，他时而拧动螺丝刀，时而停下来仔细地观察，时而用手去触摸感受，还不时与我们分享着他的最新发现："妈妈，快看呀！"

我一直相信，如果一个人从未真正探索过一个事物的内部构造，并对其运作原理进行深入的探索，那么他将永远不能成为该领域真正的专家。虽然孩子此时的探索仍然保留着孩童"稚拙"的特质，但这种自觉自律的探索，正是发现和创造的精华所在。

坚果在家中对真实场景的模拟　　　　坚果正在对摄像头进行拆解

摄像头的故事还没有结束，因为坚果对于摄像头的好奇心一点都没有减少，有关摄像头的探索和创造也仍在继续。不久之后，以坚果为"总设计师"的摄像头生产出来了。这一次的产品虽说是用生活中随处可见的一些材料制作而成的，但它更接近真实的摄像头了。

带支架的摄像头及机器人摄像头　坚果 5 岁半

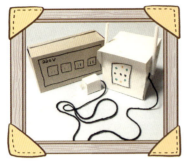 

带插座的摄像头　坚果 5 岁半　　　　高清夜视摄像头　坚果 5 岁半

为了方便用户远程操控这些摄像头，坚果还为一些款式搭配设计了遥控器。这些遥控器有长方形的，也有圆形的，都是用废弃的包装盒制作的。下图中是坚果设计的一款可以拨动的摄像头遥控器，滑盖可以 360° 转动，上面标有"ON""OFF""WIFI""FIRE"（射击）等按键，显露出的按键即为当前的操作。

新型摄像头遥控器　坚果 5 岁半

如果想成为一位真正的"摄像头专家"，亲手制作一款摄像头应该是最好的方法，除了需要考虑外观设计、内部电路铺设，还需要考虑到各个应用场景中的防盗、防雨等功能，除此之外，还要考虑安装的问题。坚果在动手制作的过程中，对摄像头的构造和应用场景有了更深刻的理解和体会。当然，他距离一位真正的摄像头专家还差得太远，如果他继续对这个领域保持兴趣，我希望他能够通过读书去接触到一些更专业的知识，在书里寻找问题的答案。

　　这是一段坚果在观察摄像头的过程中学习和探索的故事，看似是生活中一次毫不起眼的探索，却帮他建立了最初的学习模式。日后，当他对其他一些新的事物萌生兴趣，比如路由器、昆虫、动物等，他也经历着相似的探索过程——他在观察中学习，学习的知识又在进一步的观察中得到修正和补充。这是一个学习的过程，却又不是普通意义上的学习，孩子在这一个过程中拥有完全的自由，不受任何人的指导和干扰，更确切地说，这就是一段"在玩耍中学习"的过程。

　　想要达到真正的精通，需要付出更多的努力，将所学的知识形成更系统的网络，通过实际运用对知识技能进行更多的打磨。无论是对摄像头的探索，还是今后对其他事物的探索，其中的观察和学习的方法是相通的。正是这样一些经历，让孩子从观察、思考中体悟到探索的乐趣，其间收获的一些知识和新发现，构建着他们最初的自信和成就感。

　　这是一个令人振奋的故事，我们在故事中可以窥探到孩子是如何观察，又是如何在观察中主动学习的。在每一个孩子的成长中，都会有许多这样充满着惊喜的故事。

　　约翰·霍特在畅销书《孩子是如何学习的》一书中，引用了麻省理工学院数学和教育学教授西摩·佩珀特的一段话。在这段话中，西摩·佩珀特教授这样阐述他进入世界的最重要的一条道路："在我两岁前，我对机动车有强烈的兴趣。车厢部件的名称成为对我来说非常重要的单词。我还特别自豪我知道传输系统的部件：齿轮箱最特别的是差动齿轮。……我相信摆弄差动齿轮对我数学方面的发展产生的作用比我在小学时学到的任何东西都多。"他继续讲道，"我经常想起在我偶然喜欢上差动齿轮的过程中有几个情况。第一，我记得没有人叫我去学习有关齿轮的知识。第二，我记得在我和齿轮的关系中，有感觉和喜爱。第三，我记得我第一次碰到它们是在我两岁的时候。如果任何'科学的'教育心理学家试图'测量'出这次相遇产生的后果，他可能会失败的……"

　　孩子在观察中学习，他们通常是遵循自己的直觉，学习那些让他们感觉好奇的事情。随着他们持续的观察和学习，求知欲也会不断增长，他们便自然地从对一件事情的关注，跳到另一件事情，并在两者之间建立起联系。我们不需要威逼利诱孩子去学习，也不需要时刻去监督他学习的进程，我们需要做的，就是当孩子对世界萌生兴趣的时候，默默地支持他们；在他们需要帮助的时候，适时为他们提供援助；给他们广阔的机会去接触并吸收知识的养分，然后，默默注视着成长在孩子身上自然地发生。

我想，即使是这些探索经历与孩子日后的工作、生活没有丝毫的联系，也完全没有关系。我们完全不必以功利的眼光来看待孩子儿时所有的探索，至少这些经历带领孩子走入了我们生活的世界——一个令人如此着迷的地方。我们不能预测、也不能控制孩子在探索中的每一次前进和后退，更无从把握他们在知识转化过程中的具体节奏。他们终将能够找到一条适合自己的、通往未知世界的路，那是一条我们想不到、也永远无法代替他们去铺好的路。

第三章

开拓孩子的思维力

诺贝尔物理学奖获得者、著名的德国物理学家马克斯·冯·劳厄曾说，"重要的不是获得知识，而是发展思维能力。教育无非是一切已经学过的东西都遗忘掉的时候所剩下来的东西。"

回想一下，我们在学生时代所学习的知识有多少还能回想起来？要知道那些死记硬背的知识并不重要，重要的是我们能将学到的思考问题、解决问题的方法运用到实际问题当中去。对于孩子来说，也是一样。这是一个前所未有的信息爆炸的时代，海量的知识唾手可得。让孩子记住知识已经显得不那么重要了，重要的是培养他们明辨是非的能力，将有价值的信息为我所用。尤其是面对权威的时候，能独立地去求真，而不是轻易被权威所操控。

电影《教父》里面有一句话让人印象深刻，大致的意思是：花半秒钟就看透事物本质的人，和花一辈子都看不清事物本质的人，注定是截然不同的命运。也就是说，想要在人群中脱颖而出，就要具备这样一种能力，即能够对事物进行独立的分析和思考，从而想到应对问题的方法。

01　培养思维灵活的孩子

什么是灵活的思维？我想大家应该都听过《乌鸦喝水》的故事，故事里聪明的乌鸦，面对困难能够换一个角度去想问题，最终完成了看似不可能的事情。

故宫保和殿身后有一块巨大的石雕，名为"云龙大石雕"，有着很高的艺术价值。它是故宫里最大的一块石雕。整个石雕是由一块巨石雕刻而成，据说有 250 吨，约相当于 4 000 名成年男性的体重。每每看到这样一件精美绝伦的庞然大物，人们不禁会问：它是怎样搬运到紫禁城的呢？据说为了搬运这块石料，在运输的途中每隔一里地就要挖一口井，冬天的时候汲水泼成冰道，在冰道上搬运石头。即使是在冰道上，也要征用农夫两万，调集上千匹骡子，数十天才从一百多里地之外的房山大石窝镇搬运到京城。

遇到问题的时候，有智慧的人总能够换一个角度去思考，提出符合实际情况的解决方案，这就是我们说的灵活思维。多亏了当时的人们能有这样的智慧，我们如今才有幸在故宫博物院一睹它的宏伟壮丽。

1. 生活中无处不在的逻辑思考

从孩子很小的时候开始，家长便可以在生活中处处留心，通过生活中实际的例子，帮助孩子识别出一些"思考逻辑"，培养孩子的逻辑思考能力。

以分类思维为例。在家里，我们可以带孩子一起收纳玩具，让孩子学会分类的思维。比如，我们可以与孩子一起将拼图、魔方、象棋、乐高积木装在一个名为"益智玩具"的收纳箱；将玩具小锅小铲、玩具蔬果、医生的听诊器等装在一个名为"过家家玩具"的收纳箱；将消防车、吉普车、出租车等玩具分装在一个名为"汽车玩具"的收纳箱等。这样一来，当孩子下次想玩玩具的时候，就能够快速在相应的玩具箱中找到他喜欢的玩具。孩子通过动手整理玩具，体会到了分类思维的便捷还有乐趣。

只要我们注意留心观察，生活中"分类思想"的应用无处不在。我们与孩子逛商场的时候，可以带他看一看商场的购物指南，每一层的商品都有不同的分类，比如地下一层体育用品、一层化妆品、二层女装、三层男装、四层童装、五层美食等，其中用到的也是我们这种分类的思维。逛超市的时候也一样，我们可以让孩子留意超市卖场的不同区域，比如电器区、小食品区、冷冻区、新鲜蔬果区、熟食区等。

　　再说一说因果思维。在生活中我们怎样引导孩子识别出因果关系呢？就是多用"因为……所以……"这样的句式。比如，"因为你吃了太多冰激凌，所以就容易肚子疼。""因为你没有好好刷牙，所以长了蛀牙。"孩子知道了因果关系就会明白，每一个结果都是由一定的原因造成的。这有利于他们在生活中对一些行为进行合理预判，从而更好地自我管理。

　　慢慢地，我们可以再让孩子去了解一些更复杂的因果关系，比如：因为地球有自转运动，所以才会有白天黑昼；又因为地球自转的方向是自西向东的，所以我们看到日月星辰才会从东方升起，逐渐向西方落下。这个时候，因果关系就像是打开了一扇探索、求知的大门，孩子会明白面对不懂的自然现象要多追根溯源、求根问底，这样才能找到答案。

　　坚果4岁的时候，有一件有意思的事情，我从中了解到他对因果关系的最初理解。事情是这样的，有一次一位阿姨善意地夸坚果说："你怎么这么乖呢！"坚果以为阿姨是在问他，便想了想，认真地回答了这个问题："因为我妈妈很乖。"我猜测他的思路，大概是这样的：因为我妈妈很乖，我又是妈妈生的，所以我也很乖。孩子一句天真的答话，包含着这样一个因果关系的推理过程。阿姨听到后很惊喜，对他的推理过程表示理解并鼓励他。相信随着孩子逐渐长大，他们的知识量、信息量不断增加，他们作出的推理和判断也会更加准确、合理。

　　再有，就是我们需要让孩子从小有一个顺序的思维。生活中的顺序思维无处不在，大到学校的文艺会演，每一个节目要按照出场顺序来表演，小到我们吃饭前需要洗手、饭后需要收拾碗筷这样的生活小事。孩子小的时候就知道，穿衣服的时候，要先穿里面的内衣、衬衣、毛衣，最后再穿外套；搭积木的时候，要先搭下面的积木，再搭上层的积木。等孩子大一点，就知道全家人一起分享食物的时候，要先分享给长辈，最后才是自己；放学回家，要先完成作业，才能下楼玩。再长大一点，当孩子可以自己列计划的时候，又会知道自己列出的目标事项需要分出优先级，重要的事情先完成，不那么重要的事情之后再去做。随着孩子渐渐长大，他们会熟悉各种做事的顺序和道理，也正是在这种认知中，他们变得越来越懂事理。

如果我们在生活中能够多去发现蕴含着逻辑思维的小事，将其中的道理讲给孩子听，孩子就有更多的机会去学习和体会，将来也能够用逻辑思维去解决自己身边的事情。

2.“尽信书”不如“无书”

孩子正处于成长发育的阶段，是我们启发和引导他们思维的好时期。想要培养出逻辑思维能力强的孩子，首先就要让孩子学会质疑。尤其是在权威面前，我们要鼓励孩子独立思考，敢于质疑权威的正确性。

每个孩子应该都会有这样一个时期，就是他的思维好像突然开了窍，经常能够说一些让大人都没有办法回驳的话，往往是一些有道理的大实话。比如，坚果4岁多的时候，忽然开始特别关注人们话语里的思维逻辑。他听到别人说的话不会立刻相信，反而会问：“为什么这么说呢？”他听到大人的话不够有逻辑或者是逻辑不正确，也会指出来，甚至用反问句质疑。有一次，我带着坚果到楼下玩，不久就下雨了，我随口说道：“怎么我们一出来就下雨了呢？”坚果听到，马上说：“那你就是说别人出来不会下雨呗？”这是坚果头脑中逻辑思维的小萌芽，我不会因为这次他的较真和反驳去批评他，相反，我非常赞赏他能有自己的思考，并大胆地说出来。

想让孩子学会独立思考，就要给他们创造充足的机会去思考，思考得多了，对一些事情自然能形成自己的理解。在这里提醒一句，在孩子问问题的时候，我们不要轻易告诉他们答案，而是通过继续问孩子一些启发性的问题，推动他们去思考，鼓励他们自己去找答案。对于孩子给出的答案，家长也切勿进行过多的评论，更不应该摆一副高高在上的“裁判”姿态，对孩子的答案进行简单的判断。我们要成为孩子的伙伴，参与到他对问题的探究当中，鼓励他大胆提出自己的想法，帮助他去分析和验证。如此一来，孩子的思维就会处在一个活跃的状态。

　　为了鼓励坚果多去思考，大胆自信地表达自己的意见，我会告诉他，有时候书本上的知识也会有出错或者说不周全的地方，也就是"尽信书不如无书"的道理。

　　尤其是孩子在玩七巧板或者火柴棒拼图游戏的时候，我们不能让孩子拘泥于书上的"标准答案"，只要孩子开动脑筋去思考，有时候会找到比书本上更好的答案。

　　比如坚果在玩七巧板的时候，遇到这样一道题目："请用七巧板拼成一个长方形。"书上给出了这样两个答案：

　　可是，坚果通过自己的尝试却找到了这样四个答案（如下图），他一个一个地拼给我看。显然，他的答案都合情合理。为了鼓励他继续思考，敢于提出跟书上不同的正确答案，我为他贴上了"小红花"，以示鼓励。

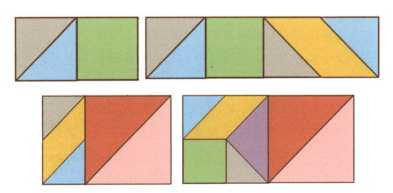

　　又一次，坚果遇到书上让小朋友用七巧板拼一条小金鱼。他快乐、自信地摆弄着七巧板，一遍遍地尝试着。不一会儿，他开心地向我展示自己的成果——一条有趣的小金鱼（如下页图所示）。

 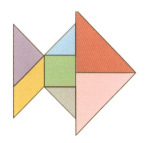

坚果的答案（5岁）　　　　　　书上的标准答案

　　书上的标准答案是这样写的："用两块大三角形拼小金鱼的头，身子用一块正方形和两块小三角形拼，尾巴由一块平行四边形和另一块三角形拼成"，文字的旁边配了标准答案的示意图。我看着坚果的"答案"，跟"标准答案"相比，实在是找不到一点相似之处。不知为什么，看到这样的答案，我竟然想到，如果我是一个孩子，一定会因为这样毫无生趣的"标准答案"变得扫兴。

　　看着他拼成的小金鱼，我忽然想到了他常常画在画里的小金鱼，这些小金鱼都有着清晰的头、身、尾三个部分，有时候还会在鱼身的部分添加上"鱼骨"或者"鱼鳍"。想到他画的小鱼，再看看眼前他用七巧板拼出的小鱼，我恍然大悟：他拼出的小鱼不正像他画出的小鱼吗？它有着脑袋、身子和尾巴这三个部分，坚果还用一个小的三角板为这条小鱼添加了背上的"鱼鳍"呢！他用七巧板将自己对小鱼的观察和理解，诚恳、一丝不苟地呈现了出来，怪不得他此时是这么自信、开心。

小鱼　坚果5岁

孩子看待事物的方法与我们大人不同。当我们千篇一律地将小金鱼描绘成三角形的脑袋、梯形的身子和梯形的尾巴，并习以为然的时候，孩子却在用另外一种童真的眼光观察着这个世界。他们的想象力和创造力正是因为没有受到成年人的干扰而自由自在，充满着各种奇思妙想。

想到这里，我果断将书中的答案丢在脑后，也再没有跟孩子提"标准答案"的事情，而是打心里觉得他拼出的这条小鱼特别有趣。我一边指着小鱼身上的各个部分，一边开心地对他说："这真的是一条小鱼。你看，这里是小鱼的头，这里是小鱼的身子，这里是小鱼的尾巴和鱼鳍，对吗？"坚果开心地点头，他满心欢喜，那是一种被妈妈理解的欢喜，因为妈妈不仅看见，而且看懂了他拼的这条小鱼。

比起孩子做出标准答案，我更在意孩子是不是愿意去思考和探究，能不能大胆地说出自己的答案。要知道，生活中的很多事情并没有标准答案，而且科学中有太多的命题，至今还未有人能给出明确的答案。我不希望孩子从年幼的时候开始，就被束缚在看似完美的"标准答案"中。有时候，孩子自己的答案，反而比"标准答案"还要合情合理，因为那是孩子处于该年龄段的特有的理解。

3. 头脑风暴与发散思维

"头脑风暴"是"自由联想"的代名词，就是让孩子从一个主题出发，不受限制地自由联想，从而鼓励孩子打破常规、拓宽思路，产生新的设想。孩子在头脑风暴中产生的各种各样的灵感，往往转瞬即逝，我们可以鼓励孩子一边联想，一边将自己的想法在纸上记录下来，用这样的办法来厘清思路。

在坚果小的时候，我们经常会给他抛出一些问题，让他用头脑风暴的方式去思考，比如："哪些东西是圆圆的？""家里哪些东西是蓝色的？"等。每一次我们都不加任何限制，让坚果尽情说出多种多样的答案。下面这幅图，就源于我们的一次提问："以字母'D'开头的英文单词有哪些？"坚果拿起纸笔开始思考，他在纸的正中间画上一个小圆圈，里面写上字母"D"，小圆圈的外围写上自己想到的答案，比如：dad、duck、dig、date 等，甚至还将 D 开头的好朋友的英文名写在了上面。最后，他用一个大大的圆圈将这些单词一并圈起来。

头脑风暴"以 D 开头的英文单词" 坚果 5 岁

除了像这样多向孩子提问，去发散他们的思维，我们也可以借助一些绘本上的内容去锻炼孩子的发散思维。

《创造自己的世界》就是这样一本绘本，为了激发孩子的兴趣，作者在书的一开始就用一些匪夷所思的设想吸引了孩子的"眼球"，比如"用滑梯代替楼梯"或是"让房子离开地面"。接着，作者在书里对小读者提出了一系列的问题，引发孩子们的思考，比如"你想怎样度过一天？""你想参观哪些地方？"之后，作者运用实物拼贴的方法，创造出了自己的世界，她用一根吸管和一张椭圆纸片创造出了"爸爸"，还用铅笔刀创造出了"妈妈"。最后她向孩子发出邀请：你也来创造自己的世界吧！还不忘提醒孩子，"别忘了多看看真实的世界，从中寻找灵感。"

这本书里，作者想尽一切办法去调动孩子的灵感，鼓励孩子去突发奇想。我和坚果一起看得痴迷，看完了书，又被书的环衬深深地吸引住：看似一排排别无二致的黄色圆形，仔细看去却又各不相同：有的加上了光芒变成了太阳，有的加上长柄变成了平底锅……每个圆形都被重新设计，变身成各种各样的物品。坚果惊喜地指着黄色的圆形图案说道："你看，这个是奖牌，这个是块蛋糕！"

这么有趣的绘本，当然可以继续拓展来玩儿。我用黄色的纸裁出一些圆形的纸片，整齐粘贴在白色的纸上，就像绘本环衬上那样。我拿给坚果，甚至不用我多做解释，他就知道该怎样去玩起来：只见他拿起铅笔，在黄色的圆形纸片上添上了眼睛、嘴巴、头发、四肢，于是一个黄色的小人儿出现了。他继续设计着接下来的黄色圆形，一边想一边画下来。我想，头脑风暴的世界里，孩子任何的创想都应该被接纳、被欣赏。

头脑风暴"有关圆的联想"

另外，家长带孩子在家里玩一玩"创意箱"的游戏，也能促进孩子的发散思维。我们需要找来一个小箱子，里面放上一些我们平时生活中常用的小物件。物品准备好之后，大家围坐在箱子周围，轮流抽取箱子中的一件物品。抽取的过程中，需要闭上双眼，保证抽取的物品是随机的。接着，由抽取人优先说出这件物品的用途，然后大家轮流对这件物品的用途进行扩展，每个人说出的用途不能重复。如果有谁说不出来，那么他就输掉了游戏，游戏到此结束。

我们在家里玩这个游戏的时候，有一次坚果抽到了一支铅笔，于是大家就一个接一个，说出了许多除了"写字""画画"之外的铅笔的用途。要不是玩这个游戏，大家还真没有想过铅笔除了写字、画画，居然还有这么多功能。比如，有人说铅笔还能够当直尺，能够沿着笔杆在纸上画直线；有人接着说，铅笔可以测量长度；之后又有人说铅笔的另一头可以当筷子；还有人说，铅笔可以用来"挠痒痒"……大家的说法千奇百怪，但是仔细一想，还都有一定的道理。听着各种各样不可思议的铅笔用途，大家都开了眼界，笑得前俯后仰。

仔细想来，这个"创意箱"游戏的主旨就在于鼓励大家围绕"一物多用"来开动脑筋，调动头脑中奇妙的想法，走出思维惯性，发挥想象力和创造力。

除了玩游戏，平时我们也可以多向孩子提出一些问题，比如："水除了能解渴，还有什么用途？""衣服除了穿在身上，还可以用来做什么？""纸有哪些用途？"等，唤起孩子的思考和创意。

🌱 4. 有了辩证思维，才真正学会思考

辩证思考是以孩子的认知能力为基础发展起来的，是较高水平的思维方式。我们知道，生活中很多问题都没有标准答案，如果我们过多地向孩子强调一个人"非好即坏"，一件事情"非对即错"，长此以往，孩子便会认为这个世界"非黑即白"，没有中间的灰色地带。如果像这样一概而论去判断，得出的结果或许会与真实的情况相差甚远。若以更加成熟的眼光来看待这些问题，我们会发现，这个世界是多元的、开放的，而非绝对化的"一刀切"。我们常说培养孩子的思辨能力，其实指的就是孩子透过现象看本质的能力，以及从多个角度看问题的能力。

小时候坚果每看到一种昆虫，总是要问："妈妈，这种昆虫是坏的还是好的（益虫还是害虫）？"我会告诉他，"益虫"和"害虫"这样的分类，是我们人类制定的分类标准，主要是看这种昆虫会不会对我们人类的生活造成破坏或者不良影响。例如像蚊子、苍蝇、跳蚤、蟑螂等这样的昆虫，往往会对人类的生活、生产有不好的影响，比如传染疾病，甚至给农作物带来严重灾害，人类就管它们叫"害虫"。像蜜蜂、螳螂、蜻蜓等这样能够捕食害虫的昆虫，能够帮助我们人类保护环境，给人们的生活、生产带来好处，所以人们就将它们称作"益虫"。

坚果听完之后，若有所思，他已经有些明白，在大自然界昆虫是不分好坏的。无论是"害虫"还是"益虫"，它们都是大自然食物链中必不可少的一环，正是它们的一些捕食行为才维持了大自然物种之间的平衡。人们所谓的"害虫"和"益虫"，都是人类根据自己的需要，以人类自己的利益为出发点，站在人类自身的角度去局限地想问题。从那以后，坚果很少再问一种动物是"好的"还是"坏的"这类问题了。

与"坏鬣狗"成为"好朋友"

鬣狗，恐怕是自然界中人们最不喜欢的一种动物了。因为它们食腐的特性，被人们认为是"肮脏"的；因为它们经常从猎豹等动物口中抢夺食物，被人们认为是不光彩的"小偷"；它们在捕猎的时候会发出刺耳、奇特的"笑"声，以至于人们提到鬣狗就一脸的厌恶。

不少人都是因为《狮子王》这部电影，才了解鬣狗这个群体。电影里的鬣狗群居在大象的坟墓之地，那里寸草不生，鬣狗在电影中被赋予了邪恶、贪婪、凶狠的性格特征，这种印象深入人心，许多人提到鬣狗总是怀着憎恶之心。

坚果也是在这部电影中第一次认识了鬣狗这种动物。不过可贵的是，他并没有将鬣狗这个群体局限于电影里的反面角色。看了电影《狮子王》之后，坚果对电影里面的非洲鬣狗印象深刻，不但总让我为他讲解鬣狗的生活习性，还要我在网上搜来鬣狗的真实图片以及视频资料给他看。

随着坚果对鬣狗的了解越来越多，他认识的鬣狗与人们眼中的鬣狗有所不同。鬣狗并不是"狗"，在基因上它们跟猫科动物更像。人们通常说的"鬣狗"，其实是包括斑鬣狗、棕鬣狗、条纹鬣狗、土狼这几种动物。其中，食腐的鬣狗指的是"棕鬣狗"，它们是非洲草原上的"清道夫"，维持着自然环境的平衡，是大自然界不可缺少的一环。而鬣狗中"斑鬣狗"的主要食物来源并不是腐肉，它们只是偶尔食腐。

随着了解继续深入，越来越多的偏见被化解，取而代之的是更多的科学事实。鬣狗的捕食方式很特殊，这是因为它们受限于自身体重、嘴巴构造等条件，不能像狮子一样直接跳到猎物背上捕食。鬣狗并不是"小偷"，在被狮子和鬣狗共享的猎物中，有一多半都是鬣狗捕杀的，而并非鬣狗总在抢夺其他动物的猎物，这一点已经被科学家所证实。另外，鬣狗并不是在诡异地"笑"，而是在通过声音与群体成员交流信息，它们甚至能发出十多种不同的声音，每一种叫声都有不同的意义。

坚果还了解到，鬣狗有许多的"优点"。比如它们的视觉和听觉都很好，它们可以看到十多公里（1公里=1千米）之外的猎物，可以听到同伴遥远的呼唤声；它们擅长奔跑，耐力非常强，能够对猎物进行长距离的追击；它们非常有力量，可以把近 100 千克的猎物拖行上百米远；它们的咬合力非常强，高达 920 斤（1 斤 =0.5 千克），甚至比成年的雄狮都要更胜一筹……这些超常的能力，都让坚果为之惊叹。

这些有关鬣狗的事实，都将坚果推向远离偏见的另一边。坚果对鬣狗了解得越多，就越是对鬣狗有着不一样的理解。坚果越来越喜欢它们，甚至对照着自己最喜欢的一幅斑鬣狗的照片，为斑鬣狗画了一幅画像。

斑鬣狗　坚果 5 岁半画

对坚果影响较大的是电视节目《人与自然》中的一集有关鬣狗的真实故事，名为《鬣狗女王》。坚果非常羡慕摄影师金的经历，因为金不仅观察到鬣狗家族不为人知的真实生活，还最终融入了鬣狗家族，成为鬣狗家族中的一员。坚果看了一遍又一遍，每一遍都像第一次看那样投入。影片中，摄影师金不惜冒着生命危险，去还原一个鬣狗家族的真实生活，希望唤起人们对一个曾经被人误解的种群的尊重。毋庸置疑，摄影师金做到了，因为鬣狗如今成为坚果最喜欢的一种动物。有一段时间，坚果总跟我说"妈妈，我想养一只鬣狗"。后来，我和爸爸送给他一只鬣狗毛绒玩偶，他每天抱着自己的小鬣狗，就像抱着自己最亲近的朋友。

孩子对于喜欢的事物，会竭力去了解、亲近，那种势头拦都拦不住。对于喜爱鬣狗的坚果来说，哪能只是看看影片和图片呢？坚果想要去看真正的鬣狗。不久后的一天，在野生动物园里，有一个飞奔的孩子，他自从进了大门直奔鬣狗展示区，其他动物们以及观光小火车都没能留住他的脚步，这个孩子就是坚果。他在鬣狗展示区的玻璃窗前，一看就是好久，来往的游客换了一波又一波。听到有人说，"这玩意儿就是《狮子王》里的鬣狗，特别坏。"坚果想去辩解，我安慰他道，"可能是不了解鬣狗，才会这么说。"爸爸也紧跟着说道："动物哪儿分好坏啊！"

回家之后，坚果凭借印象，又画了一幅鬣狗。这次与之前那次对照图片画画完全不同，通过坚果一段时间的研究，鬣狗的形象已经深入他的脑海，如今他已经完全不用参考任何鬣狗的图片，随手就能画出来。他自己说道，"我不用看照片，已经都在我脑子里了。"这一次，坚果画起鬣狗来更加自信、大胆，而且画得一气呵成，也更加入神。他画中的鬣狗是笑着的，正如他的观察："鬣狗露出牙齿的时候，就像是在笑呢！"

动物园里的斑鬣狗　坚果 5 岁半画

这段时间坚果跟外教聊天，聊到喜欢的电影，坚果都会提到《狮子王》。每每老师问他，"你喜欢里面的什么动物？是小狮子辛巴吗？"坚果都会毫不犹豫地说，"不，是鬣狗"，接着就开心地跟老师分享自己喜爱鬣狗的心情。正如我所料，几乎每一个外教都会觉得诧异，他们问坚果："鬣狗好危险，你为什么喜欢它呢？"坚果每次都会说出很多喜欢鬣狗的理由，比如它们的咬合力很强，它们聪明、勇猛，它们奔跑的速度特别快等，还会将自己听到的《鬣狗女王》的故事说给他们听。

坚果对鬣狗的深入了解还在继续。在中国古动物馆和自然博物馆里，坚果看到了巨鬣狗的头骨化石。巨鬣狗是鬣狗的祖先，与我们在动物园里所看到的鬣狗不同，它们的身形巨大犹如雄狮，头骨十分发达。坚果趴在玻璃窗前仔细地观察巨鬣狗的头骨化石，很是惊喜。看罢之后还特意叮嘱我们为他和巨鬣狗的头骨化石合个影。他对鬣狗的了解，又更近了一步。

回家的路上，我们一家三口聊天，说起鬣狗，我和坚果爸爸不约而同地说，"现在，我也越来越喜欢鬣狗了！"我们之所以越来越喜欢鬣狗，不仅是因为坚果喜爱鬣狗而爱屋及乌，更是因为跟随着坚果的步伐，我们了解到更多鬣狗的知识。对真相了解得越多，误解就会越少，接纳就会更多，真的是这个样子。若不是孩子，我想自己应该也会受到先入为主的偏见的影响，对鬣狗心怀憎恶吧。那样的话，这个世界上恐怕就又少了一个能用平常眼光看待鬣狗、喜爱鬣狗、欣赏鬣狗的人了，实在是可惜。

🌱 5. 空间感知力和空间想象力

什么是空间感知力和空间想象力呢？是用积木造一座城堡？是用纸折出一只青蛙？还是在地图上找到回家的方向？或是能够想象出一个立方体表面展开后的样子？没错，想要做到这些，都离不开空间感知力和空间想象力。

怎么样去从小培养孩子的空间感呢？

其实孩子在玩的过程中，就是在发展对空间的感知。当年幼的孩子开始喜欢玩躲猫猫、喜欢用积木叠高楼、喜欢在滑梯里钻来钻去的时候，他们就是在用身体去探索、感受空间的奇妙。这个时候，孩子变得"淘气"起来，他们时而匍匐穿越隧道，时而钻到桌子下面，时而爬到梯子上，时而又从高高的台阶上跳下来，他们用这种方式感受着自身以及物体的空间位置改变，发展着对空间关系的认知。这个时期，我们要鼓励孩子多进行一些体育活动，比如玩滑梯、攀爬、钻洞、扔球以及倒着走等，在安全的前提下，让孩子尽情地去探索空间。

⊙ 感受并探索建筑空间

美术馆、博物馆是承载美、传播美的地方，不仅场馆内有艺术珍品，场馆本身也往往是一件艺术品。尤其是一些知名的美术馆、博物馆，它们其实也是优秀建筑设计师的得意作品。哪怕不是为了看展，而仅仅是在这样的艺术空间中穿梭，也像是进入一个艺术品的内部，让人徜徉于其中。

从孩子很小的时候我们就经常带他去博物馆、美术馆看展览。看展览的时候，我们不仅会参观展馆里面的展览，还会关注这座场馆建筑本身。每次进入场馆之前，孩子远远地就会被场馆建筑所吸引。所以，一般我们都会留出充足的时间，与孩子一起好好地感受一下充满设计感的美妙空间。孩子这个时候就会以自己独特的方式，变换着不同的视角去探索和感受他所在的空间。他时而在门洞之间奔跑穿梭，时而驻足抬头观赏，时而又利用空间中错落的墙壁，玩起了捉迷藏。每次大家都流连忘返，甚至说不清楚我们是为了"建筑空间"这件艺术品而来，还是为了这建筑空间内的展品而来。

游客在感受错落的建筑空间　摄于红砖美术馆

◉ 多玩积木和拼图游戏

让孩子多玩一玩七巧板、多搭一搭积木，对孩子建立良好的空间感很有帮助。当孩子用七巧板拼图的时候，会发现一个平面空间可以向前、后、左、右不同的方向延伸。当孩子用积木块搭建房屋的时候，就会发现，在一个立体空间可以向上、下、前、后、左、右这几个方向来延伸。另外，孩子按照图纸拼装模型，也是对空间感的一种锻炼，提升孩子从平面到空间的这种思维转换能力。正是在这样的探索中，孩子一点点建立起方向感、空间感。

除了七巧板、积木，还有一种镜面拼图，我认为很有助于继续拓展孩子的空间感知力。在这种镜面拼图游戏中，孩子会对"对称"的概念有一个更深的体会。比如坚果在玩镜面拼图的时候，他首先注意到一块积木放在镜面前，就变成了两块积木，两块积木放在镜面前就变成了四块积木，无论多少块积木，放在镜子前面数量都会翻倍。接着，他又发现三角形的一边贴近镜面摆放，能形成一个大的三角形，正方形的一边贴近镜面摆放，能形成一个大的长方形。随着我和坚果一起不断地尝试、探索，最终我们一起归纳出一个道理，就是：玩这种镜面拼图，最重要的就是找到镜面的位置，也就是我们所说的"对称轴"。

　　如果想自制一款镜面游戏也很简单，我们可以准备一块方形的镜子，一套七巧板。玩的时候，需要将镜面直立于桌面上，将七巧板任意地在镜面前摆放，并和孩子一起观察变化。

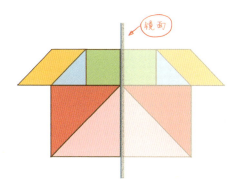

自制镜面游戏示意图

⊙ 地图和方位感

　　坚果很小的时候，我们家里的一个墙面上就一直挂着一幅世界地图。我们常常跟坚果描述一些国家的位置，描述的时候都会带上相应的方位词，比如"上面""下面""左边""右边""旁边""中间"等。那个时候他就开始知道，日本在中国的"右边"，蒙古国和俄罗斯在中国的"上面"，夏威夷岛在太平洋的"中间"等。慢慢地，坚果长大一些，我们又教给他东、西、南、北的概念，在地图上描述地理位置的时候，他开始很少使用"左""右"而是使用"东""西"了。他开始知道地球自西向东自转，也知道在路牌上寻找指向北方的标识。

　　除了使用地图培养孩子的方位感，我们还可以带孩子玩一些方位小游戏。比如一个叫作"指右朝左"的游戏。这个游戏中可以由一方发出"上""下""左""右"的指令，一方通过来回转头的方式做动作，动作要与指令中的方向相反。比如，指令为"上"，那么就需要低头朝下，指令为"左"，便需要将头转向右。如果听指令的一方没有按照指令作出相反的动作，那么就算输，与另一方交换角色。每一次我们在家里玩这样的游戏，气氛既紧张又欢乐，家长们也不妨跟孩子玩一玩。

说到方位感，我们还可以让孩子想象一下迷路的情形。也许我们是跟着人群走丢了，也许是在公园里找不到方向了，更危险一点的情况是在野外旅行时迷路了，不管怎么样，迷路的感觉一定糟透了。有这样一本绘本，讲的就是有关迷路的故事，名字叫作《迷路之后找回家》。书里面讲的是这样一个故事：一只小浣熊与家人一起走出家门寻找食物，可是这只小浣熊因为一罐花生酱分了神，与家人走散，后来在一只好心猫头鹰的帮助下，这只小浣熊凭着对来时一路的记忆不断寻找线索，最终成功回到了家。读这本书的时候，孩子的心情随着小浣熊的经历起起伏伏，在小浣熊见到家人的那一刻，孩子也大大地松了一口气，仿佛刚才走丢的不只有这只小浣熊，还有自己。

《迷路之后找回家》内页

书里面，作者以猫头鹰俯瞰的视角，画了许多这样的地图。在地图上，孩子可以根据小浣熊回想到的线索，或是分析猫头鹰说的话，来帮助小浣熊找到家的位置。孩子们先用手指出小浣熊目前所在的位置，然后按照猫头鹰所说的路线往前走，"沿着这条路向东走两个路口，再向南走两个路口"，就像是在玩迷宫游戏一样。

借鉴这本书的思路，下一次我们送孩子去学校的途中，或者是与孩子在公园里游玩的时候，可以与孩子一起扮演绘本中"小浣熊"的角色，多多留意沿途的地标建筑，返回的时候，就能根据一些线索找到来时的路了。

⊙ 体会奇妙的空间

莫比乌斯带

在中国科技馆有一件这样的展品，它看似一条普通的环形公路，其实并不普通。当我们按动按钮，小汽车开始在环形公路上移动，在转动两圈之后，小汽车竟然绕遍了整个环形公路最后回到了出发的原点。我们常见的普通环形公路通常有内外两个面、两条边，而这条特殊的环形公路只有一个面、一条边。小汽车在这个特殊的环形公路上开动，在它的整个表面走了个遍。坚果最初接触到的莫比乌斯带，便是这样一件展品，他为此感到好奇，玩得不亦乐乎。

中国科技馆里的展品"莫比乌斯带轨道"（图片来源于网络）

仅仅让孩子停留在对空间的感受上，我认为是远远不够的，我们要带孩子进一步去探索。如果能带孩子亲手制作这样一条莫比乌斯带，那么他们便能够更深刻地理解这样一个神奇的空间是如何形成的。

我们可以先与孩子一起制作一条普通的环形带，将一张纸条的两端粘在一起，就像一条"腰带"。我们可以先让孩子观察一下这条"腰带"：它分为内外两个面，有上下两条边。我们可以引导孩子将这条"腰带"的内外两面分别涂成两种不一样的颜色，然后将它的上下两条边也用两种不同颜色的彩笔标记出来。

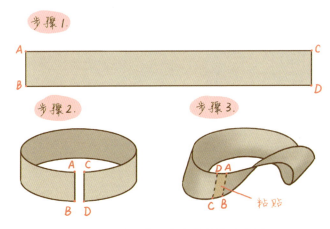

普通环形带与莫比乌斯带制作示意图

　　作为对比，我们再准备一张纸条，捏住它的其中一端扭转一下，然后将纸条的两端相连，这样就作出了一条莫比乌斯带。这时，我们可以向孩子抛出问题："如果将它的其中一面涂色，那么一直涂下去，这张纸条会变成什么颜色呢？"孩子也许会立刻拿出手指，顺着一个边向前滑动，发现绕了两圈之后重新回到了起点。如果孩子对这样的结果还是不肯相信，便会真的拿出彩笔开始上色。无论怎样，他们最终都会发现——莫比乌斯带的全部表面都会被涂上一种颜色。不仅如此，如果孩子用画笔标注莫比乌斯带的边缘，也会发现只用一种颜色就标注完了整个边缘，也就是说它只有一条边。

　　说到莫比乌斯带，不得不提一提荷兰著名版画家莫里茨·科内利斯·埃舍尔的一幅木刻版画《莫比乌斯带》（见下图）。这幅画为我们清晰地展现了莫比乌斯带的特性。画面上，几只蚂蚁正排成一队，沿着莫比乌斯带往前爬行，它们没有越过纸的任何一处边缘，却爬过了每一处表面。如果这些蚂蚁能够沿着这条路一直走下去，它们就永远停不下来。因为这个特性，莫比乌斯带也常被认为是无穷大符号"∞"的创意来源。

《莫比乌斯带》　埃舍尔

莫比乌斯带在雕塑、建筑、设计、绘画以及科幻电影中都有所应用。比方说，因为它"两个面"都耐磨损，所以人们利用它的这种空间特性来延长传送带的使用寿命。人们把工厂里动力机械的传送带以及打印机色带等都设计成了莫比乌斯带的形状。另外，早些年我们使用的录音机磁带也是按照莫比乌斯带的形状设计的，因为只有一个面，也免去了磁带翻面的麻烦。

普通传送带与莫比乌斯传送带

空间的相对性

我们前面提到的荷兰著名版画家莫里茨·科内利斯·埃舍尔，他的作品所体现的那种超常的空间想象力，启发了一代又一代人。我们家的书架上就有一本埃舍尔的画集，在坚果小的时候我常常拿下来与他一起翻看。埃舍尔作品里的世界，我们熟悉却又陌生。他像是一个魔术师，那些充满奇趣与异想的作品，令人迷惑却又让人迷恋。

下面这幅作品里面，埃舍尔将 3 个完全不同的世界画在了一个空间里，构成了统一的整体。这幅画里面有 16 个小人，分为 3 组，每个小人都生活在自己的世界里。埃舍尔不仅把每一面当作地面来画，而且还将每一面画作墙面，甚至天花板。随着不停地变换画面的方向，我们就能进入 3 组不同的小人的生活场景。当我们把右边的墙当作地面的时候，画面正中的这个人仿佛就从地下的台阶走到地面上来；当我们把左边的墙当作地面的时候，就能看到坐在墙上的人。画面中看到的每一个面，都可以被我们当作墙面、地面或者天花板。

埃舍尔的版画《相对性》与让人迷失方向的太空舱（图片来源于网络）

这不禁使人想到了太空舱中的宇航员，空间里的任何一处平面，都有可能成为宇航员行动的地面。他们可以飞檐走壁，而且完全不会感到头晕，更不会为方向所困惑。

埃舍尔的许多作品都蕴含着丰富的空间想象力。在孩子空间认知能力发展的关键阶段，我们不妨通过埃舍尔的作品，帮助孩子拓展空间想象力，点燃他们对空间探索的好奇心。

不可思议的科幻电影场景

《盗梦空间》是一部烧脑的科幻巨制影片。影片中许多场景都有着超现实、反物理原理的一面，让人不可思议。坚果爸爸在坚果小的时候带他一起观看了这部影片中的精彩片段。观看影片的过程中，坚果看得极其投入，他一边看电影，一边盘问着无数个问题："为什么人能在墙面上走动？""为什么汽车会沿着墙面一直开到天空中？""为什么城市能够折叠翻转？""镜子中为什么会有无穷无尽的相同影像？"等等。

几天之后，坚果爸爸又找来了电影拍摄视频，给坚果讲解那些电影镜头是如何拍摄的。

电影中的一个场景用镜面营造了一条无穷无尽的长廊，就好像进入了多重的世界。这是因为演员站在两个镜面之间，根据平面镜的原理营造出了无限循环的奇妙梦境。

《盗梦空间》电影中的片段（图片来源于网络）

再比如，电影中的人物在失重酒店打斗的场景，就是用一个超级巨型装置来协助拍摄完成的。电影剧组人员把酒店走廊的场景搭建在一个巨型"万向环"装置上。随着"万向环"的旋转，演员在其中行走，剪辑的时候将镜头翻转，便能给观众营造出场景失重的感觉。

电影剧照及拍摄时所用的"万向环"巨型装置（图片来源于网络）

这些令人匪夷所思的电影场景，不仅让孩子感到震撼，更让孩子感到好奇，他们的思维开始变得活跃，空间想象力也不断得到锻炼。

02　让孩子的思维有条理、讲逻辑

何为逻辑思维能力？就是透过复杂的表象看清事物本质的能力。逻辑思维能力强的孩子，不仅在学习中更容易接受知识、理解知识，他们考虑问题也更有条理，看待问题更加全面，决策能力也会更好。无论是生活中还是学习中、人际交往中，我们都要多去引导孩子运用逻辑思维去看待事物之间的联系。

常用的逻辑思维方法有总分思维、比较思维、类比思维、顺序思维、假设推理等。下面针对每一种思维方法的应用场景，我们都通过一些生活事例进行说明。

1. 学会有条理地描述问题

1）学会描述——总分思维

⊙ 描述事物特征

让孩子学会全面、有条理地描述一件事物，常会用到总分思维。

比如，坚果小时候对摄像头最感兴趣的那段时间里，我们经常会玩"摄像头商店"的游戏。游戏中，坚果扮演摄像头商店的售货员，而我则扮演顾客。游戏的最开始，作为"售货员"的坚果需要知道怎样描述产品的特征，这样才能应对顾客的询问。于是我们一起头脑风暴，列出了下面这些问题，可供顾客询问，也可由售货员主动进行介绍。

这款产品的名称是什么？是哪个厂家生产的？

这款摄像头有什么功能？

它的使用环境是怎样的？是在户外还是室内使用？

适用的人群是哪些？

它是由什么材料制作的？

价格怎么样？

负责安装吗？……

为了让坚果在介绍摄像头的时候既全面又有条理，我们一起画了一幅这样的示意图。

坚果对摆在"货架"上的摄像头逐个进行构思、设计，接着游戏就开始了。最初，我会根据摄像头的功能、外观、使用环境等进行询问，由坚果来对摄像头的相关特性进行介绍，最终将这款摄像头推销出去。玩了几次之后，我一进"店门"还没来得及询问，坚果就开始自信地介绍起他的摄像头产品来。

"我们这款摄像头特别好。它特别清晰，是 1080P 的镜头，能看到 200 米那么远。它还有报警功能，如果安装在家里面，有小偷进入的时候摄像头会开枪，而且会给主人发短信。它的价格是 900 元，有一点贵，我们也有其他便宜的款式。它叫'萤石'摄像头，是 Toumtra 公司生产的。你可以买一台，我们可以帮你送货到家。"他的产品介绍，一半来自自己的生活经验，还有一半来自自己的想象。

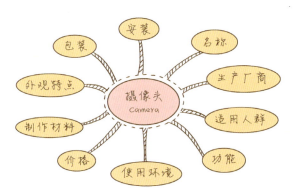

这样的梳理方式有利于修改和补充，如果我们在玩游戏的过程中有什么新的想法，可以随时将它补充在图上，方便我们及时抓住转瞬即逝的灵感。

⊙ 物体的组成以及分解

用总分关系来看待一件事物，有利于孩子理解"一个事物是由多个部分组成"的道理。孩子可以尝试着对一件事物进行分解，然后想一想每个部分都有哪些作用。这样一来，孩子就会理解整体和部分是不可分割的，我们不仅要关注事物的整体，也要关注事物的组成结构，这样才能全面地了解一个事物。

生活中其实有许多契机可以锻炼孩子的这种思维。比如我们买家用电器的时候，产品里面都会附赠一本说明书。说明书上通常都会绘制产品结构示意图，也会对产品工作原理进行介绍，原本让人感到复杂、陌生的家用电器，通过这一本小小的说明书让人一目了然。除了大人们可以用说明书来查阅信息，其实孩子们也可以拿它来学习。

就像下面这幅有关"智能垃圾桶"的产品图示。刚刚拿到产品时，坚果会指着上面的按钮问："这个是做什么的？""那个是做什么用的？"然而看到这个说明图示之后，坚果的一个个小疑问立即被解开了。

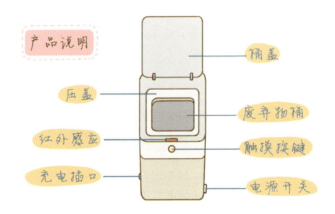

智能垃圾桶产品说明图示

我们也可以让孩子画一画自己常用物品的"产品说明图示"，选取的物品可以由简单到繁杂。在亲手制作产品图示的过程中，孩子一定能够对"部分与整体"的概念有更深的体会，家长们不妨让孩子试一试。

◎ 列写作提纲

孩子写作的时候，可以先让他们用总分的方式列出提纲，比如文章所要表达的内容、可以用来组织文章的材料，并安排好各个部分的顺序和重点。

首先，孩子要为整个文章拟一个中心题目，之后所有的文字内容，都要围绕着这个中心来进行阐述。我们可以引导孩子先拟定一个主题，比如"我的一天"，那么正文中所有的内容都要围绕着"我的一天"这个主题来讲。

其次，是为整篇文章搭好框架，这是整个提纲最主要的部分。以孩子写日记为例，对于"我的一天"这样的主题，我们可以与孩子一起头脑风暴，收集并整理一份以"我的一天"为中心内容的写作提纲。

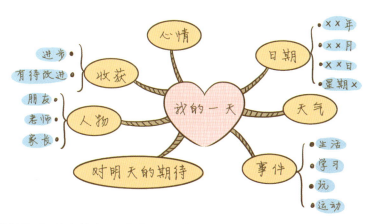

根据提纲中列出的每一个方面，孩子可以畅所欲言，表达自己的感想。年纪小的孩子可以选择口述日记，大一点的孩子可以在本子上写日记。

有了这样一幅提纲图在心中，相信孩子在写日记、写作文的时候再也不会因为无话可说而抓耳挠腮了。

⊙ 认识自我、剖析自我

我一直认为，只有孩子学会认识自己，才有机会去做更好的自己，才能更好地认识这个世界。正如世界上没有两片完全相同的树叶，每个孩子都是一个独特的个体。只有父母欣赏孩子独一无二的特点，孩子才会欣赏自己，长大后才会更自信。

在坚果还小的时候，我们就常常提醒他去认识一下自己。我们会问他一些简单的问题，让他思考一下自己喜欢什么样的玩具，什么时候最开心，什么时候会生气，喜欢跟什么样的小朋友玩耍等。

后来，坚果思考的内容越来越多，还会将对自己的认识以总分的思维逻辑写在纸上。比如，他会先认识自己的性别、年龄，还会想到自己生活在什么样的家庭，家里有什么人，以及每个人都有什么特点，家里有什么样的布置等。他接着去想自己有什么样的喜好、优点和缺点，自己喜欢的颜色，喜欢去什么地方玩儿，什么时候心情好，什么时候会害怕。他还会去想自己遇到困难之后的反应，以及最终是怎样克服困难的。之后，他继续打量自己：我的好朋友是谁？他们喜欢做哪些事情？我帮助过谁？鼓励过谁？哪些是对我来说点难，但是却想去挑战的事情？

有关自我认知的总分思维示意图

当孩子逐条思考这些问题的答案，他对自己的认识便更进了一步。

从小培养孩子的自我意识，让他们对自己有一个客观、全面的认知，有利于培养孩子自律的性格，也能够避免孩子过度看重别人的评价。希望每一个孩子都能够在自我探索和认知的过程中正视自己、接纳自己，能够尊重自身的独特性，从而喜爱自己。

2）时刻保持思路清晰——顺序思维

⊙ 梳理故事脉络

经常让孩子梳理故事发展脉络，有助于孩子建立顺序思维。这里，我们以一本名为"Eggs in the sun"的英语绘本为例，为大家展示如何带领孩子梳理故事的脉络。

这个故事讲述的是马克太太被马克先生捉弄的一段经历。一个星期六，马克先生和马克太太去超市买来了鸡蛋，马克太太把鸡蛋装在碗里，放在了太阳光下。马克先生立刻劝说马克太太不要将鸡蛋放在太阳光下，说小鸡会被孵出来。可是马克太太一点也不在意，她认为这是不可能的事情。周一，马克先生在下班的路上买了两只小鸡回家，他趁马克太太不注意，把小鸡装在了马克太太之前装鸡蛋的碗里，假装是那些鸡蛋孵出的小鸡。马克太太下班回到家后，看到碗里的小鸡非常惊讶，赶紧跟马克先生说了这件事。马克先生得意地说，"你看，真的不能将鸡蛋放在阳光下，会孵出小鸡的！"马克太太高兴地说，"我要把所有鸡蛋都放在阳光下，那样我就可以开一家养鸡场了！"

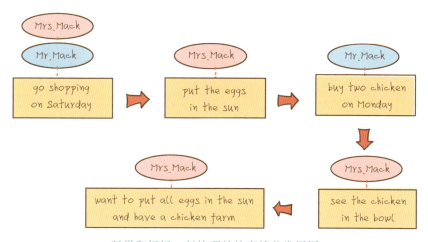

坚果和妈妈一起梳理的故事情节发展图

读这个绘本的时候，坚果 5 岁。因为觉得故事情节和人物的心理活动较多，对此时的他而言可能略显复杂，所以我和他一起对故事情节进行了梳理，完成了这样一张故事发展脉络图。

从上图梳理的故事脉络中我们可以看到，一些不太重要的故事情节退居其后，故事主干浮现在眼前。

⊙ 梳理工作流程

我们还是以 *Eggs in the sun* 的英文绘本为例，绘本里针对马克先生捉弄马克太太的一系列具体操作，还配上了相应的流程图，以便孩子了解整个事情的发展过程。

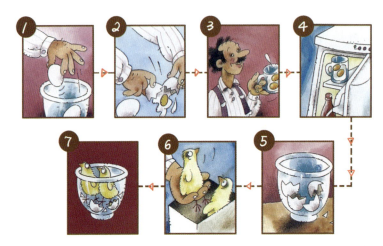

在书的最后，还安排了一个"Where do the numbers go？"的小游戏，考查孩子对故事发展过程的掌握。孩子可以一边回忆整个故事的发展过程，一边将这些画面按照正确的顺序排列出来。

下面我们再举一个例子，以一篇名为"I go to the barbershop"的英语小短文为例，为大家展示如何带孩子梳理故事发展脉络和工作流程。

文章内容如下：

I go to the barber shop when I need a haircut. I meet the barber. I sit in the chair. The barber puts a cape on me. The barber combs my hair.

The barber cuts the hair on the top of my head. The barber cuts the hair on the side of my head. The barber cuts the hair on the back of my head. The barber brushes off the cut hair of me. The barber combs my hair again.

I look in the mirror. I like my new haircut. I want to come back to the barber shop very soon.

这篇文章是小学三年级英语阅读中的一篇文章，以短句为主。故事里面描述了一位理发师给"我"理发的场景，他的工作虽繁忙却遵循着一定的条理。读罢，我和孩子一边回忆，一边在纸上梳理故事发展的过程，其中对理发师工作的每一个环节也进行了归纳整理。

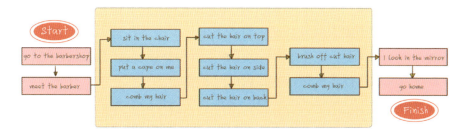

坚果和妈妈一起梳理的故事情节发展及工作流程图

有了这张故事发展顺序图，整个故事脉络更加简洁、明了。有一张这样的流程图，坚果很轻松地完成了对故事的复述。

不仅是在孩子阅读的时候，生活中也有许多地方可以用到这种流程图。有一次，坚果从幼儿园回来说，老师在班里给他们做了美味的意大利面。我问坚果："你能教教妈妈意大利面是怎么做的吗？妈妈以后也按照这个步骤在家做给你吃。"于是，坚果边回忆，我边在一旁补充，最后我们一起画出了一份制作意大利面的流程图。

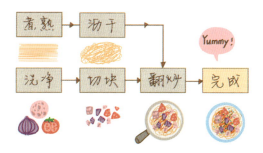

有了这张图，以后在制作意大利面的过程中便不会漏掉一些重要环节，做出的意大利面也会每次都那样美味。

2. 加强孩子的信息归纳、整理能力

1）信息的收集、分类和整理——分类思维

分类思维在我们生活中非常常见。比如，超市的货品都是按照一定的类

别摆在相应的区域，以方便顾客购买；动物园的动物也被分为了两栖区、禽类区、猛兽区等供游人观赏；图书馆各类书目也按照社科类、人文类、期刊类等进行分类，以便于读者查阅。孩子在生活中整理自己的玩具时需要分类，孩子在学习中归纳自己所学过的知识也需要分类。

分类需要方法，同样一些物品，如果我们选择的分类方法不同，分类的结果也不尽相同。在坚果小的时候，我用生活中的物品让他明白了这个道理。

我从家里的水果篮里取出几种水果排成一排，让坚果对它们进行分类。首先，坚果按照水果的颜色进行了分类。他将这些水果分为三类：红色的一类包括红苹果、草莓；绿色的一类有青苹果、西瓜；黄色的一类有梨、芒果和香蕉。

我问他，还有什么别的分类方法吗？坚果想了想说："还可以按照有没有叶子来分类。"这一次，坚果又将水果分成了两堆，一堆水果是有叶子的，包括红苹果、青苹果、梨、草莓；另一堆水果是没有叶子的，包括西瓜、芒果、香蕉。

"还有其他的方法吗？"我继续问。坚果扒开手中的香蕉，此时露出了白色的果肉，坚果惊喜地说道，"还可以按照水果里面果肉的颜色来分类。"这个时候，红苹果、青苹果、梨、香蕉因为果肉是白色的，被分为一类；西瓜、草莓的果肉是红色的，被分为了第二类；芒果的果肉是黄色的，被分为第三类。

又过了一段时间，我发现坚果开始喜欢玩分类的游戏了。因为他掌握了一些动物与地理相关的科普知识，所以特别喜欢玩给动物模型分类的游戏。他先用 3 块积木拼成了动物园的大门，用铅笔在贴纸上写上了 "Welcome to the zoo" 的字样贴在积木上面。接着，他继续用积木摆成围栏，分隔出 7 个区域，分别标注上"Asia"（亚洲）、"Africa"、"Oceania"、"America"、"Polar Area"（极地）、"Insects"（昆虫）、"Animals for kids"的字样。之所以会选择这样的分类方式，是因为这样能够让他玩具箱里所有的小动物都"有家可归"。

只见他将北极狼、北极熊、独角鲸放在了名为"Polar Area"的围栏内，将老虎、马、熊猫、鳄鱼、小熊猫放在了名为"Asia"的围栏内。他分类的时候几度有些犹豫，因为对于鳄鱼、老虎这样不止在一个大洲上存在的物种，他只好将它们放在自己印象中最常见的地区里。

不一会儿，坚果又有些犯难了，因为他手里拿着蜘蛛的模型，却迟迟不能在这7个区域中为它找一个"家"。之所以这样，是因为坚果知道蜘蛛并不是某个地域特有的物种，而且更不能将它放在"Insects"的分类中。于是，坚果只好为这一只蜘蛛重新搭建了一个区域。

不同的分类方法，会导致不同的分类结果。在这个过程中，孩子不仅关注到分类结果，而且关注到之所以会出现这样结果的原因。他们在尝试用不同的标准去分类的同时，就是真正地在灵活思考。

2）学会比较更能看清世界——比较思维

比较思维，是一种确立对象差异性与共同点的思维方法。比较不同事物之间的相同及不同之处，可以帮助孩子更好地了解每一个事物的特征。

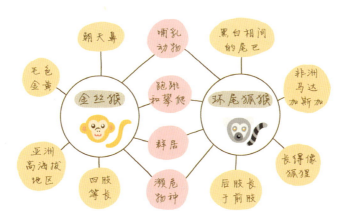

坚果小时候有一段时间对环尾狐猴很感兴趣。为了能够更清楚地认识环尾狐猴的特征，我特意为他找来了金丝猴的资料，希望他能够在对比中学习两种猴子的特征。

用同样的方法，坚果梳理出了自己拥有的两款摄像头的特性，找出了它们共同和独有的特征。之后，他还将自己特别心仪的另外一款摄像头，也加入这样的表格里面进行对比、分析。通过一番整理和对比，坚果忽然发现原来自己一直想要的这款摄像头，其实跟已经拥有的两款非常类似了。数据能够说明一切，不用我大费口舌，他已经认可了我之前跟他说的"不能再买这款摄像头了"的话。像这样将所有的因素罗列出来分析、对比的方法，真的能够帮助我们轻松地作出正确的决策。

功能 \ 名称	小米摄像头（某型号）	萤石摄像头（某型号）	HIKVISION摄像头（某型号）
像素	200万	200万	300万
防水		✓	
360度旋转		✓	✓
全彩夜视		✓	
红外夜视	✓		
移动侦测			✓
双向语音	✓		
回放功能	✓		
断网可看			✓
远程报警	✓	✓	✓
闪光防御			

与孩子一起整理的摄像头数据对比图表

当然，这种方法不仅在做决策的时候能够派上用场，在孩子学习的时候同样可以用得到。当孩子同时学习两种或者两种以上的新事物时，就可以让他们运用比较思维，把相关的信息按照相同点和不同点两个角度去整理。这样一来，复杂的信息就被梳理得简单明了了。

还有一次，孩子从幼儿园带回了一份英语作业，是一份表格，需要每一个孩子找到同伴一起来完成。这是坚果与好朋友通过一问一答的方式完成的表格记录。

坚果与好朋友一起完成的表格

通过这样的比较，孩子不仅增进了对自己和同伴的了解，也更能理解每一个人都有不同的喜好。我们每个人都是一个相对独立的个体，哪怕是亲人、好朋友之间，对于一种事物的看法也不尽相同。所以，我希望孩子能够正视并尊重不同个体之间的这种差异，在这个基础上去发展与同伴的友谊。

3. 让孩子成为推理的高手

1）学会追根溯源——因果思维

孩子们对周围的世界总是充满了好奇，他们常常会问"为什么秋天叶子会变黄？""为什么天会下雨？""为什么会有一年四季，黑天白天？"一切事物及现象都有其背后的原因。我们可以引导孩子在表述中多用"为什么""因为……所以……"这样一些表示因果关系的词汇，培养他们用因果思维思考身边的现象。

坚果在探索大自然的最初，问了许多有意思的"为什么"："为什么斑马是黑白条纹的？""为什么蜘蛛不是昆虫？""为什么叶子会是绿色的？"在科普书里面，我们最终为这些"为什么"逐一找到了答案。学会探究因果关系，我认为是培养孩子思维能力最重要的基础之一。

孩子掌握了一定的基础知识、有了一些探索的经验之后，当他遇到一些奇怪的自然现象，也会开始主动进行科学推理。比如，四五月份的时候，坚果在小区里玩耍，走到一条林荫小路的时候，他在地上发现了许多白色的"茧"。因为坚果前一段时间在小区里经常会见到天幕毛虫，又回忆起自己养天幕毛虫的经历，坚果初步推断，这些"茧"就是前一段时间的小毛虫们变成的。我觉得他分析得很有道理，鼓励他"原来你是个小侦探"。

后来，他有次登长城的时候，看到新铺的水泥地上有一个凹陷进去的小脚印，很是惊喜，并且大胆地推测是一只小猫或者小狗在水泥还没干的时候踩在了上面，还真有点"福尔摩斯侦探"的意思。

除了大自然，生活中也处处充满了因果关系。比如，不写完作业就会挨老师批评，早上起床太晚就会导致上学迟到，认真学习就更容易取得好的成绩等。这些因果关系，可以让孩子对自己的行为结果有一个预判，从而能够更好地规范自己的行为。当孩子面对生活中的一些困惑，我们可以教孩子运用因果关系推理图来分析事情的原因和结果，从而找到解决问题的有效办法。

比如，孩子精力旺盛，许多孩子到了晚上总是不舍得睡觉。但是我们都知道睡眠对孩子的生长发育至关重要，长期晚睡不仅会影响孩子的学习和表现，更会影响孩子的身体及智力发展。怎么样带孩子去分析"晚睡"的原因以及不良后果，从而帮助他们主动改正这一不良的习惯呢？为了跟坚果说清楚晚睡的弊端，我问了他几个问题。首先是提示他从现象去推断原因，比如："为什么昨天又会晚睡呢？""还有哪些情况会导致晚睡？"接着，我提醒他从现象推断结果，比如："晚睡会有什么后果？""晚睡会有什么样的影响？"于是，我们画了这样一幅因果图，一起寻找答案。

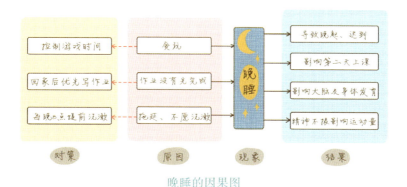

晚睡的因果图

我们将"晚睡"这一待解决的问题写在了画面的中心。左边一列文字，是我们通过回忆之前的晚睡经历一起总结出来的晚睡原因。右边的一列文字，有些来自我们的亲身感受，有些来自我们对可能带来的弊端进行的有依据的猜想。以这样的方式来分析问题找原因，会让孩子对事情的后果印象深刻，引起他们对问题的关注和理解。

接着，我们继续追根溯源，针对左边一列导致"晚睡"问题的原因，从根本上寻找解决问题的对策。比如，"因为当天作业没完成而导致晚睡"的对策是"将回到家后的第一件事定为写作业"；"因为不愿意洗漱，拖延时间而导致晚睡"的对策可以是"将洗漱时间提前，更具体一点，比如每晚 8:00 完成洗漱"等。通过这样逐条疏理问题，对策一下子明晰起来，更容易将"早睡早起"这样的口号落实到一系列的行动上。

2）提升推理能力——类比思维

孩子最初接触到类比思维，不过是这样一些场景：坚果小的时候，我们带着他去加油站给汽车加油，就会跟他讲汽车要"喝"汽油，就像是人要"吃饭"，填饱肚子了才有能量奔跑。

后来，坚果的头脑中有了类比的概念。比如，坚果拥有了一座"蚂蚁城堡"，他真切地体会到了小动物们需要喝水、吃食物，这些行为就和我们人类一模一样。不仅如此，小蚂蚁们也会像我们一样劳动、睡觉、交好朋友，甚至会相互打架，就像是小朋友之间那样。

为孩子解释他们未知概念的时候，常常会用到类比。有一次坚果问我："什么是癌症？"于是，我便将癌细胞与人做了个类比，告诉他，人身体的各种器官都是由小的细胞组成的，每个细胞就是一个小的生命，它们有不同的分工，会繁殖后代。正常的细胞有自己的寿命，就像我们人一样。可是有一些细胞有可能就变"坏"了，它们不肯死亡，又一直繁衍后代，它们的子孙后代越来越多，这就形成了多余的组织，就是我们说的"肿瘤"。尤其是一些细胞，它们变"坏"了之后，还要跟"好"的细胞抢夺营养，不仅加快繁殖，而且还会扩张到人的其他器官上，这种细胞就叫"癌细胞"，就像是身体中的"坏人"，损人利己，破坏了身体的健康。最后我又补充说："其实这个'坏人'很笨，由于它抢夺了过多的营养，身体就会死亡，同时它也跟着一起死掉了。"听了这样的解释，坚果满意地点了点头，他终于明白了人们谈之色变的"癌症"到底是怎么一回事。

慢慢地，坚果也学会了运用已知的知识和经验，通过类比的方法去推理新的问题。有一次，我和坚果共读一本科普漫画，这本漫画书的每个章节最后都会有一个科普知识的总结。只见书上这样写道："蝎子喜暗，怕强光，但有时它们也需要吸收太阳的热量，以提高消化能力，并加快生长发育的速度。"坚果停下来说："妈妈，我猜蝎子是冷血动物。"我赶紧追问："为什么这么说呢？"坚果自信地说道："因为它需要晒太阳来增加自己的能量，就像鳄鱼。鳄鱼就是冷血动物。"

我一边听他说着，一边回忆之前我们一同在百科全书上面看过的内容。书上说，变温动物（俗称冷血动物）因为自身体内没有调节体温的机制，所以多是从外界环境中吸收热量来提高自身的体温。它们或是移到日光下取暖来提高体温，或是游向温暖水域，或是钻进地下、洞穴中进行冬眠。比如蛇、鳄鱼等变温动物就需要在太阳下享用"日光浴"，以便使体温升高，这样它们才能有足够的能量去活动。

最后，我通过查阅，确定了坚果的猜想——蝎子确实是冷血动物，它的一切生命活动都需要依赖外界的温度变化，这一点真的是与我们人类完全不同呢！坚果继续以类比的方法去推理，既然蝎子是变温动物，那么它到了冬天由于体温太低，没有足够的能量，一定会有冬眠的习性。我们继续往下读这本科普漫画书，接下来的文字及时地肯定了他的猜测："每到冬天它们（蝎子）就会冬眠，第二年春天开始活动。"坚果笃定地点了点头。

一个周末，坚果与一位好朋友一起去郊野农场喂小动物。两个人按照工作人员的指导，卖力地从土壤中找到一条条小面包虫，然后将它们用镊子捉出来喂给小鸡吃。看到小鸡们争先恐后地隔着栅栏探出嘴巴总也吃不够的样子，两个小朋友别提有多高兴了。就这样喂了一会儿，只见他们俩刻意避开一些黄色的鸡，想方设法单独喂一只白色的鸡单独享用美味。原来，他们通过喂食发现，这只白色的鸡总是抢不到食物吃，又加上他们看到这只"小白"长得瘦小，就猜测是那些"大黄"欺负了"小白"，觉得"小白"很可怜，所以就想把所有的虫子都只喂给"小白"吃。

回家的路上，爸爸就着当天坚果和好朋友喂小鸡吃虫的经历，问坚果："刚才你们单独喂'小白'吃虫子的时候，是不是觉得那些'大黄'要是不抢吃的就好了？""嗯！"坚果斩钉截铁地说。爸爸又问："为什么大家都不喜欢爱争抢、爱欺负别人的人，社会上还是总有坏人呢？"坚果答不出。接着，爸爸给坚果讲了著名生物进化学家戴维·威尔逊所写的 *This View of Life* 这本书里有关善恶演化的逻辑。

先是一个母鸡的故事，这则故事来自一个非常著名的研究实验。有人猜测，如果只把下蛋多的母鸡放在一起养，把下蛋少的母鸡剔除出去，就能一代一代地演化出最能下蛋的母鸡。可是结果不然，下蛋多的母鸡也都很好斗，将它们放在一起总爱打架，死的死、伤的伤，根本没工夫下蛋了。最后人们发现，找出生蛋最多的一笼鸡，多培育它们的后代，鸡蛋产量始终能保持很高的水平。什么样的鸡笼里面产蛋量最高呢？就是既有下蛋多又好斗的母鸡，又有性情温顺、也心甘情愿被欺负的母鸡，这样的鸡笼里面，鸡蛋的产量是最高的。为什么呢？"坏"母鸡喜欢欺负人但是产蛋多，"好"母鸡产蛋少，但是能够成全坏人。只有好斗的母鸡和性情温顺的母鸡搭配在一起，才能组成相对和谐的"母鸡社会"。人的世界与母鸡的世界也类似，整个社会只有"强人"，并不一定能形成最和谐的社会，也并不现实。一个群体里面，自然会出现争强好胜的人、恭顺忍让的人和超然离群的人。爸爸就这样将自己的看书心得，用类比的方式讲给坚果听。

类比是一种很重要的学习方法，它能够帮助我们将之前的成功经验复制到新的相似情境中。尤其是当孩子年龄还小，社会经验有限，类比的方法可以给他们提供相似的场景，帮助孩子根据已有经验去判断和解决新的问题。

认知科学家道格拉斯·霍夫施塔曾说："类比是思维的燃料和火焰。"类比思维在我们的发明创造中，有着触类旁通的重要意义，许多新的科学技术都是在类比思维中产生的。它将已有的事物与一些表面看来与之毫不相干的事物联系起来，帮助人们寻找创新的目标和解决的方法，比如仿生学。自古以来，自然界都是人类新技术、新思想等重大发明的重要来源。科学家依照鱼类的形体特征制造了轮船，通过模拟飞鸟展翅制作了飞行器，实现了遨游蓝天的梦想。在海洋仿生学领域，科学家们通过研究某些海洋生物的构造原理和机能，在工程技术上对其进行模仿并应用到人类生活的方方面面。比如，一些科学家从鲨鱼鳍中得到灵感，研究并设计出汽车尾部的附加装置，用来减小汽车行驶中的阻力。还有一些科学家模仿鲨鱼皮肤制造出高科技的泳衣，在游泳世界纪录的打破上起到了重要的助推作用等。

3）大胆地猜想——假设推理

有句话叫作"大胆假设，小心求证"，这是胡适先生最早在五四时期提出来的，目的是要倡导大家勇于挣脱旧有的思想，打破观念束缚，大胆去创新，但是求证的时候要秉持科学严谨的态度，仔细认真去研究。

孩子在生活中很早就开始用到假设的思维方法，只是我们很少意识到。孩子会用假设的方法对自己的行为进行预判，比如他们知道如果尽快完成了作业，那么就会有更多的时间去玩玩具、看课外书。又比如，我们带孩子去一个景区游玩，常会与孩子一起看地图规划路线，孩子会用小手沿着展板上的路线一路比画，从而判断出如果沿着这条路继续走，会遇到哪些景观。那样子，就好像孩子在玩一个纸面的迷宫游戏，手指一直沿着路线往前走，直到遇见"出口"。

假设思维是一种很重要的思维方法。当孩子面对一个难解的问题，从正面着手找不到突破口的时候，借助假设思维能让他突破思维定式，找到新的解题思路。

数学思维中的"假设"

假设思维在数学的解题中经常会用到。尤其是当孩子遇到难题的时候，我们可以让孩子在演草纸上列出一些假设，然后一一去验证这些假设正确与否。

这里有一道面向低年级小学生的逻辑判断题，题目是这样的：

一个岛上住着说谎话和说真话的两种人，有一天我们去了这样的岛上遇到了岛上的 3 个人：小红、小黄和小蓝。

小红说："我没有说谎话。"

小黄说："只有小红和小蓝说了谎话。"

小蓝说："小红确实在说谎话。"

你知道他们 3 个人当中，有几个人说谎话，有几个人说真话吗？

对于学过"命题知识"的高年级孩子来讲，这样的习题一点都不难。通过读题他们会发现小红和小蓝两个人说的话正好相反，也就是说小红和小蓝的话互为否命题，所以一定有一个人在说谎、一个人说了实话。于是可以进一步判断出，小黄的话一定是谎话。所以最终的结论是：这三个人里面，一定是有两个人说了谎话，一个人说了真话。

不过对于小学低年级的孩子来讲，这样的逻辑判断题还是有一些难度的。因为他们还没有掌握足够多的数学知识，上面这种思路太过抽象，不容易理解。这种情况下，我们可以鼓励他们试着用假设的方法找出答案。

比如这道题当中，小红、小黄、小蓝都住在这个小岛上，而我们知道，这个岛上的每个居民都只有两种可能：说谎话和说真话。说谎的人，每句话都是谎话；说真话的人，每句话都是真话。那么，我们就可以先假设第一种情况：小红说的是真话。基于这种假设，那么其他两个人会是什么样的情况呢？小红真的没有说谎，那么小黄的说法就是错误的，小蓝的说法也是错误的，他们两个都说了谎。那么答案就是两个人说了谎，一个人没说谎。我们再假设第二种情况，就是如果小红说的是谎话，那么小黄和小蓝会怎样？通过分析我们得知，如果小红在说谎，那么小蓝说的一定是真话，从而小黄说的是假话。这种假设前提下的答案也是两个人说了谎，一个人没说谎。从而得出这一题的答案：三个人当中一定是两个人说谎，一个人说真话。

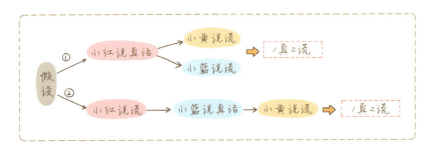

用这种假设的思路来解题，对于小学低年级的孩子来讲还是比较容易理解和接受的。想要孩子能够解答更多有趣的数学问题，我们应该让他们学会多一些的思维方法，并在实践中真正运用起来。

在这里我想提醒一下各位家长，在孩子尝试列出各种假设的过程中，我们可以有意识地培养他们按照一定的规律去思考的好习惯。在这个例子里，我们要让孩子按照一定的顺序逐一去假设各种可能出现的情况，一个都不落下。我们希望孩子能够拥有一张比较缜密的思维网络，而不是东想一下、西想一下，无章可循，不仅得出的结论会有疏漏，也浪费了不少时间。

科学探究中的"假说"

坚果看到《恐龙百科全书》的最后一个章节——"恐龙的灭绝"的时候问我，"妈妈，什么是假说？"我告诉他，假说就是未被科学实验确证的推测，科学家的研究在没有证实之前，都叫作"假说"。当我们暂时没有足够的证据来证明某一个道理时，就用一个还不是特别成熟的假设进行推理，之后再收集证据，想办法去证实它。我又跟他强调，这些推测不是人们一拍脑门天马行空地想出来的，而是根据科学规律合理地推测出来的。虽然没有确凿的证明去证实它们，但也未被任何一种科学方法所否定，所以这种假说仍然在科学界产生着深远的影响。

关于恐龙灭绝的原因，假说有很多种，比较权威的观点是天体碰撞假说。持有这个观点的科学家们认为，恐龙的灭绝和 6 500 万年前的一颗小行星有关，这颗小行星坠落在地球表面，引起了一场大爆炸，大量的爆炸尘埃遮天蔽日，阻止了植物的光合作用，恐龙没有了赖以生存的食物和家园，最终灭绝。还有一种比较常见的假说是超新星假说。这种理论认为，存在于太阳附近的超新星十分不稳定，它爆炸时产生了高能的辐射，这些辐射破坏了生物的基因，导致地球上的生物不能正常繁殖或者立刻病死，同时，超新星爆炸还引起了强烈的气候变化和自然灾害，这些都足以造成恐龙的灭绝。科学家们的猜测众说纷纭，至今仍未有一个明确的定论，恐龙灭绝的原因至今还是一个未解之谜。

假设推理是科学探究中一个重要的思维方法。科学假说，可谓是通向真理的桥梁。科学上从来都少不了各种各样的猜想，几乎所有的科学理论，在真正确立之前，都要经历假说、验证、证实的阶段，从而得到真理。除了上面我们提到的恐龙灭绝原因的假说，还有地理学领域的大陆漂移假说，数学领域的哥德巴赫猜想、黎曼猜想，以及物理学领域的狭义相对论等。在这众多的猜想和假说中，一些猜想在多年之后终被科学家们以确凿的科学事实和理论所证实，而另外一些猜想，依旧让当今的科学家绞尽脑汁努力去证明。无论是假说还是最终被证实的科学原理，最初大胆提出猜想的人们，都是伟大的。

我们家的两面正对的墙上，一直挂着两幅地图，一幅是中国地图，一幅是世界地图。一开始挂的是小地图，随着坚果长大，对地理知识越来越感兴趣，我和坚果爸爸都认为小地图已经妨碍他从地图上获取更多细节上的知识。于是，我们立即将旧的地图换成了两张长两米、宽一米五的大地图。这真是一个大胆的想法，因为这样一来，家里的整个装修完全被打乱。不过，我和坚果爸爸一直以来在孩子的教育方面想法一致，那就是要尽量在家里营造出随时随地方便学习和思考的氛围。所以，在家里的墙上挂一些识字表、名画、数学口诀、英语单词表等，是从坚果出生以来就未间断过的事情。

在这两面墙之间穿行时，他常会在这两幅比他还高的大地图前立足观察一会儿，时而看看眼前这幅，时而转身看看身后这幅。他经常会问一些问题，比如"俄罗斯面积大，还是南极洲面积大"。也经常会发现一些新的"情报"，比如他通过自己的观察，发现了非洲同时有两个叫"刚果"的国家，其中一个叫"刚果民主共和国"。后来，他还发现了印度洋南部由5组火山岛组成的法属群岛——克罗泽群岛，若不是听他说，我到现在还没听过这个群岛的名字呢。

看到眼前的坚果这般喜爱观察地图，我不禁想到了儿时教科书上写的德国地质学家、气象学家魏格纳发现"大陆漂移"的故事。儿时的魏格纳也是一个喜欢看地图的孩子，为了鼓励坚果，我便将魏格纳的故事讲给他听。

有一位德国的科学家名字叫魏格纳，他和坚果一样特别喜欢看地图。魏格纳30岁的时候，有一天他生病在床觉得无聊，于是盯着挂在床对面的一幅世界地图一直看。看着看着，他忽然发现了一个奇怪的事情，就是地图上一些大陆板块凸起的地方刚好能与一些地图板块上凹陷进去的地方相吻合，就像拼拼图一样。比如：大西洋两边大陆的轮廓线非常相似，非洲的几内亚湾刚好与巴西亚马孙河口突出的大陆互补；而沿着北美东海岸到特立尼达和多巴哥的凹形地带，恰好能填入欧洲西海岸到非洲西海岸的凸形大陆。就像是一幅拼图，将它们合并在一起，刚好能凑成一块完整的大陆。居然有这么巧合的事情？魏格纳感到很震惊。难道是它们原本就在一起，后来才分成了几块？病床上的魏格纳开始大胆地猜想：整个大陆在最初的时候是连成一块的，后来由于地壳运动，才形成了如今这个样子，还有零星的小岛。

后来，他偶然翻到了一本论文，上面说有研究者发现南美洲和非洲的古生物化石非常相似，推测过巴西和非洲很可能有过陆地的联结。不久，魏格纳发表了《海陆的起源》，正式论述了"大陆漂移"的猜想。

任何一个学说的建立，都离不开严谨的论证过程。有了"大陆漂移"的猜想之后，魏格纳等科学家开始不断地收集科学证据，并大胆地对"大陆漂移"这一猜想进行科学的论证：在古生物学方面，魏格纳指出大西洋两岸的许多生物都有亲缘关系，比如南美洲的袋鼠走进了澳洲；在古气候学方面，他指出，在南极洲发现了温暖条件下形成的煤层；在地质学方面，他发现大西洋两岸的岩石层和褶皱也是相互吻合的。

我找来百度百科的视频给坚果看。只见动画视频里所有的大陆板块先是归拢在一起，然后彼此分开，坚果认真观看视频，对"大陆漂移"有了更直观的了解。之后，他继续看着眼前的世界地图，估计是想要找到更多的线索，看看这些大陆板块最初是如何连接在一起的吧。

直到今天，已经有越来越多的学者认可魏格纳的"大陆漂移学说"。这个学说更是被称作是与达尔文的"生物进化论"、爱因斯坦的"相对论"以及"宇宙大爆炸理论"和"量子论"并列的百年以来最伟大的科学进展之一。

在科学发展的整个过程中，猜想和假设起着重要的作用。虽然科学上的"假说"要远远多于被证实并确立的学说，但是每一次大胆的假设和探索，都使人类对世界的认知向前迈进了一步。不止这一个"大陆漂移假说"，整个科学史的历程都是如此，它的蓝图也从模糊到越来越清晰可见。

03　边写画边思考，勤做思维体操

学习当然不只有听课、写字、读书，画画也是一种好的学习方法。

画图是我们的良师益友。每次整理书柜，翻看我在求学、工作、育儿过程中留下的一本又一本图文并茂的笔记，脑海中都能浮现出那些难忘的时光。如今，在辅导孩子学习的过程中，示意图一直是我非常重要的"助教"。在带领孩子学习数学、地理、生物、历史等这些学科知识的过程中，我经常会借助画草图、画表格等方法，让一些抽象的知识变得直观，这样更符合孩子早期的学习特点，便于他们掌握。

🐛 1. 从抽象的感受到具象的掌握

⊙ 画图解释概念

科学家发现，如果学习材料是一系列的图像甚至是充满诗情画意的诗歌，将会更加有利于我们形成牢固的记忆。畅销书《有效学习》的作者在书中说，"通过构造出一些可闻、可触、可见的事物，我们就能让这个事物更容易理解。"为什么呢？其中一个原因是"我们的大脑明显是一个视觉器官"，视觉回路是我们大脑中最强大的回路。

将学习的内容可视化，能帮助孩子轻松地理解知识，从而有效提升孩子对知识的掌握程度。这也是为什么老师在上课的时候总喜欢画一些有助于解释概念的图示。通过这些图示，学生们能够更好地将这些应用场景具体化，从而更深入地理解概念。

在带坚果学习的时候，我总是会拿一本演草本放在手边，为的就是能够随时停下来画图，为他解释一些不易理解的概念。比如在给他讲解地震波的时候，说到"地震波是由横波和纵波共同作用的结果"，我便在纸上给他画了下面的图示。我指着横向的波告诉他，横波使地面水平晃动，接着又指着纵向的波问他："那么这个纵向的波能让地面怎样震动呢？"坚果想了想答："上下震动。"

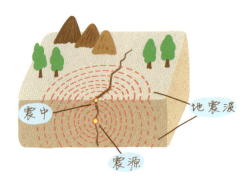

为了进一步说明地震波，我便用孩子熟悉的波——水波为例，继续边画图边讲解。"你能想起来我们上次在公园往湖里扔小石头时，水里激起的波

纹吗？""记得，一圈一圈的。""嗯"，我按照坚果的描述将水波画出来，"地震的横波就像水波一样，一圈一圈向外传递，一直到很远的地方"。

后来，我们继续用画图的方法学习了地壳结构，学习了地壳运动中关于褶皱和断层的形成过程。如今，坚果也会学着妈妈那样，用示意图作为语言的补充，给家人讲解着自己了解到的有趣的知识。当然了，孩子的学习仅仅停留于纸面是远远不够的，我们更要带孩子走出家门，走入博物馆，走入大自然，这样才能对这些知识有更深刻的体会。

有些家长可能会问：我不会画画怎么办？画图与画画是两个概念。即使画画不是你的长项，只要用心去理解事物的原理，相信你也一定能为孩子画出好用的示意图。更何况，为了孩子的成长，我们愿意不断去学习去进步，不是吗？

⊙ 画图揭示事物本质

晚饭时间通常是我们一家人团聚的时刻，一天当中谁有什么见闻和感想都会在这个时候与家人们聊一聊。我和坚果爸爸经常会聊起白天的工作以及国内外的新闻，而且从不避讳坚果，反而觉得应该让他多了解一些真实的社会生活，也许他会有所启发。一开始，坚果会在一旁静静听我们说，当他弄清了事情的原委，或者遇到了想不明白的地方，也会迫切地加入我们的谈话。

有一次，我们聊起了 NASA（美国航空航天局）小行星追踪部门在网络上发布的一条消息："一颗直径约 200 米的巨大太空岩石正在以大约 125 千米／秒的速度向地球飞来，并将于两天后的清晨飞抵地球上空。"正在埋头吃饭的坚果猛地抬起头来，"会撞到地球吗？"只见爸爸神情放松，不慌不忙地卖了个关子："科学家计算过，不会撞到地球的。""那他们是怎么计算出来的呀？"坚果愈加好奇。饭后，爸爸拿起一张纸、一支笔与坚果在书桌边坐下来，开始给坚果模拟推演小行星撞击地球的过程。

"你看，假设这个就是我们所在的地球"，爸爸一边说一边画，虽然他从未摸过画笔，可是用图示表达自己的想法来却是流畅自如。"假设这个就是那块巨大的太空岩石，它在这里，正在以非常快的速度飞过来。"坚果目不转睛地看爸爸继续往下画。只见，爸爸将地球和巨大岩石这二者用直线连接起来，"它们这样会撞到吗？"爸爸问坚果。"嗯，会撞到的！"坚果担心地球被岩石撞到，变得紧张起来。爸爸笑着提醒他："再想想，地球会待在那里不动吗？"坚果恍然大悟，抢答道："地球会绕着太阳运动。"爸爸点了点头，继续在纸上画出了一个弧形，这是地球的运行轨道。接着爸爸用左右手的食指分别代表地球和这块"危险"的巨大岩石，分别在自己的轨道上运行，只见它们越来越近，直到越过了一个最近的距离，二者越走越远，再无相撞的可能。坚果的目光随着爸爸的手指不断移动，当他看到这块巨大岩石最终安全地从地球身旁"路过"，一颗悬着的心终于落了下来，松了一口气。

下面就是爸爸给坚果画的陨石与地球擦肩而过的演示图（粗糙模型）。

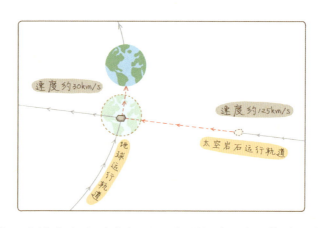

那么历史上有没有发生过小行星几乎要撞到地球的惊险时刻呢？为了满

足坚果的好奇心，爸爸接着给他讲了一个多年前发生的小行星与地球擦肩而过的惊险事件。

2019年7月25日这一天，一颗名为"2019 OK"的小行星被发现以大约8.7万千米每小时的速度飞往地球方向，最终以0.000 48个天文单位（一个"天文单位"即地球和太阳之间的距离）的距离与地球"擦肩而过"——距地球最近时距离只有71 806千米。爸爸在纸面上写下这个数字，"71 806千米的距离，是怎样一个概念呢？"爸爸接着画下地球和月球，说："月球是与地球最近的天体，地月距离约有38.4万千米，而7万千米甚至不到地月距离的五分之一。"爸爸揪起了坚果的衣袖，"这在太空中就像子弹穿过衣袖，而不擦伤手臂"。

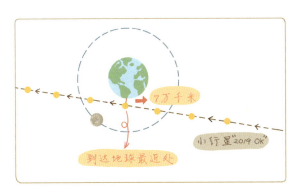

小行星与地球擦肩而过

坚果听得入神，他瞪大了双眼。也许是想到了恐龙时代的毁灭，坚果说："那就让这颗小行星往别的地方飞，或者是让它停下！"爸爸摸摸他的头，"说得好，科学家们也想到了这种办法。"接下来，坚果了解了科学家想出的几种方案，其中一种办法就是改变小行星的轨道，让它远离地球；另一种办法就是直接把小行星撞碎。具体的操作办法是用太空飞船撞击行星，从而达到这两种结果。爸爸继续说道，"但是这种方法会带来很大的隐患，因为两者相撞所产生的爆炸就像核武器的威力，会对地球的气候、环境产生影响，也会使一些物种灭绝。""就像恐龙灭绝那样"，坚果补充道，爸爸点了点头。

2. 画图——解决问题的钥匙

都说手是我们的第二个大脑。伴随着大脑的思考，我们不妨让孩子多多动手，将大脑正在处理的信息记录并画下来，从而帮助大脑更快、更准确地思考。

一幅正确的示意图，能够成为解题的关键。坚果在做数学题的时候，经常是示意图一画出来，答案就自然展现在眼前了。相反，如果只是一遍遍生硬地从字面意思去理解，一些内在联系就不会那样轻易显现。

比如说，怎么样将数学中"破十"的计数思想，贯穿到减法的学习当中呢？为了让他理解这种计数思维，我采用了画草图的方法。题目和草图如下。

问：17-9＝？

解析：（如图）

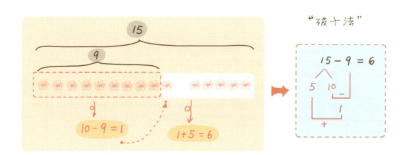

又比如小学一年级数学中的排队问题、花坛周围种树的间隔问题，如果家长能够用画图的方法为孩子做讲解，并教会孩子绘制简易的草图，许多问题便迎刃而解。

我们一起来看以下这个题目：

一共有 6 个孩子排队，小明前面有 3 个小朋友，请问小明身后有几个小朋友在排队？

拿到题之后，有的家长会这样跟孩子分析："你看，小明前面有 3 个人，说明小明排第四，而且一共有 6 个人，那么小明身后就有两个小朋友。"甚至家长会在一边这样给孩子列出算式：6-3-1=2。这样的讲解显得抽象，而且有些干巴巴的，一个简单的道理反而被这样的表述越弄越复杂。如果能够借助草图来讲解，孩子就对答案一目了然。

对孩子来说，原本难以理解的数学思路，在一幅小小的示意图的阐释下变得并不那么难了。通常，我们选择不同的方法去教孩子，孩子理解起来可能会有天壤之别，教学效果也相差悬殊。经常辅导孩子学习的家长，尤其是小学低年级的孩子家长一定深有体会。一旦我们找到了一种适合孩子的教学方法，可能只需要简短几句话就能给孩子启发，让他恍然大悟。

通过不断地尝试用画图的方式为坚果讲解，一遍遍地跟他强调画示意图的重要性，坚果渐渐尝到了借助画图来学习的甜头。他独自解题的时候也学会了画示意图的方法。每当看到他画出的这些图示，我内心都十分确定，此时他已经对题目完全掌握了。

接下来我们看这样几道题：

（1）时钟敲了 3 下，正好两秒钟敲完，如果时钟敲 5 下那么几秒钟可以敲完？

很快地，坚果在解答区域画下了这样的示意图，同时给出答案——4 秒。

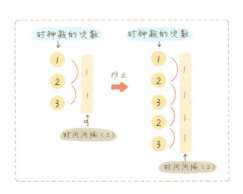

（2）一个笼子里面有鸡也有兔，共有10个头、30条腿，那么有几只鸡？几只兔？

这是一个鸡兔同笼的问题，也是一年级奥数问题中的一个难点，但是自从坚果学会运用了这种画示意图的方法，再复杂的数字都难不倒他。

坚果熟练地画出了图示并同时给出了答案——5只鸡5只兔。

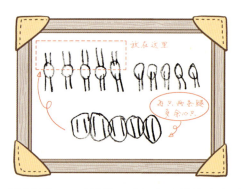

（3）沿操场一周插了20面彩旗，每两面彩旗之间相隔20米，问操场一周长多少米？

看到坚果解题时画的这个图示，我哭笑不得。

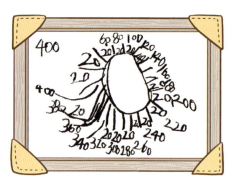

想"哭"的是，因为他还没有学过乘法，所以只能靠一点一点的加法累积来计算答案；想"笑"的是，他能够这样认真、执着地从20一直加到400，我给了他一个大大的赞。

3. 空间认知与画图

当孩子遇到复杂的空间关系时，画图可以帮助他们认清方位。比如有一篇名为"Setting a table"的英文文章，讲的是西方的风俗文化——餐桌礼仪。文章里面涉及了多个表示方位的词汇，让人应接不暇。不过，如果能够引导孩子一边阅读、理解，一边在纸上画出图示，整个文章所表达的内容就跃然纸上了。

这篇文章中有一段描述了西餐餐桌礼仪中日常（非正式）的餐具摆放位置，具体是这样描述的：

Let's set a table step by step.

1. Begin with a placemat (if you choose).

2. Place the plate in the center of the placemat.

3. Set the knife and spoon to the right of the plate. The blade of the knife should face toward the inside. The knife should be set closest to the plate.

4. Fold a napkin and set it on the plate.

5. Place the fork just to the left (or on top) of the napkin.

6. Set the drinking glass on the right，above the knife.

7. If you are using a bowl，it can be placed on top of the dinner plate or to the left of the setting，just above the fork.

文章里讲到，日常（非正式）的西餐餐具摆放第一步要从铺餐垫开始；第二步要把餐盘放在餐垫的正中央；第三步要把餐刀和勺放在主餐盘的右边，刀刃要向内，紧贴餐盘摆放；第四步要折一张餐巾纸，把它放在盘子上；第五步，将叉子放在餐巾纸的左边或上边；第六步，把玻璃杯放在右边，刀的前方；第七步，如果会用到碗，可以将它放在餐盘上或是餐桌左边，只要放在叉子前面就可以了。一口气读下来，感觉还真是繁琐，我想如果真的使用起来，难免也会让人感觉手忙脚乱吧。

通读一遍之后，我和坚果一起逐句地将文章讲到的方位关系画成图示，最后完成了这样一幅西餐餐具摆放图。随着我们将它一点点画下来，文章的头绪、脉络逐步清晰，孩子头脑中的形象愈加具体，而且往往他们还会感觉这样的学习方式很有趣。

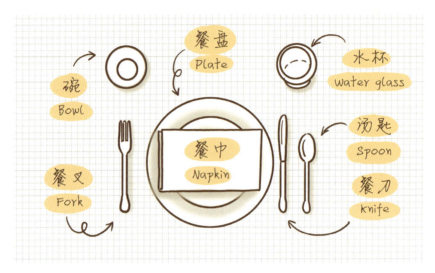

接着，我们又一起了解了西餐餐桌礼仪中正式的餐具摆放位置。

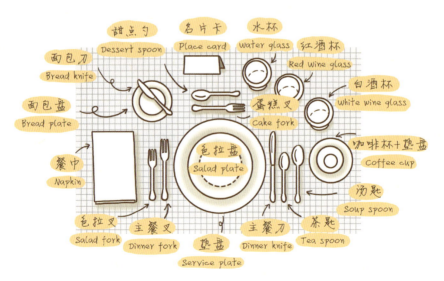

看他意犹未尽，我便将今天的内容进行了拓展："你知道吗？吃西餐的时候刀叉摆放的方位不同，能够表示不同的意思呢！"这一次，我们真的从厨房端出了盘子和刀叉，由坚果按照图示进行摆放。

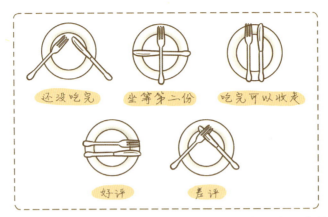

摆放的过程中，他将刀叉颠来倒去不断地进行着探索，仿佛拿在手里的不是刀叉，而是"七巧板"。

这一次，通过西餐礼仪这个话题，坚果不仅对于"中间""前""后""左""右""内""外"等有关空间方位的词汇再次强化了解，而且对于两件物体的"平行摆放""成一定夹角摆放""上下叠放"以及"交叉摆放"等空间方位上的差异有了更深刻的体会。

图纸和地图

记得几年前在意大利旅行的时候问路，因为语言不通，一些热心的当地居民常会随手为我们在小纸片上画一幅地图，随身带上它就能准确地到达想要去的地方了。几年之后，当我在中央美术学院美术馆前遇到一位金发碧眼的外国游客向我问路时，我也毫不犹豫地在她递来的小本本上随手为她画了一幅地图。

有时候，这样小小的一幅图更像是一门世界通用的语言，它打破了语言、文字的障碍，让任何地域、任何文化背景的人都能看得懂。这也是为什么，乐高积木的说明书上通常除了一个又一个图示之外，几乎没有什么文字，因为"图"已经完全足够将整个拼装的过程讲得清清楚楚、明明白白了。

孩子小的时候拼乐高积木，难点就在于看不懂说明书上的图示。想要乐高拼得好，除了要有定力和耐心，还要能看懂图示中的空间方位结构，然后动手去实现。坚果最开始接触乐高的时候，需要妈妈陪在身边，两人一起分析图纸，有了错误共同讨论、纠正。随着他拼装的经验越来越多，体会越来越深，慢慢地就能自己看图纸、独立去拼装了。我仔细观察过他"工作"时的情形，只见他每进行一个步骤，都会将手中的模块调整成图纸上相同的方向，然后再比对着下一个步骤的图示继续拼装。

除了乐高积木的说明书，坚果从小对各种各样的说明书都很感兴趣，无论是玩具说明书还是家用电器说明书，他都喜欢看上一会儿。我们说孩子的教育要"寓教于乐"，看图纸、动手拼装的过程本身就是在锻炼孩子的空间感知能力。

除了图纸说明书，地图也是我们培养孩子空间感知能力时的好伙伴。既然是地图，那么不带孩子在地图所示的区域里面走上一趟，是不可能对地图上的概念有所体会的。所以，我们必须身临其境地带孩子去看地图。从坚果小的时候开始，无论是每次去逛公园、动物园，还是去博物馆或者是到一个新的城市去旅行，我们都有意地先带他一起看一看地图再开始行程，找路的过程中也会带着他一起去判断接下来该怎么走。

就以逛公园为例，人们买票进了公园，通常来讲，门票是进了门就丢掉的。而我们每次都会好好保留下来，为什么呢？因为它的背面常常画着园区的地图，那可是我们行程中必不可少的"向导"。每当不知该往何处走的时候，我就会拿出门票给坚果看一看，并一起探讨："我们是该走这条路呢，还是该走那条路呢？""我们此刻是在哪里呢？"如果是大一点的园区，每走一段路都会看到一些地图指示牌，这个时候坚果就会快跑两步上前，指着一个小小的红点，仿佛"向导"一样，说："You are here！"接着，他热情地为我们指路，告诉大家应该往哪边走。

学会看地图之后，我们可以鼓励孩子尝试去自己画一幅地图。画哪里的地图呢？当然是要从孩子最熟悉、最了解的地方——家，开始去画地图。为了增强趣味性，我们可以将绘制家里的地图作为游戏的一个环节，与孩子玩一个"寻找宝藏"的游戏。

首先，由孩子和家长一起绘制一幅家里的地图，画出每一个房间的位置，并将房间内大致的家具布局摆放标注出来。之后，由一个人将一件小物品藏在家中的某一处，并在这份画好的地图上用红笔标注出来，由另外一个人去寻找，找到"宝藏"即为胜利。每次和坚果一起玩这个游戏，家里都欢声笑语。家长们也不妨在家里和孩子一起玩一玩这个小游戏。

画完家里的地图，可以再试着走出房门，画一画小区地图、从家到学校的路线图等，或者为一处陌生的新地方绘制地图，和父母一起一边勘察、探索，一边去绘制。

下面这一幅地图，是在去过几次野生动物园之后，妈妈与坚果凭借对动物园路线的记忆一起整理的《野生动物园地图》。我们给印象深刻的动物标注出了所在之处，也标注出了电瓶车的租赁处，以及观光小火车的搭乘处。通过与孩子一起整理地图，我对动物园的了解也随之更加清晰明了。之后我们再去野生动物园游玩，只需要带上自己画的这幅地图，就能准确地找到想要观赏的动物了。

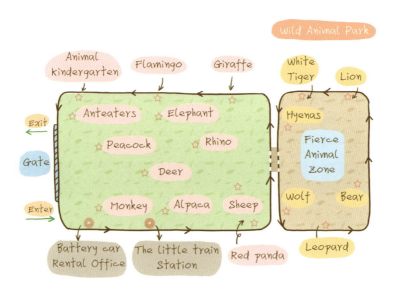

下面这两幅图，都是坚果在游玩之后整理的游玩路线图。这两幅路线图画面简洁、明快，坚果只将自己最关注的事物标注在上面。

逛商圈路线图　坚果 5 岁画　　　周末野营路线图　坚果 5 岁画

左边这幅图里，他在画面的正中心画上了自己最喜欢的盘旋大滑梯，因为每次坐滑梯都要爬很高的旋转楼梯，所以他也将楼梯和台阶画在了醒目的位置。滑梯的右边画的是他喜欢逛的宜家家居，滑梯的左边画的是我们一家人常去的言几又书店。

右边的这幅图里，坚果画的是一次周末野营的行车路线图。他在图中标出了家的位置、扎营的位置、游玩的位置以及厕所的位置。真正的行车路线显然不是这个样子的，但是坚果描绘出了他的感觉：野营的路途有些遥远，而且一路上拐来拐去，绕了不少弯。大大的"music"在图中出现了两遍，体会得到他在车里面一边听音乐一边期待这段旅程的美好心情。孩子是诚实的，他们从不会掩饰自己的情感，孩子的画，总能透出他们此时此刻的所思所想。

一直以来，我们家里正对着的两面墙上各挂着一幅近两米宽的地图，一幅是中国地图，一幅是世界地图。坚果总爱在地图前驻足，看上一会。有一次，他在看世界地图的时候，偶然发现格陵兰岛的名字后面有一个小小的括号，里面写着"丹麦"，于是就对我说："妈妈，格陵兰岛属于丹麦呀，那丹麦有这么一块土地会非常不好管理的，因为离得有点远，而且很冷。"

慢慢地，他还在地图上留意到一开始并未关注的地方，比如比例尺的标识，又比如表示铁路、运河和航海线的图示。他有一次指着世界地图上的中国，兴奋地大喊："我看到长城了！这里画的有长城！"

我们带孩子画图、看图，帮助他们建立对空间的认知。在这个过程中，我越来越感觉到，孩子收获的绝不仅仅是空间能力的培养，还有思考的能力，是全面的成长。

4. "画"出来的日记

许多家长让孩子写日记是为了培养孩子写作文的能力，这种想法太过功利。记日记的意义，当然不仅仅是锻炼孩子的表达能力、写作能力这么简单。从小记日记，不仅能让孩子感受到自由表达的乐趣，还能养成爱观察、爱思考、持之以恒的好习惯。

坚果从 3 岁半就开始记日记。当然，因为他还不会写字，所以他的日记都是"画"出来的。画，是属于他自己的特定语言，用画来表达的日记，是他内心世界的体现。他随心所欲地去表达，不需要顾及别人是否能看懂、是否会喜欢。无论是开心、难过或是天马行空的想象，日记里的每一笔，都是他对这个世界最单纯的感受。无论是他记录与好朋友之间的趣事，还是记录出游时印象深刻的情境，我都如获至宝，好好将它们保留。因为我觉得，孩子记录下来的感受如果能够被父母看到并珍视，那就是对孩子的情感给予了尊重，是给孩子的一个大大的拥抱。

坚果小的时候，有一次我们一抬头猛然在窗边看到了"火烧云"的绚丽景象，我便建议他将此刻所见画下来，理由是："这样的话，我们以后要是忘记了今天的彩霞，看看画的画就都能记起来了。"坚果一听，觉得确实有道理，就立刻选取了橙色、黄色、红色三种颜色的蜡笔，画下了眼前的彩霞。

自从那以后，坚果再看到漂亮的彩霞时，都想要去把它画下来，总觉得画下来，就是留下了这份宝贵的体验。就这样，坚果的画本上多了好多色彩缤纷的彩霞，有的是在放学路上看到的，有的是在家里阳台上看到的，有的是在飞机上越过云层看到的，时而红、紫相间，时而黄、蓝相间，时而黄、红相间，每一次看到的景象都不尽相同。他用画画的方式，忠实地记录下他的瞬间感受，比文字记录更加直观、真切。

下面这三幅图，记录的是坚果在一次飞往云南昆明的飞机上看到的景象。当飞机飞越云层之上，一阵刺眼的太阳光过后，我们忽而看到了这样的景象。坚果马上说："妈妈我想画下来！"于是我拿出背包里常备的彩笔套装和画本，坚果记录下眼前的这一幕（见图 1）。刚画完第一张图，随着飞机继续攀升，眼前的天空忽而变成另外一幅美景，坚果立即选出相应颜色的画笔，记录下了这转瞬即逝的景色（见图 2）。可是刚一画完，窗外的天空再次变换了颜色，他惊喜地大声喊着："颜色又变了！"这一次，仿佛一切已在他的意料之内，他一边说着，一边急忙记录下此时天空的颜色（见图 3）。每一幅图画上的用色，都忠实地还原了我们彼时彼刻眼前的景象。若不是他记录下这些天空的奇妙配色，我还真的差点忘记自己曾经看到过如此绚丽的天空呢。

图 1　坐飞机去旅行　坚果 5 岁半

图 2　飞机窗外的天空　坚果 5 岁半　　图 3　飞机窗外的天空　坚果 5 岁半

背包里的画本和画笔，是我们外出必备的"行李"，有了它们，在目不暇接的旅途中，孩子可以随时随地记录下自己的心情和感受。下面这两幅画，是坚果跟妈妈去玉渊潭公园游玩的时候记录下来的。

其中一幅画，坚果画于湖中的游船上，画面的正中间有一座大大的堤桥。因为我们乘着游船在桥洞中穿梭往返，所以坚果对桥上"通行"和"禁行"

的标志印象深刻，于是他将这一蓝一红两处标志画在桥身显眼的位置。在岸上，因为树林和楼房的遮挡，我们很难看到电视塔的全身，而在湖中的游船上，电视塔的全貌映入眼帘。坚果认真地观察，仔细地画出电视塔一节一节的造型。望着头顶清澈的天空，又看了看湖中小船划过激起的层层涟漪，坚果又在画面的上方和下方画上了天空和水波。他忠实地还原了湖水的颜色，不是我们在远处所看到的"蓝色"，而是选择了这样一种"绿色"去描绘湖水。他将湖水一圈圈的波浪用自己的方式概括成挤在一起的一个个"圆圈"造型，将远处的湖水概括为"水平线"。由于天上的云朵和湖面上的波纹太多了，画也画不完，坚果不假思索地在它们旁边画上了"省略号"。此时的我更加感受到，此时的他已经将画画看作自己的文字记录，为了将一件事情讲述清楚，他甚至会使用文字中才用得到的标点符号。

玉渊潭的堤桥　坚果 5 岁半

　　在另外一幅画里，坚果记录了我们二人在岸上游玩的情景。坚果和妈妈两次出现在画面上，二人时而坐在长椅上休息，时而沿着湖边的石头路行走。这种通过描绘一个个场景来呈现故事发展的方法从古代就有了——在中国汉代砖画，以及经历了好几个朝代的敦煌壁画中可以看到这种表现手法。就连如今我们看的电影，其实也是通过拍摄一幕幕场景来讲述整个故事发展的。怪不得人们常说"孩子天生就会画画"。如果我们为他们提供好的画画环境，不做过多干涉，让他们尽情地观察、感受、思考，他们也能摸索出一套自己的绘画表达方法。

玉渊潭的一天　坚果 5 岁半

多少次，我陪伴孩子一路行走、一路观察、一路记录和创作，在他的画笔下，我看见了他对于这个世界安静的观察，看见了生活在他脑海中留下的印记，还感受到他对世界的美好向往。每一次看到孩子写写画画记录下生活的点滴，我都能感觉到时间的真实存在。一本小小的画本在手，无论走向何方，哪里不是孩子的画布呢？如果有一天，孩子长大了，当他们翻开儿时这些画画记录下来的生活点滴，一定会回忆起童年那些美好的时光。

5. 画图——整理想法的好工具

用画图的方法整理自己的想法，当然不是我们人类近些年才想到的好主意。

被誉为"药圣"的我国明代著名医药学家李时珍，考古正今、格物穷理，他的足迹遍布众多名山大川，记录下上千万字的札记。他通过多年的潜心整理、修订，最终完成巨著——《本草纲目》。

被人们公认为"最伟大的画家"的列奥纳多·达·芬奇，同时也是伟大的工程师、科学家。他在绘画、雕塑、建筑、科学、工程等多个领域都有着极高的成就。达·芬奇终其一生都在做笔记，留下了大量宝贵的手稿，这些手稿中不只有文字，还有许多插图。

达·芬奇的《哈默手稿》一经出版，便引起了社会各界的巨大轰动和广泛关注。他的笔记本上究竟记录着什么呢？达·芬奇最得意的技能便是他的绘画，但是他却将其当作一门工具，记录自己在物理工程学、机械动力学、生物工程学、人体解剖学、天文学、建筑学等领域一系列的观察、对比、推理和研究。这本手稿中记录着众多的绘图手记，蕴含了大量的科学知识，他规划佛罗伦萨运河水系，并设计了与今天的飞机非常相似的人力飞行器……其精密、复杂程度甚至可以与现代科学技术相媲美。

摘自《达·芬奇手记》（意）列奥纳多·达·芬奇　吉林出版集团有限责任公司

作为一个普通人，我们应该如何借鉴大师们的智慧，将其运用到孩子的教育当中呢？除了培养孩子的好奇心、观察力、坚持不懈的探究精神，我想更重要的就是要培养孩子记笔记的好习惯。孩子在学习和生活中，如果有什么想不通的问题或者是忽然闪现出一个好想法，都可以鼓励孩子记录下来。如此以往，孩子的思路越来越清晰，创意也会越来越多地涌现。

◉ 画出来就能改造世界

大到社会的变革，小到一件产品细节上的改进，都始于纸面上的构想。就像真正的设计师一样，在孩子真正有能力将想法付诸实践之前，先要让他们养成勤于思考并能将设想落于纸面的习惯。

从坚果很小的时候我们就为他准备了用于随手涂鸦的画本。他不断地写、不断地画，用完了一本又一本。下面这两幅画，是坚果随手记录下来的创意。他小的时候有一段时间非常关注摄像头，总能盯着学校里的摄像头、公园里的摄像头、街角的摄像头看上好久。有一天，他设想了几款"新型的"摄像头，为了能够将脑中的想法清晰地传达给家里人，他抓起一枝笔，立刻画下自己的想法。

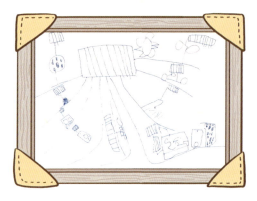

有关太阳能的想法　坚果 5 岁

画完，坚果跟我们详细讲解了他的想法，"画面的正中间是一个太阳能板"，他指着太阳能板右上方的图案说，"太阳能当然离不开太阳啦"，"周围都是有关太阳能的创意。"显然，他在这里使用了思维导图的形式来整理自己的创想。他一个一个跟我们描述了画在"太阳能板"周围的物品，分别是太阳能摄像头、太阳能家用台灯、太阳能手机、太阳能门铃、太阳能飞机、太阳能空调、太阳能水龙头、太阳能汽车和太阳能路灯。说完，坚果又兴奋地补充道："这个太阳能空调不仅有遥控器，还有'喊话装置'，只要一喊'25度'，它就能将温度调节到 25 度！"

此时此刻，他还真的像是一个小小的"销售员"，讲解起产品来真是如数家珍、热情饱满。听了他的讲解，我们还真的是想要拥有一台这样的高科技装置呢。

关于太阳能的创意并没有结束，坚果又将太阳能门铃的应用场景进行了具体的设想，对有关"智能家居"和"智能小区"进行了具体的说明。他画了一座高高的楼房，其中有两户人家的门上安装了这种"智能门铃"，门铃上有摄像头，他说："这个门铃上的摄像头能看 90 米远呢！"接着，他在这个摄像头旁标注上了数字"90"。另外，小区里也安装有用于治安的太阳能摄像头，他说，"这种摄像头只能看到 60 米远"。他写上了大大的"No Touch"的英文字样说："这个摄像头安装得很高，就是为了不让人们碰到。"

有一次与坚果一起去郊外爬山，我们真的看到了太阳能路灯。只见这路灯与当初坚果在纸上画的一模一样。后来有又一次，我们碰巧又看到了一款太阳能摄像头。这些设施就好像是按照他的设计图纸制造出来的一样，这真让他感到兴奋和惊喜。

有关智能家居和智能小区的想法　坚果 5 岁

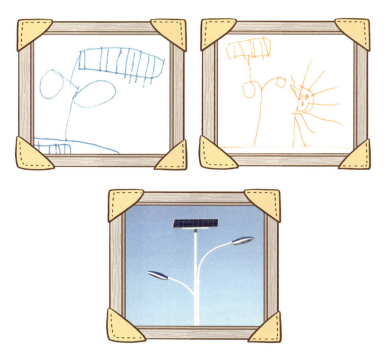

坚果构想中的太阳能路灯和真实的太阳能路灯

如果孩子年纪还小，家长们可以给孩子准备稍大一些的画本，方便孩子随手涂鸦。孩子有了画本，除了能够画一画每天的日记，也可以记录自己的创意、整理自己的想法。

希望孩子都能用好画图这个工具，走入创意的世界，并收获创意的乐趣。未来世界的样子，有各种各样的可能，孩子要多去思考，发挥创意和想象，也许有一天一个又一个突发奇想就会变成现实。

⊙ 画出来的演讲稿

坚果上幼儿园的时候，外教老师每周会拿出专门的时间，邀请小朋友为大家进行 Show & Tell，为的是锻炼孩子们的英文表达以及演讲的能力。什么是 Show & Tell 呢？就是小朋友要从家里带来一样东西 (如一个玩具、一本书、一张照片等），然后跟大家讲述这件东西，与班里的小朋友一起分享。

在正式的 Show & Tell 开始之前，外教老师都会留出几天的时间让小朋友在家里做准备。轮到坚果 Show & Tell 的时候，他从家里挑选了一个环尾狐猴毛绒玩偶准备与大家分享。这是最近一次去动物园的时候买的，因为太喜欢环尾狐猴，所以他在商店里面挑选了一只环尾狐猴毛绒玩偶带回家。定下了演讲的主题之后，我建议他用思维导图的方式，将想要分享的要点梳理一下。他觉得这个想法很好，于是立刻拿起画笔，一边想一边画起来。

下面这幅图，就是坚果梳理的 Show & Tell 的要点。他在画面中间，画下了此次分享的主题——环尾狐猴。在环尾狐猴的周围，他写下了想要去跟老师和同学们讲解的一些关键点，比如环尾狐猴喜欢的生活环境、喜欢吃的食物以及寿命等。接着，他将环尾狐猴的英文名"ring-tailed lemur"，以及自己给环尾狐猴毛绒玩偶起的英文名字"Bidison"备注在图的左下角。

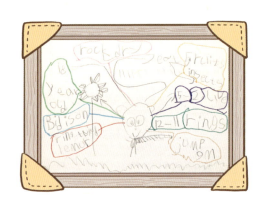

接下来进行演练的时间里，坚果都会一边演讲，一边回忆自己画的这幅思维导图。有了这幅图，坚果演讲的时候更有条理、内容更加全面，避免了忘词或是跑题的尴尬，也不会在演讲的时候无话可说。解决了"说什么"的问题之后，坚果有更多的时间去练习"怎样说"，比如语音要洪亮、目光要与观众有交流、身体姿态要挺拔等。

又一次轮到坚果来进行班级 Show & Tell 的展示。这一次，他毫不犹豫地选择了画图的方法帮助自己梳理演讲思路。坚果回到家拿起笔就在白板上画起来，显然，他已经想好了要分享的主题。他在正中间写上"the robot dog"，之后用笔将其圈起来，然后继续边写边画。他写下了许多有关"the robot dog"的关键词：Max（给它起的名字）、white and black（颜色）、boy（性别）、walk（技能）、dance and say（技能）、can hear me and everybody（技能）等。

用画图的方式梳理演讲思路　坚果 5 岁

孩子讲述一个事物的时候，就是在重新认知这个事物。家长们可以引导孩子从视觉、触觉、嗅觉、味觉、听觉等多重感官上去描述。我们举一个简单的例子，如果孩子要跟大家讲述自己最爱吃的西瓜，那就可以让孩子从这几个方面来说一说西瓜的特点。比如，西瓜看起来圆圆的（形状），它是绿色的，上面还有深绿色的花纹，西瓜瓤是红色的（颜色）；西瓜摸起来很光滑（触觉）；它吃起来甜甜的、很多汁（味觉）；当我们拍一拍西瓜，里面会有"嘭嘭"的声音，吃起来脆脆的，能听到"嘎吱嘎吱"的声响（听觉）。

如果孩子讲述的是一件事情，我们则可以引导孩子用"5W1H"的方法去梳理思路。什么是"5W1H"呢？就是"what""when""who""where""why""how"。在讲述之前，我们可以先让孩子问自己几个问题，比如："这是一件什么事情？""什么时间发生的？""有谁经历了这件事情？""事情发生在哪里？""为什么会发生这件事情？""最后的结果怎么样了？"等。孩子在自己回答问题的同时，就是在重新梳理这件事情。自己搞清楚了，自然就能给别人讲得清楚、明了。

"图画"是孩子的朋友。在图画里，孩子记录着生活、学习、旅行中的点点滴滴；在图画里，孩子自由抒发着情感；在图画里，孩子梳理思路，整理想法，留下了一个个美妙的创意。希望每一个孩子都能与"图画"成为朋友，随时随地写写画画，或翻看曾经留下的生命足迹，或思考当下，或畅想未来，那都是美好的时光。

04 生活实例：从《三国演义》小听众到"历史发烧友"

1. 难"啃"的《三国演义》

当孩子还小、知之甚少的阶段，他们只会用直线的方式去思考，比如事情非黑即白，故事里的人物非好即坏。坚果小的时候也是这样，他每认识一种新的昆虫总会问："妈妈，它是害虫还是益虫？"每次听故事，若是有一个新的角色出场，他也喜欢问："妈妈，这个人是好的，还是坏的？"那时的他，每每获取一些新的信息，就急切地想要下定结论。

孩子这种天真无知的童稚状态，通过不断学习是可以逐渐摆脱的。比如让孩子接触一些科学知识、历史事实，可以帮助孩子更全面、客观地了解事物的发展规律，帮助他们更灵活地思考，从而有能力去面对更加复杂的问题。

《三国演义》取材于东汉末年魏、蜀、吴三国的历史，讲的是东汉末年到晋国统一天下这段时间内的政治斗争和军事斗争，时间跨度约100年。它在故事情节、人物刻画、战争场面的描绘上都堪称典范。从小接触名著，无论是对孩子的思维、情商、语言能力都是一种提升。

坚果5岁半的时候开始迷上了《三国演义》，因为还不识那么多字，所以都是听音频。一个5岁大的孩子听《三国演义》难免会有些困难，一是语言上，他经常会遇到听不懂的文言文，二是出场人物很多，人物之间的联系错综复杂。不过，我们并没有因此让坚果先读卡通漫画版的《三国演义》，因为虽然那些书在语言和故事情节的处理上更易于小孩子理解，但是原书中的精华也会大打折扣。

精挑细选之后，我们为他选择了一个忠于原著的凯叔版《三国演义》让坚果听。遇到听不懂的就先暂停，我用通俗的语言再跟他讲一遍。经常是凯叔在手机里面讲，妈妈在手机外讲，我充当起了坚果的"翻译"。万事开头难，刚开始听的时候，经常一集十多分钟的故事我们能听上半个小时，累得我这个"翻译"口干舌燥。将近过了一个月的时间，我们一集故事听下来，中间的暂停越来越少，"翻译"的工作也越来越轻松。

有一天，我们听到诸葛亮舌战群儒的故事。故事里，薛综反驳诸葛亮说，"今日天下，曹公已占据大半……刘使君不识时务，勉强与之相争，正如以卵击石，安能不败？"听到这里，我看了一眼坚果，他为了表示自己已经听懂了，便说道："安能不败的意思是怎么能不败呢？"于是，我们接着往后听。孔明听到薛综说的这番话，双眉倒竖，挥扇一指说："好一句'不识时务'！薛敬文！怎敢出此无君无父之言！……此类丧伦败行之语，今后免开尊口！"坚果听罢，得意地说，"妈妈，'免开尊口'就是再也别开口说话了。"慢慢地，坚果已经能够自主地去理解、去揣度古文的含义，我只需要对一些成语、典故进行解释说明和补充说明。

随着坚果对历史事实越来越多的了解，他对故事人物的内心活动有了越来越多的体会，他渐渐知道好多事情都没有简单的好坏之分，关键要看站在哪个角度。在特定的年代、特定的环境下，一个人作出的决定受到多方面因素的牵制和影响，所以一个历史人物的好与坏，一个朝代成与败，都不能仅仅用"好"与"坏"来评判。

从近处来看，熟读历史可以让孩子谈吐中言之有物、侃侃而谈，写作时引经据典、下笔有神。从长远来看，熟读历史可以培养孩子的历史观、世界观、全局观，帮助他们从历史中汲取经验、教训，在应对生活中的变化时，能够更准确地作出判断和选择，少走弯路。

2. 爸爸妈妈的故事法宝

法宝一：故事复盘

随着故事听得越来越多，我们对于听故事这件事也越来越有心得，听故事的流程也不断被优化。

针对《三国演义》故事情节多、出场人物多、容易张冠李戴的情况，我们想了一个办法，就是在每次听故事前增加"回顾上集"的环节，由坚果对上一集的内容进行复述。复述完成之后，才能听下一集。

明明是迫不及待地想要听下一集，却非要他停下脚步来复盘，所以最初的时候，坚果觉得这个环节很麻烦。我于是鼓励他删繁就简，让他试着用一两句话概括上一集的故事，不用长篇大论。慢慢地，坚果从中尝到了甜头——不仅能够帮助自己迅速进入下一集的故事情节中，而且通常只用不到半分钟的时间。于是，这样的"复盘"就被坚持下来，成了听《三国演义》故事时的固定环节。

法宝二：故事脉络图

随着《三国演义》故事听得越来越深入，有越来越多的新人物出场，故事的头绪也越来越多，我们发现总是要多动动笔，去梳理一下故事的来龙去脉，才能更好地搞清楚人物和人物之间的关系。

于是，听故事之后的"梳理故事"环节也作为"固定环节"被我们保留下来。每隔一段时间，我们都会一边口头梳理近几集的故事内容，一边画出相应的"故事发展脉络图"。每次梳理完的图与之前梳理的图汇合起来，慢慢再形成更大的故事脉络图。

下面这幅图就是我和坚果一起梳理的《三国演义》（十一、十二回合）故事脉络图。有了这幅故事脉络图，记得不太清楚的地方也方便随时查阅。相关人物下一次出场的时候，找出相应的故事脉络图，也能迅速与之前的故事情节衔接起来。

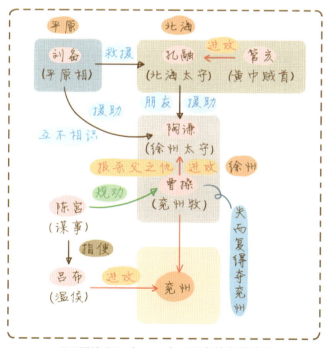

《三国演义》十一、十二回合故事脉络图

法宝三：人物关系图

一部《三国演义》，文武百官、群雄豪杰轮番登场，大小战役不计其数，人物关系错综复杂，故事之间盘根错节。听故事的人经常是听着听着，又来一位新面孔——这人是谁帐下的？为什么来？跟先前的人物有什么关系？诸多问题若不搞清楚，故事就会听得云里雾里。

怎么样能够帮助孩子记忆或者快速查阅人物之间的关系呢？我们特意制作了几份人物关系图，比如蜀汉人物关系图、曹魏人物关系图、孙吴人物关系图以及群雄之间的关系图。有了这样的梳理，主臣关系一目了然，听故事的过程中若是遇到不熟悉的人物关系，可以随时查阅"英雄图谱"，非常方便。

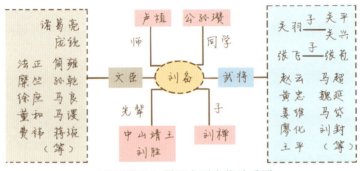

《三国演义》蜀汉主要人物关系图

除了听故事的时候会将图谱拿在手里寻找线索，坚果平时也会捧着它们看上半天，遇到不熟悉的人物就与家人聊一聊。比如，某位大将参与过哪一场战役，他是什么样的性格特点，喜欢他哪些方面和不喜欢他的地方等。三国故事总能成为我们全家共同的话题，通过这"一看""一聊"，不仅让我们对故事内容更加熟悉，也增进了亲子之间的情感。那真是一段快乐而有意义的亲子时光。

法宝四：配套图书资料

无论是听故事、阅读文字或者是绘制一些故事发展图、人物关系图，都会让孩子感觉很抽象。孩子往往需要通过一些具象的东西辅助他们去感知、去理解。这一点，在坚果听《三国演义》故事的过程中我深有体会。

我留意到坚果每次听故事时，特别喜欢看每一集音频的封面插图。因为每一集故事仅配有这么一幅插图，所以，这幅图体现着这一集的中心思想，为听众交代清楚故事发生的人物和场景。比如"七星坛孔明借风"这一集，音频的封面插图上绘制了这样的情景：孔明一袭玄色道袍立于七星坛上，青丝散在肩头，举剑指天，宛若仙人。坚果看到这幅图，自然就能对孔明借风的情形有更形象、更深刻的体会。

◉ 三国主题扑克牌

有一次，我们在故宫的商店里看到了一副三国演义人物主题的扑克牌，坚果很是喜欢，我们毫不犹豫地买给他。回到家里，他迫不及待地将 54 张扑克牌上绘制的 54 个人物挨个认识了一遍，并按照各自所属的阵营排列成几组。那时候，他还没有听完一遍《三国演义》，刚好借此机会，提前"预习"了一下未出场的人物。以后再听故事的时候，当有一些新的人物登场，他也总能想到扑克牌上对应的形象来，说："这个人物我之前见过！"

这里我想提醒大家的是，带孩子从小接触名著，我们一定要选购大出版社出版的经典版本，粗制滥造的东西不仅不会对孩子有任何促进，反而有害。出版物中绘制的人物插图，我认为最好是选择那种经典的写实插画，而不是卡通插画。难免会有一些厂家为了讨孩子欢心，把经典的形象弃之不用，而是重新设计成幼稚的卡通版形象。可我认为，我们完全不用因为担心孩子理解不了经典的东西，或者担心孩子对经典的东西不感兴趣，而特意让他们看幼稚的东西。孩子完全有能力去接受经典、感受经典，他们有着"火眼金睛"，能够分辨出经典的"好"，反倒是一些不够经典的绘本，一不留神有可能让孩子形成先入为主的错误观念。

◉ 连环画书

《三国演义》中，大大小小的战役一场接一场，每次跟他描述打仗时的场面，我总觉得光凭语言是不足以让孩子去感受到的。因为生于太平的年代，战争实在是离我们太远太远。我意识到，孩子同样需要一些图画去更好地感受、理解故事中的战争场面。

我自己小的时候就喜爱翻看小人书，想到我们小时候喜欢的，也应是孩子这时候喜欢的，于是我给坚果买了一套美术出版社出版的经典版本的《三国演义》连环画。经典的连环画果然有魅力，不出我所料，坚果刚一收到这套连环画书，就开始翻看起来。我不忍心打扰，哪怕是他刚进家门，连外衣都还没来得及脱下，也要静静地在桌边看好一会儿。

连环画书里面的文字简略，而且每一页都有图画，刚好满足这个年龄段孩子自主阅读的需求。看连环画与听故事搭配起来，孩子不仅能够通过插图理解故事情节，而且不会错过生动、精彩的语言描述，对孩子来讲，这真是一种美好的享受。

◉ 爸爸的地图书

坚果爸爸的案几上，一直摆着一本他的《世界历史地图集》，起初并没有引起坚果的关注，我也从未想过这样的书会成为坚果的读物。直到有一天，坚果学到春秋五霸和战国七雄的历史，他急于知道，这"五霸"和"七雄"里面，到底每个国家地盘有多大，以及地理位置上是怎样分布的。于是，这本书便立刻派上了用场。爸爸拿出这本地图书，翻到古代中国"春秋列国"及"战国形势"地图，一边给他讲一边在地图上指给他看，这才满足了他的求知欲和好奇心。

从这以后，这本历史地图集便一直保留在坚果的书架上，再也没有放回爸爸的案几。在坚果学习历史、听《三国演义》故事的过程中，这本书总能像一个知识渊博的老师，为他指点迷津。通过查阅这本历史地图集，坚果找到了秦始皇建造的防御工事——秦长城的确切地理位置，也看到了汉朝时期"丝绸之路"的精确路线；他看到了三国鼎立时期魏、蜀、吴三国的地理划分；也了解到"玄奘西行""鉴真东渡"的所至之处。

不久，坚果又拥有了第二本地图册。针对三国时期这一小段历史，我们为坚果买来了《三国地图》，以配合他听三国演义故事时查阅使用，帮助他从空间上更好地了解三国这段历史。这本《三国地图》里面不仅列出了众多历史事件的时间、地理位置，还为一些重要的战役标注了各方进攻、撤退路线。更为贴心的是，这本地图还以古今对照的方式，标注出历史事件发生的现今位置。坚果在听故事的时候，常常会问及一些古代的地名，比如：曹操以少胜多的"官渡之战"中，官渡是在哪里？诸葛亮"火烧博望坡"里的博望坡在什么地方？赵云"长坂坡救主"的长坂坡又是哪里？如今在这本《三国地图》中，坚果很轻松地就能找到答案。

3. 让孩子懂历史而不是记住历史

从秦始皇到曹操再到毛泽东，历史上众多治国平天下的英雄豪杰都熟读史书。

坚果知道，他喜欢的《三国演义》，毛主席也非常喜欢。我告诉过他，毛主席小的时候第一次读到《三国演义》就爱不释手，一直读到他年老，这本书他读了70多年。他一边读书，一边苦苦地探索中国的前途，每当革命遇到挫折，他就把自己关起来读书，一边读书一边思考，每次都有新的见解和收获。每一场重大的战争，毛主席都学习孔明那样运筹帷幄，决胜千里。

后来，我还跟坚果讲过毛主席在长征途中借书的笑谈。两万五千里长征时期，生活异常艰苦，但是毛主席不忘读书。一天，红军队伍在一个村庄外扎好营寨，毛主席派警卫员去村里借书，要知道，战争时期连吃饭的铁锅都要丢掉，是不可能随身带书的。毛主席对警卫员说："小王，你去村里看看有没有读书人，想办法帮我弄'水浒'和'三国'来。"可是老百姓以为是借"3口锅"和一个"水壶"。由于家里太穷，不够3口锅，于是老百姓就给了警卫员一口"锅"和一个"水壶"。听到这里，坚果"扑哧"一声，笑了出来。毛主席要借的是中国四大名著《三国演义》和《水浒传》，哪儿是烧水的水壶和做饭的铁锅呀。不久之后，毛主席向大家发出号召，希望大家都能够看一看《三国演义》和《水浒传》。

读史使人明智，见以往而知未来。现在的孩子，虽说也都在学校学习历史，但是会背历史年代表，并不算是真正的学习。我们常说要培养孩子的历史思维，就是希望孩子能够从历史中寻找事物发展的轨迹，面对自己生活中的事情，能够发挥决策的主动性，选择合适的应对方式，并且合理地预测未来。若孩子不能将读到的历史知识形成自己的思考，那么当有一天面对困境，这些知识并不能真正地帮助到他们。

还记有一天，我拿着书正在给坚果读南北朝的历史，书上说，那个时候的突厥人都觉得战死沙场是一件光荣的事情。我合上书，问坚果："对你来说，什么是最光荣的事情呢？"坚果说，"我觉得学好历史是光荣的。"

◉ 了解历史知朝代更替

以史为鉴，方知兴替。从中国历史上第一个朝代夏朝开始，到后来任何一个朝代，从崛起到兴盛，再由衰败到灭亡，历史是那样惊人的相似，兴衰交替，几千年不断地循环上演。

孩子每每从历史经验中寻找一种"因果关系"都会发现，每一种"结果"都与曾经的选择分不开。孩子明白了凡事有因必有果，有果必有因。在历史的兴替中，孩子更容易透过现象看本质，找到朝代兴替的规律，而不是在繁复的表象当中迷失自我。

随着了解的朝代越来越多，坚果悟出了一个道理，那就是：骄傲会导致衰败，乐极便会生悲。听到一个昏庸国君的故事时，他会告诉我："妈妈，这个国王太骄傲了。我猜他接下来要失败了。"比如，夏朝末代君主桀，据说他高大英俊、文武双全，这样的人本应做一位大英雄，但是他暴虐无道、贪图享乐、狂妄自大，甚至自称"我就像天上的太阳，太阳不死，我也不死"。于是，再稳固的高墙、再锋利的刀剑也没能保住夏朝，最终这个朝代灭亡了。

慢慢地，坚果还发现了历史中一个有趣的现象，那就是：一个又一个"好"的时代之后，通常会有"坏"的时代接踵而至，也就是"盛极必衰"的道理。纵观历史，确实有许多朝代经历了盛世之后，会马上急转直下，直到亡国。比如，"汉武盛世"之后汉朝国库空虚，民不聊生；唐朝"开元盛世"之后便是"安史之乱"，国家迅速由盛转衰；清朝"康乾盛世"之后紧接着却是国力衰败，各种社会矛盾层出不穷。后来，每当坚果读到一个时代的繁荣盛世，人们安居而乐业、国家太平而富足，都会担心地问一句，"下一位皇帝，会不会又要挥霍钱财去打仗了？"孩子在历史的更迭中能够认识到：盛世的表象之下，往往潜伏着忧患。

在我们家餐桌边的墙上，贴着一条长约 80 厘米，宽约 6 厘米的中国历史年代表，上面标注了从公元前 2000 年前的夏朝至 1912 年清朝最后一位皇帝退位、清朝灭亡这之间的朝代时间表。因为它的形状细长，我们和坚果戏称之为"历史的腰带"或者"历史年代尺"。每次坐在餐桌旁，我们每一个人都会有意或无意地瞥见它。于是我们展开了各种各样的讨论：为什么有些朝代存在的时间长？为什么有些朝代短短数年就走向灭亡？是狂妄自大，是制度的局限，是外戚干政，还是军阀夺权？那些在时代的潮流中屹立不倒的朝代，究竟有着怎样的特征？怎么样才能让一个朝代经久不衰？靠的是强大的军事实力？好的经济政策？先进的制度？还是凭借一个皇帝自身的魅力？虽然，我们并没有直接告诉他答案，但是我相信不久的将来，爱读历史的孩子心中必然会有属于自己的答案。

让孩子了解历史、懂历史，并不仅仅是拓宽孩子知识面，也不仅仅是提升孩子的语言表达能力和思辨能力，更重要的是能够帮助孩子建立正确的人生观、世界观，拓宽孩子的视野和格局。

◉ 提升判断和思辨能力

透过一件又一件历史事件，一位又一位历史人物，孩子的历史思辨能力得到了一步步的锻炼。让孩子学习历史、以史为鉴，不仅是帮助他们增长智慧，提升分析、判断问题的能力，连处世智慧也会不断提升。在坚果学习中国历史以及听《三国演义》的过程中，我能够明显感觉思辨能力的进步。

有一次，我给坚果讲中国历史中西晋的故事，讲到皇帝司马衷很愚蠢，大臣向他报告说百姓没有粮食吃了，他却说："何不食肉糜？"坚果没听出有什么可笑之处。我转而问他："换做你当皇帝你会怎么说呢？"他想了想说，"我会让他们去周围的地方抢粮食"。接着，他又说还有第二种方法，就是"如果皇帝有粮食就先借给老百姓吃，以后粮食丰收了再还也不迟"。有了这些独立的思考之后，我这才跟他解释那句"何不食肉糜"的意思："可是那个叫作司马衷的小皇帝却说："怎么不让老百姓喝肉汤呢？"坚果听罢，这才咧嘴一笑，明白了那个皇帝的愚蠢。

　　有一段时间，坚果睡前都会让我们给他读历史故事。可是没想到"听故事"这件事还成了"医治"坚果睡前"洗漱拖延症"的妙方。他有时候还会将这种"小心思"透漏给我们："我刚才赶紧刷牙，你知道为什么吗？因为这样妈妈就能多给我讲一个刷牙的时间了。"

　　这天，我们讲述的是东汉时期朝廷与匈奴之间的故事，书上说，这个时期汉朝的最大敌人是匈奴，然后抛出了一个小问题让孩子思考——"你觉得中国的敌人会是谁，中国应该跟谁交朋友？"坚果想了想说，"中国的最大敌人是美国，因为美国跟中国一样厉害，就像汉朝和匈奴都很强大。"第二个问题，他想了一小会儿(我知道他在思考，于是静静地等待他的答案)，说："我觉得中国应该跟美国交朋友，因为美国很厉害。我们应该跟厉害的人做朋友。"

　　"金无足赤，人无完人"，这句话在《三国演义》里的人物身上得到了最好的证实。《三国演义》的开端，曹操虽是一名小官却只身一人为民除害，想要杀掉国贼董卓，引得坚果对他心生好感。之后，坚果读到曹操错杀吕伯奢，口出狂言"宁可我负天下人，不可天下人负我"，又被这段演绎气得捶胸顿足。三国演义里的曹操，多被人称作是一个让人又爱又恨的枭雄。因为性格多疑，计谋多端，曹操能在尔虞我诈的三国时代登上权力的顶峰；同时，却又因为这种多疑的性格导致自己背负骂名。坚果喜欢他的雄才大略，却又讨厌他的诡诈阴险。随着坚果了解的故事越来越多，他再也不将曹操以"好人"或"坏人"相称，而是懂得这就是曹操性格中的几个侧面。

　　刘备这一角色，在坚果心中也同样经历着从"喜爱"到"爱恨交织"的变化过程。《三国演义》中刘备从小志向高远，他知人善任，仁义忠厚，最终从织席贩履之辈成长为一代君王。坚果对其敬佩有加。可是当坚果听到刘备"三让徐州"的故事，以及之后"推让荆州"之事，也几度为他扼腕叹息，觉得若是刘备再多一些果敢和大气，少一些迟疑就更符合内心对他的预期。坚果也知道，这就是刘备性格中的多个侧面，如果刘备不是这样做，那刘备也不会是刘备了。哪怕是英雄豪杰，也不可能是十全十美的"完人"。

⊙ 学会分析、推理和预测

这一天，我跟坚果一起听《三国演义》里"巧计重施燃新野"这一集。故事讲的是刘表的大儿子刘琦想要与刘备一起去讨伐蔡氏，然而刘备不愿意这样做。原因有二：一是因为刘备认为当务之急是抵御外敌，这时候内斗会损耗实力；二是倘若刘表刚病逝，刘备就去讨伐他的二儿子，就是对刘表不忠义。听到这里，坚果按下了暂停键，说："妈妈，我即使不听这一段，从之前的故事也能判断，刘备他根本不会同意的。"他接着说："因为之前刘表已经把荆州让给他过，可是他都没有接受，所以这一次肯定不会去讨伐蔡氏。"说罢，我们继续播放故事，想要听个究竟。只听故事中诸葛亮长叹一声，说自己早就料到刘备不会同意，判断的依据竟然跟坚果之前所说一致。"你个小诸葛亮！"我说，看得出坚果很是开心。

现在许多书籍都在想方设法与孩子互动，一则故事之后，往往会留下一两个问题，让孩子去独立思考。在我们家里，这些问题得到了我们的高度重视，按坚果爸爸的话讲，就是"这些问题可比故事本身更重要"，所以每次看完一个章节或者听完一个小故事，我都会叮嘱坚果一定要回答完后面的问题，才能进行下一个。

有一次，坚果听《三国演义》"孙刘联合"这一集故事，故事的最后有一个问题，就是："鲁肃到来之前，诸葛亮便料定孙权不会投降曹操，他作出如此判断的理由是什么呢？"坚果一边思索，一边说了四个理由，经过我的"翻译"整理，意思大概是这样的：一是刘备以前打败过曹操，孙权如果跟刘备一起联合抵抗曹操会更容易赢；二是虽然曹操很厉害可是缺少仁义，而刘备很讲仁义，孙权应该跟仁义又厉害的人联合；三是孙权身为国君，父辈建立的基业不会轻易放弃；四是有荆州刘琮投降曹操却被杀害的前车之鉴，所以孙权也不敢投降，如果投降了怕是会跟刘琮一个下场。本以为对孩子来说《三国演义》晦涩难懂，可是听他这么一说，我的那一点点担心完全放下了。

历史故事听多了，孩子更容易去发现、理解事情之间的微妙联系，也慢慢学会依据先前的剧情，主动去分析、判断事情的发展走势。这时的坚果虽然年纪还小，可是他已经逐渐能关注到故事发展的前因后果。虽然有时候他甚至还不能将自己的理解表述得很清楚，不过只要跟他多聊一聊，我就能明白他想要表达的意思了。

读《三国演义》的时候，孩子的收获很多，除了了解历史、拓宽视野、增长知识，他们还将学会思考，懂得合理地分析和推测。

⊙ 成为一个讲仁义有温情的人

让孩子从小熟读历史故事，有助于培养他们明辨是非，使他们成为讲仁义有温情的"大写的"人。

和孩子一起学习历史的时候，这样的例子有很多。比如，读到春秋时期那段历史的时候，有一个人让坚果对他刮目相看，那就是"退避三舍"的晋文公。晋文公本是晋国的王公贵族，年轻的时候在外流亡避祸 19 年，到过 8 个国家。这些国家里面，有的国家待他不错，有的国家却不敢收留他。晋文公到了楚国的时候，楚国的楚成王却用招待诸侯的礼仪招待他。这让晋文公非常感动，他表示倘若有一天与楚成王兵戎相遇，也会为楚成王退避三舍。在若干年后的一场战争中，晋文公恪守诺言。要知道，在残酷、紧迫的战争当中，后退一小步都有可能错失了先机，可是晋文公后退了 90 里。听到这里，坚果一边佩服晋文公知恩图报、说话算话、有胆识，一边又担心晋文公因此吃了败仗。不过故事的结局让坚果松了一口气，那就是晋文公在劣势的情况下，依然将楚军打败了。

另外，说到《三国演义》里面忠义、温情的人物，那就不得不提一提三国名将关羽。关羽是忠义的典型，他对刘备始终不离不弃，哪怕曹操给他至高的荣华富贵，也不为所动，他过五关斩六将，终究回归蜀汉。他做事光明磊落，做人纯正无邪，千里走单骑辞别曹操有礼有节，华容道放走曹操又有情有义，单刀赴会时又有勇有谋。

相比之下，纵使吕布天下无敌，可还是在群雄逐鹿中功败垂成。他一生六次易主，被张飞称作"三姓家奴"，究其原因，不过是在角逐天下之时丢掉了做人的底线——诚信。

人无信不立，业无信不兴。《三国演义》虽说写的是历史，却更像是一本"人生教科书"。在这本书里面，孩子将会得到做人的启示。

⊙ 学习英雄人物知难而进

历史的进程从来都不是一帆风顺，我们做事情也是一样，尤其是有难度的事情。

这一天，坚果正在做有关等量代换的数学题，做到最后一道题的时候怎么都做不出来，急得想哭。一家人吃饭的时候，我们一起说到了这个事情。于是爸爸拿《三国演义》里的人物开导坚果，说："曹操打仗的时候，一看敌人来了，会不会哭呢？他会不会心里想，要是敌人不来偷袭我就好了？"未等坚果回答，爸爸紧接着又说，"他肯定会迎难而上，因为没有什么退路。"之后，爸爸说起项羽打仗的时候，烧了自己的船，破釜沉舟、决心抗敌的事；又说起了曹操曾一度烧光粮食激励士兵去打胜仗的事。坚果想了想说，"那就是，要么赢要么死"。我接着补充道，"对于坚果来说，就是首先要去想怎么做出来这道题，而不是哭鼻子。"

⊙ 埋下"进取心"的种子

美国现代女作家、教育家海伦·凯勒说过，"当一个人感觉到有高飞的冲动时，他将再也不会满足于在地上爬。"一个人一生的作为很大程度取决于他的进取心。一个有着进取心的孩子，一定会想方设法将事情做好，他会始终保持进取的脚步，不甘心做平庸的人。

培养孩子的进取心，我们身为父母有不可推卸的责任。历史故事中的英雄人物，能够帮助我们完成这一重要的使命，点亮孩子的进取之心。

历史书里的项羽、刘邦，以及《三国演义》中的刘备，都让坚果印象深刻。

秦朝末年，秦始皇出巡时，刘邦和项羽也在人群之中看热闹。项羽看着秦始皇浩浩荡荡的车队说："彼可取而代之"。另一边，刘邦也说道："大丈夫当如是。"多年之后，项羽在巨鹿打败了秦军主力，做了"西楚霸王"，圆了儿时立下的远大志向。而刘邦也最终达成了"君临天下"的帝王之梦。

　　还有那《三国演义》的开篇中，让坚果喜闻乐道的"小刘备"，他总爱爬上高高的榕树，因为喜欢那种"站得高看得远"的感觉。坚果尤其喜欢这段刘备小时候的故事，于是听了又听，来回往复好多遍。后来有一天，坚果爬上小区里一处高高的健身设施，刚好也坐在了高处，他忽而想起这段故事，对我说："妈妈，刘备小的时候坐在榕树上，就是这么高吧！"

　　仔细想来，培养孩子从小熟读历史、亲近名著中的英雄豪杰，何不是给他们一种登高望远、一览众山小的视野和格局呢。

第四章

锻炼孩子的意志力

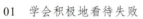

我们经常听到一种说法，就是在决定一个人成功与否的各项因素中，意志力至关重要。意志力是我们的精神生活，是自我驱动的核心力量。它指引着我们方方面面的行为，在我们面对困难的时候，意志力给我们勇气，坚定了我们克服困难的决心。

如果一个孩子不能将好的习惯坚持下去，我们会认为那是"意志力不够坚定"；如果一个孩子遇到难题有畏缩情绪，我们会说那是"意志力不够强大"；如果一个孩子对于一项重要却有难度的事情一再拖延，迟迟不愿意开始，我们就会说他"意志薄弱，克服不了舒适区的诱惑"。似乎一个"意志力"，就能帮助我们解决育儿中的大部分问题，比如孩子做事拖沓，做事情半途而废，或者是遇到挫折很容易心灰意冷，克服不了电子游戏或者甜食的诱惑等。对于"意志力"，我甚至认为它包罗着所有像"坚忍不拔""永不言败""自强不息""持之以恒"这样的优秀品质。

01　学会积极地看待失败

我们的孩子出生在竞争激烈的年代，无论是家长还是老师，都在不断地告诉他们"要去赢"以及"怎样去赢"。与此相比，告诉孩子"体验失败"以及"如何看待失败"却是少之又少。他们从小被教导了太多的成功学，却很少受到挫折的教育，视失败为"恶魔"。也难怪一些孩子对于批评异常敏感，他们在比赛中只能赢而输不起，也会以"不感兴趣"为理由拒绝有风险的挑战。在这些孩子眼中，"输""犯错""失败"都是避之不及的词语，殊不知，它们却是通往成功路上的必经阶段。

1. 硬币的两面：努力的两种结果

所有的感受，都是人生的一部分。如果能让孩子尽早地认识到，失败是人生中再正常不过的一件事情，那么，他们在面对失败的时候就会坦然得多。在我与坚果接下来进行的意志力训练中，第一步便是要他正视这个客观现实，那就是——一个人努力之后必定会面临两种结果——成功与失败。

潜伏着"危险"的成功

首先，我将"成功"从神龛上"请"下来。我告诉坚果，成功里有时候潜伏着"危险"，它会让人放松警惕，就像《猫和老鼠》动画片里的汤姆猫，有时候它成功捉弄了小老鼠而扬扬自得，"遭遇"却接踵而来。

等坚果再大一点，他从中国历史故事中也体会到了"成功"的两面性。他知道了夏朝的桀王贪图享乐、疏于治国，最终败给了商汤的历史故事；知道了商纣王酒池肉林、奢靡享乐被周朝的姬昌打败，最终亡国的故事；也知道了西周的周幽王烽火戏诸侯的荒唐无道的故事。

随着知道的历史故事越来越多，他慢慢悟出一个道理，那就是"骄傲的皇帝之后，就会伴随着朝代的灭亡"。我跟坚果讲到"隋炀帝挥霍成性，大兴建造运河不为运输货物只为到处旅行，将父辈的基业搞得一败涂地，国家民不聊生"的时候，坚果马上就猜中了隋朝的结局，说："我猜这时候隋朝马上就要灭亡了。因为这个皇帝也太骄傲了。"坚果就这样自己学会了通过一个皇帝的行为和态度，来预测这个朝代的兴衰走向。

"谦虚使人进步，骄傲使人落后"，连小孩子都能明白的道理，想要真正做到，却要花上一番功夫。

暗藏"机会"的失败

成功并没有看起来那样"无懈可击"，失败也并不是"一无是处"。第二步，我为"失败""正名"。

坚果4岁半开始喜欢上篮球，刚开始的时候一遇到抢不到球或者是投不进篮筐的情况，他就会很沮丧。于是，我找了一段"篮球飞人"迈克尔·乔丹对自己的总结，在睡前故事的环节念给他听："我在职业生涯中，错过了9 000多次进球。我输掉了300多场比赛，有26次人们相信我能投出制胜一球，但我投偏了。我在一生之中失败了一次又一次，而正是这些失败，造就了我的成功。"

失败，有时候却暗藏着"机会"。我收集了一些被称为"伟大的错误"的故事讲给坚果听。这些"错误"之所以谓之"伟大"，就是因为科学家们正是从它们之中得到灵感，从而创造了新的发明。这个事实，与我们通常所认为的"科学发明是成功的产物"刚好相反。

其中一个故事有关青霉素的发现。这款著名的抗菌药物，却是来自英国细菌学家弗莱明的一次失误。有一天，他正在实验室研究引起人体发热的葡萄球菌，可是实验器皿上的盖子没有盖好，从楼上飘来的一些青霉菌刚好落在这个器皿上。之后弗莱明惊讶地发现，器皿里面培养的葡萄球菌不见了。他由此得到灵感，最终发明了葡萄球菌的克星——青霉素，直到今天，它已经成为人们重要的抗菌药物。

像这样伟大的"错误"细数起来，还有许多。糖精的发明来自一位俄国化学家"忘记饭前洗手"的粗心错误；微波炉的发明来源于一位美国高级工程师口袋中一根巧克力棒的融化；薯片的发明诞生于一个脾气暴躁的美国厨师之手，他将土豆切得极薄，想要以此来报复嫌他炸的土豆太厚而拒绝付款的顾客。还有超能胶水、心脏起搏器、培乐多彩泥等，也都是"错误的发明"。"错误"能够给我们启示，我们不仅不应该惧怕错误，还应该将错误当作"朋友"。

既然将"失败"看作朋友，那就可以拥抱它、分享它。每年的10月13日是芬兰创立的"国际失败日"。这一天，芬兰人会鼓励全世界人民"自曝其短"，并将自己失败的经历分享出来，释放自己内心的压力，摆脱对失败的恐惧。

这是一种帮助人们对失败"脱敏"的很有创意的好方法。我们完全可以将芬兰人乐于分享失败的传统借鉴过来，和孩子一起玩一玩"分享失败"的小游戏。具体的方法是这样的：全家一起围坐成圆圈，击鼓传花，传到谁的手里，就由谁来分享一件自己受挫的经历，或者是感觉困难、尴尬的事情，说说自己当时的感觉。说完之后，其他家庭成员如果经历过同样的事情，也可以就这件事情发言，说说自己的感受。接着继续击鼓传花，轮到下一位玩家发言。

如果能多玩一玩这样的游戏，孩子会感到失败的经历并没有那么让人难堪，也会发现自己并不是在与困难孤军奋战，慢慢地，就对困难、失败不那么抗拒了。

我们总是害怕因为失败暴露自身的不完美，可是"失败"和"成功"本来就是如影随形，就像是硬币的两面。

2. 从失败到成功

进行到这里，坚果已经对"成功"和"失败"有了一个更加全面的认识。接下来，我想要告诉他，失败和成功是会相互转化的。我一边为他画下这幅图（如下图），一边为他解释其中的道理。

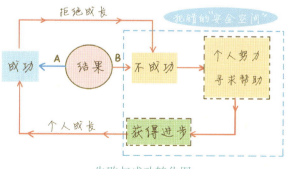

失败与成功转化图

　　一件事情的结果，也许是成功，也许是失败（因为不愿总跟孩子强调"失败"，所以我使用"不成功"这种说法）。失败之后，如果能够继续反思和努力，一样能够取得进步，最终一样可以获得成功。通过这幅简简单单的示意图，坚果不仅明白了失败和成功是如何相互转化的，更知道了想要变失败为成功，唯有"努力"二字。

　　◉ "滑 300 个小时就能成为一个冠军？"

　　坚果刚刚开始练习滑冰的时候问过我这样的问题："妈妈，是不是滑 300 个小时就能成为一个冠军？"他说这话的时候还咧嘴笑着，觉得自己说了一个超大的数字，那时候他还不到 5 岁。我说，"那可不够，要几十个 300 小时还差不多。"一开始练习的时候，他总是滑两步就停下来，还说"怕摔倒了浪费时间"。我当然知道，他是害怕跌倒，便跟他说："你只要能学会快点爬起来，就不会浪费时间了，对吗？"滑冰课结束后，我当着坚果的面问了老师一个问题："老师，您当初练习滑冰的时候，也摔过很多次吧？"老师回答说，"多得数不清了，直到现在每天还会摔跤。"坚果在一旁静静听着，默默不语。我相信他对"摔跤"的看法，正在一点点发生着改变。大量的刻意练习和一次又一次的失败，几乎是在任何领域出类拔萃的必经之路。

　　为了让孩子能够放下对于"失败"的负担，我们在孩子面前很少评论别人的"成功"或是"失败"。如果我们看到别的孩子某一项技能掌握得特别好，我们就会跟坚果说："这个小朋友一定在这件事情上花了很多工夫。"言外之意便是，"如果你愿意在一件事情上花费工夫，也一样能掌握得很好。"我想，家长们平时多用这样的客观表述而非评论，或许更能够点燃孩子内心想要去努力做好一件事情的小火苗。

　　如果坚果在某项技能上获得了很大进步，我们就会说："你付出的努力有了好的结果！"这样说，其实也是在告诉他，没有一件事情是不努力只靠运气就能办到的。因为有这个想法，所以我们不提倡坚果玩抓娃娃机这一类拼运气的游戏。在经历了几次抓娃娃游戏失败的失落情绪之后，我们果断定了这样的规矩：凡是靠撞大运赢取礼物的游戏以后不可以玩，如果喜欢游戏的礼物，那么我们直接买来就好了。

如果遇到一件事坚果还不能掌握得很好，我们就鼓励他说，"我们多花时间去练习，一段时间之后一定会有一些突破的。"在一次次的引导下，坚果慢慢懂得了练习的重要性。他在玩体能训练的游乐设施时，如果有哪个设施（如一些高的攀爬设施、独木桥等）没有一次性轻松通过，他都会自觉地回到原点，一口气练上好多遍，直到他开心地向我们呼喊："爸爸妈妈快看呀，我这一次爬（走）得特别好。"

我希望孩子能够知道，失败并不是就意味着"不好"，而是意味着可以"更好"。也希望他今后无论面对哪一种结果都能够保持自信，永远要更加重视过程中的"努力"，而不是结果的"完美"。

🍀 3. 成长的契机

如果不在错误中寻求成长，那么错误将没有任何价值。所以，除了要教会孩子正确地看待失败、不惧怕失败，还要教会他们如何在失败中寻找成长的契机。这种学习将会持续人的一生，越早开始，人生将越早受益。孩子小的时候，还不会自己去消化、处理失败和挫折，也不懂得怎样制定策略去达到想要的结果，这时候就需要家长多一点耐心的帮助和引导。当孩子的成绩或者表现不够理想时，批评和惩罚并不会令现状有大的改观，反而是帮助孩子看清现状、制定策略，鼓励他们勇往直前，才是真正为孩子创造成长的契机。

记得坚果刚刚开始练习篮球的时候，投球还不够准确，而且由于年纪很小，比赛时也很少能够抢到球。他说篮球课"没意思"，因为感觉自己表现不够好，有一段时间甚至不愿意去上篮球课。看到他在球场上不积极抢球，还偶尔分心走神儿，我决定找个时间与他一起分析一下接下来学习篮球的对策。这个阶段，如果能够帮助他在篮球场上获得一些进步，让他感觉良好，他应该就会觉得"有意思了"。

坚果将他的目标写在白板的正中间——"win"。（现在看来，"win"这个目标，并不比"成长"这个目标来得更好，因为"win"是一种外界的评判，而成长却只关乎个人进步的客观事实。）为了达到"win"这个目的，我们和坚果一起头脑风暴，找出这个目标一系列的相关因素。首先，我们心中要有"我想赢"的想法，有成功的渴望。其次还要"勇敢""相信自己"。除此之外，还要"跑得快""动作迅速"。坚果爸爸看到了，又补充了一条，那就是"乐趣"，希望坚果能将打篮球当成是一件好玩的事情。

"赢得篮球比赛"思维导图　坚果4岁半

　　下一次上课之前，坚果再一次看了自己在白板上画下的这幅图，并整理自己的应对思路。他在训练中不仅精力集中，还更加勇敢，技能也越来越好。慢慢地，他开始能够在比赛中抢到球，进而能够命中篮筐，也能够与队友传球配合了。每一次比赛结束，我们都会鼓励他："你比以前的自己又进步啦！"

　　就是这张"战略图"，让坚果在最初的篮球训练中有的放矢。有了一系列的分析和思考，又能依照对策努力拼搏，想要克服困难其实并不难。

　　如今，坚果对篮球的喜爱只增不减，他在训练中和比赛中的表现也越来越好。正是因为经历了从最初不擅长篮球、到篮球打得越来越好的这一过程，他深刻地体会过进步时的挣扎，以及节节突破的成就感，更知道怎样面对困难才能够将逆境化为顺境。

　　如今，篮球成了他最喜爱的一项体育运动。每次训练完毕，他都要自己再"玩"一会儿，直到要闭馆了，才最后一个回家。看着空荡荡的场馆，爸爸跟坚果说："最晚到、最早走的人怎么打得好篮球呢？NBA最优秀的篮球运动员，都是最早到，训练到最晚才离开。"坚果没有言语，但我相信他对此一定深有体会，因为他在篮球方面宝贵的进步，也要归功于坚持不懈的训练。

产生兴趣容易，但是保持一项兴趣并将它做到更好，却不那么容易。希望每一个孩子在困难面前都能成为有想法、有对策的"问题清扫官"，将兴趣爱好向深处挖掘，从而越来越精通。

写到这儿，我不禁想起了儿时奶奶总跟我说的一句话："困难是弹簧，你强它就弱，你弱它就强。"奶奶的这句话让儿时的我看清了困难的"真面目"——它不过是一个胆小的傀儡，如果我能变得更强大，那么，它将躲回暗处。在我往后的学习、生活和工作中，这句话伴随着我经历了一次又一次的蜕变。

02　唤醒孩子的意志力

谁不希望自己的孩子能够在成长的一路上不断收获鲜花和掌声？于是这样的一幕出现了：一些家长对于孩子的生活、学习、安全过度关注，他们时刻盘旋在孩子的上方，就像"直升机"，孩子遇到困难，家长甚至亲自上手。

没有家长想要去限制孩子的成长，可是在真实场景中，他们却破坏了孩子成长的进程。他们想尽一切办法忙着为孩子铺平道路，替孩子设计人生。可是，这些拥有"超能力"的家长的孩子，却并不能拥有"超能力"。他们依赖家长，不能独立思考问题，更不用说去克服困难、解决问题。他们一旦面临不如意的事情，只能束手无策，那仅有的自信也一点点走向崩塌的边缘。显然，这些孩子在家长的过度保护中，从未真正与困难打过交道。

1. "石头思维"与"大树思维"

《终身成长》一书的作者，美国斯坦福大学心理学教授卡罗尔·德韦克说："杰出的人拥有的另一项特别的才能，就是将人生中的挫折转变成未来的成功。"他通过多年的研究实践，发现并证实了人类信念的力量，之所以有人会失败，有人会成功，是因为每个人的思维模式不同。"……关于取得成就的第一要素是什么，大多数人观点一致——成长思维模式者产生的这种坚持不懈、坚忍不拔的精神。"卡罗尔·德韦克教授这里所说的"成长思维模式"是什么呢？简言之就是相信人的能力、智力是可以不断拓展的，而不是固定不变的。

美国越来越多的中小学将"成长思维模式"这一理论融入了日常教学中，并注重培养学生的这一思维。许多学校甚至在教室最显眼的地方，张贴着关于成长型思维的海报。与这一趋势相同，国内也有越来越多有关成长思维的讲座走进中小学校。

最初接触"成长思维"的那段时间，我刚好正在关注孩子的"挫折教育"。那时我一直在思考应该如何引导孩子正确看待失败，如何让他们真正看重过程而非看重结果。卡罗尔·德韦克的"成长思维"给了我启发，我认为这种思维不仅仅对我们成年人大有裨益，而且也同样有利于孩子。于是我开始积极地与孩子分享"成长思维"，我告诉他，我们的每一次学习，无论是成功或是失败，都会让自己的大脑变得强壮，就像是肌肉的锻炼能够使身体变得强壮。为了便于他理解，我特意将"成长思维"换了名字，称作"大树思维"，相反地，将"固定思维"称为"石头思维"。

直观的"石头思维"和"大树思维"

"大树"意味着"成长"，所以"大树思维"意味着能以进步的眼光看到自己成功的潜质。而"石头"更多给人一种顽固不化的感觉，所以"石头思维"意味着保守的、妨碍人进步的思维。我用这样的比喻，希望坚果能尽早地了解到这两种思维的极大差异。

为了进一步帮助坚果了解这些概念，我特意列出了一些能够代表"成长思维"与"固定思维"的主要表现。我将专业的表述转换成了让他感到亲切的话语，并将这些表述打印下来读给坚果听，想看看他是否能够识别和区分这两种思维的不同表现。我告诉他："这些表述，如果你认为是'大树思维'，请打'√'，如果你认为是'石头思维'请打'×'。"

（1）如果我必须为某件事付出努力，说明我不够聪明。

（2）努力比聪明更重要。

（3）当我犯错误时，我感到很难为情。

（4）我喜欢尝试困难的事情。

（5）当我遇到困难，我常常会放弃做这件事情。

（6）我不介意犯错。错误能够帮助我学习。

（7）有些事情我永远都做不好。

（8）只要用心努力，任何人都能学会做好一件事情。

（9）我们天生就有笨和聪明的区别，这些无法改变。

（10）为一件事情付出全部努力，会令我感到自豪，即便事情并不完美。

我原本是希望以此作为一种提醒，让他在生活中慢慢去体悟这两种思维之间的差异，然而出乎我的意料，坚果对这 10 项表现的判断完全正确，他甚至还对"石头思维"的描述逐一进行了纠正。"妈妈，它说得不对，遇到困难了也不能放弃，要继续努力。""这个也不对，只要认真努力了，就可以做好。"此时的我十分确信，刚满 5 岁的坚果凭借自身的经验已经能够掌握"石头思维"与"大树思维"的差异。为孩子播种"成长思维"，我认为越早越好，只要能保证孩子能够真正理解其中的含义，并不用等到孩子上小学。很庆幸，我尽可能地在孩子人生中较早的时刻，为他的心中播下了一个"大树思维"的种子。

知之易，行之难。即使孩子能够区分出"大树思维"和"石头思维"的不同表现，在实际生活中，仍不免犯一些"石头思维"的错误。比如，有一次坚果做错了一道英语练习题，他急得哭起来。我立刻指出他当前的思维模式："你头脑中的'石头思维'跑出来了哦！它让你感到难过。"坚果一听，立刻不哭了，他一定想到了"大树思维"，他知道当下最急迫的事情不是去否定自己，而是尽更大努力去审题、去思考，从而将知识点掌握。

一切重视外在表现的目标，都是一种危险，那样会让孩子陷入对自我表现和外在结果的关注。"大树思维"的精髓在于培养孩子将目光投向自身的成长，赋予他们一种良好的自我掌控感。我们要引导孩子将掌握一门知识、精通一项技能作为目标，鼓励他们专注于眼下的学习和练习当中，而不是急于向外界证明自己。

🌲 2. 给孩子犯错的安全空间

当家长不再竭力将"失败"扼杀在"摇篮"里，而是让它的"真面目"在孩子面前暴露无遗，孩子才能懂得失败是人生的常态。当家长不再"谈失败而色变"，孩子才能将"失败"当作"朋友"，而非"敌人"。孩子通过对周围世界的观察，慢慢地建立起对世界最初的观点。这就是为什么说家长要走在孩子的前面，倘若家长都不能正确地看待失败，怎么能够苛求他们的孩子对失败保持正确的态度呢？有成功就会有失败，如果我们希望孩子能够正确看待失败，那就先从我们自己做起。

想想那些痴迷于游戏的孩子，为什么他们愿意在同一个任务上不厌其烦地一遍遍尝试，直到通关呢？我想很大一部分原因在于孩子很清楚自己是在玩游戏，即使犯了错误，也不会受到惩罚，只需重新点击"开始游戏"的按键便能从头再来。孩子在游戏中的表现给我们启示：在没有威胁的环境中，孩子是不怕犯错的。

想在家里真正创造一种包容错误的宽松环境并不容易。在生活和学习中，坚果经常表现出对于"完美"的执着，他对自我表现中的"小瑕疵"一点都"马虎"不得：画画时刚一起笔，发现画出的线条不满意，就要另起一页重新再画；做作业时，因为没有做到全对，也会责备自己；上课时，因为担心自己的答案不对，不愿意举手发言。针对他的这些顾虑，我和坚果爸爸都会第一时间去开导他。我们告诉他"笔误不用擦，接着画就可以了，保留它也许会让你的画面更加有趣"；也会告诉他"谁都有犯错的时候，只要你努力了就好了，不必对自己那么苛刻"，或是"老师也同样欢迎错误的答案"等。我们想办法宽慰他，想让错误看起来并不严重，希望他在犯错的时候能同样感觉到自己是"安全"的。

除了语言上的鼓励，我们也想了一些办法，不断用实际行动来引导坚果。

坚果最开始学写汉字、英文字母的时候，凡是写得有一点不如意就要找橡皮擦掉。后来，我当着他的面，将这些写得不那么好的字认真地收集并保留起来。坚果慢慢开始察觉，原来那些自己认为写得不太好的字，也是珍贵的。再后来，坚果写了错字，我就让他保留在纸面上，刚好是给下次一个提醒，以后再看到这个字也知道曾经错在哪里，然后在旁边重新写一个正确的。

画画的时候，坚果在一张白纸上大笔一挥，却发现画出的线条不符合预期想法，于是就又拿出一张白纸重新画，有时候画到第三张的时候才能够顺利完成。我一边观察一边在心里琢磨：浪费纸张暂且不说，这样总是改来改去也有碍于孩子自信地去表达。于是，我想了一个办法去引导他。

有一次，在公园里看完恐龙回家的路上，坚果坐在车的后座，正在根据印象描绘刚才看到的恐龙，刚一起笔，发现画坏了，随手就又拿出一张开始画。我接过他第一张带有"错误"线条的"废纸"并没有丢掉，而是准备接着画。坚果一边画自己的画，一边不住地停下来看我怎么画，无疑，他好奇我怎样利用他丢弃的"废纸"来画画。

我仔细端详着纸上一处被坚果"丢弃"的线条，想了一会儿，便开始了我的创作。我用这个带有弧度的线条当作恐龙的尾巴，接着画好身子、头，还为这只恐龙装饰了花纹，一只有趣的恐龙完成了。坚果看到立刻开心地说："妈妈用我的废纸也能画得这么好！"我拍拍他的肩膀，对他说："那是因为你的第一根线条画得好！它给了我灵感。"

在那以后，当坚果再次因为一两根不满意的线条而去重新换纸、重新画的时候，我都会提醒他，"看看怎么能将这根线条利用起来。"我想让他知道，在画画的时候，没有画错的线条，每一笔都是宝贵的；做事的时候也是，错误有时候会激发创意，带来惊喜。

如果孩子从小生长在一个对"失败"更加包容、开放的环境中，他失败的时候就更能够镇定自若。相反，如果孩子从小感到自己的父母将失败定义为"可耻的""令人憎恶的""不可原谅的"，那么孩子一旦遭遇失败又怎能在心中化解呢？这里我举的都是一些生活中的小例子，这些"错误"也都算不上什么"大错"，但我想说，即使是在一些小的事情上，家长也要展示出对错误包容、开放的态度，以后孩子遇到真正的挫折，才不会有太多的恐惧和焦虑。

更进一步来讲，如果家长不仅能够包容孩子犯错，而且能够去发现孩子在犯错过程中的一些好的想法，那就更好了。这里，再举一个发生在我们家的例子。

坚果在家里经常会做一些可汗学院（一个国际化的网络学习平台）的数学测试，题目的难度不大，而且是全英文的，这让他不但学会了"更少""更多""最少""最多"等一些数学概念的英文表述，还时常能感受到英文与数学两个学科交融在一起的乐趣。坚果4岁多的时候，有一次他做可汗学院的数学题（数学游戏），总在一道题上答错。这道题是这样的："下面这几个事物里面是食物多还是动物多？"坚果每次都选"食物多"这个选项，可是明明里面是动物多。坚果不明白错在哪里，流露出受挫的情绪。我也在一旁纳闷，这道题显然很简单，怎么能够做错呢？这时爸爸的一句话说到了坚果心里去："坚果是不是觉得牛、羊和鸡之类的也是食物呀？"坚果使劲点头。之后，爸爸对坚果的思考给予了肯定，并充分鼓励了他在这道题目中展现出的全面考虑的优点。看到爸爸这样理解他、支持他，坚果也不再跟自己的错误"较劲"了。

家长面对"孩子犯错"时的"第一反应"，暴露了家长对于"失败"的真实看法，这往往定下了孩子如何看待错误的基调。家长对孩子的教育，任何说教都不如以身作则更有效。如果家长能够在第一时间选择信任孩子，主动去揣摩孩子的想法，识别出并理解孩子对题目的更多思考，那就是给孩子上了最生动的一课。

拥有一个能够站在自己的角度去理解自己的爸爸，实属幸运。有了这一次的深刻体会之后，坚果下次再有做错的题目，也许会学着爸爸的样子从对题目的理解上找问题，而不是急于自我否定。试想，如果爸爸当时不从错误上找原因，而是一味地批评他，那么"错误"就会在坚果心中成为"失败"的代名词，还会剥夺他坚持想法的宝贵自信。

我们要跟孩子强调"进步"与"成长"，而非一味注重"事情完成得尽善尽美"。批评和惩罚除了会继续削弱孩子的信心和意志，别无他用。孩子犯了错，我们应该做的是理解孩子的处境，给他们宽容和耐心，帮助他们"修复"受挫的情绪，真正做到以宽容之心去接纳他们，以友善之心去包容他们。

3. 表扬的智慧

家长的眼睛看向何处，孩子的眼睛就会看向何处。孩子会很认真地去听家长对他们的表扬，他们从表扬的话语中找到家长的关注点，家长关注什么，孩子就会关注什么。如果家长只关注成绩、结果，那么孩子也会只关注成绩、结果，一旦结果不如意，家长会大发雷霆，孩子也会痛哭流涕。如果家长能够将眼睛看向孩子的成长，看到孩子在一件事情中付出的努力，孩子便不会在得到不满意的结果后，那么轻易地去否定自己：虽然结果不够好，但是努力的好品质一样应该得到赞赏。

我们都知道表扬的一些原则，比如说"表扬努力，不表扬聪明"，"表扬过程，不表扬结果""表扬不要过于笼统，要表扬细节"等。我们还知道，一味地夸奖成绩会让孩子过度看重结果。频繁地夸奖也会让孩子形成依赖，一旦没有了夸奖，做事就失去了动力。没有原则"乱夸一气"会养成一个骄傲却又输不起的孩子。表扬需要技巧，正确的表扬可以激励孩子不断挑战自我，变得更好。

对于孩子非真正意义上的努力，我们一定不能妄加表扬。我们表扬努力，却不能将努力夸大，否则会起到相反的作用，让孩子觉得不用真正付出就能得到认可。值得被表扬的"努力"通常有着这样的特征，那就是孩子在不利的环境下主动克服困难，从而获得了自身的进步。无论最终的结果如何，如果孩子真正付出了努力，他们对于这个过程一定印象深刻。我们表扬他们努力克服困难的过程，就是帮助他们加深自我认同，从而树立自信。

美国斯坦福大学心理学教授卡罗尔·德韦克与她的团队为了研究夸奖对孩子的影响，设计了一个著名的心理实验，他们将纽约20所学校的400名学生分成两组，让他们独立完成一系列的拼图实验。测试题目是非常简单的智力拼图，几乎所有的孩子都能出色地完成任务。任务完成后，第一组的孩子都会得到一句这样的夸奖："你在拼图方面很有天分，你很聪明。"而第二组的孩子得到的是关于努力的赞赏："你刚才一定非常努力，所以表现得很出色。"

然后，这些孩子被要求选择第二轮测试的题目，一种是跟上一轮一样难度的题目，一种是比上一轮更有难度的题目。结果发现，在第一轮中被夸奖努力的孩子中，有90%选择了难度较大的题目，而被表扬聪明的孩子，大部分则选择了简单的题目。看来，自以为聪明、有天赋的孩子，都希望保持"看起来很聪明"的样子，而不喜欢接受挑战。

接着，这些孩子被要求参与第三轮测试。这次的题目是初中一年级的题目，研究人员刻意让孩子遭受挫折。结果，那些被夸奖聪明的孩子在测试中一直很紧张，做不出题目就会非常沮丧。而先前被夸奖努力的第二组孩子，都非常投入，并努力用各种方法去解决问题。一旦真正的困难来临，自认为聪明的孩子就会束手无策，相反，认为自己很努力的孩子会觉得成功就在自己的掌握之中。

在这个实验里面，我们看到了不当的夸奖对孩子的伤害，同时，也看到了智慧的夸奖对孩子的激励。最好的夸奖，能激励孩子继续努力，给他们勇气去选择充满挑战的任务，在面临挫折和打击的时候，能够帮助他们直面现状而保有自信。

明白道理容易，真正在生活中去遵循却很难。坚果刚刚开始学习篮球的时候，篮球场外看比赛的我比场上的小球员还要着急，因为那时我很关注他投没投进球。但我很快发现这样非常不好，不但会影响我的状态，孩子也会因为没有进球而泄气。我知道这是我头脑中的"石头思维"在作祟。

于是我开始提醒自己，不要急于孩子一时进没进球，更不能因为他少了几次投篮得分而否定他整场的表现。依照这个思路，我执行了新的举措：在每次训练中，找到他表现进步的一两个方面对他进行赞赏。比如，为了防止对方进球所做出的战术上的努力，或者是与本队球员一次绝妙的传球配合，这都是一个好球员所需要的能力，而不仅仅是一次次完美的投篮和遥遥领先的得分。当然，遇到他当天的状态不好，我也不会特意通过表扬来安慰他，而是教他去接受不完美："表现状态有起伏很正常，没有一个人能够保证在每一场比赛中永远保持最好的状态，哪怕他是最棒的球星。"也许他能够想到乔丹曾经的那句广告词，就连这个最棒的球星，也总有状态不好、失误的时候。

情绪是可以相互带动的，当我的眼睛总是去寻找孩子努力的一面，并给他以积极的反馈，我发现不仅仅是我的情绪更加放松，孩子的心态也越来越放松。孩子的心态越放松，他就能做得越好。

我也曾经因为按捺不住内心的喜悦，看到孩子好的表现，用错误的方式去夸奖他："你这次做题做得真快，而且全对了！"话音未落，我就已经意识到这样的夸奖不妥。这本身就是以结果为导向，孩子以后做题的时候，也同样会只关注速度和正确率，而非自己在这个过程中是否付出了努力，是否取得了进步。更极端的一些案例中，一些孩子还学会通过作弊的手段，来博得家长的表扬。

现在，我常常这样鼓励他："你付出了努力，今天你又进步了！"我深知，速度和成绩只是对进步进行衡量的一种参考，并不是聪明才智的直接反映。当孩子真正明白这一道理，才能将一时的成绩抛开，去关注自己对一件事情的全面掌握，而不是急于证明自己的聪明和才智。

如今，虽然坚果做题的时候，遇到做不正确的题目还是会觉得可惜，但与之前的畏难情绪不同，他不是去哭，而是更加努力地去解题。每次看到他眉头紧锁、一动不动地思考的样子，我都知道他遇到了难题。每每这时，我都会默默地下定决心，无论最终的答案是否完全正确，我都会对他的学习态度表示鼓励和赞赏。当我们看淡了结果，放松了心情，孩子反而总能带给我们惊喜。

03　生活实例：意志力从来不是天生的

🌱 1. 一次"反败为胜"的体验

一切非先天因素中，意志力是决定一个人是否能成功的关键。这一点我是知道的，但是意志力如何作用于孩子，我一直没有太大的感触，甚至并不认为"孩子拥有强大的意志力"比"孩子拥有好的习惯""孩子拥有好的文化修养"来得更重要。直到有一天，当我亲眼看见孩子在他强大的意志力下反"败"为"胜"的整个过程，感受到了他内心被专注与坚持点燃的小宇宙。从那以后，我坚信"意志力"对于孩子，远比我们想象中还要重要。在一些关键时刻，意志力总能够戏剧性地扭转事情的走向，甚至"反败为胜"。

这一天的经历，我在育儿笔记中是这样记录的：

2019 年 10 月 27 日　星期天　天气转凉

今天坚果与好朋友 W 一起约去公园玩。两人一路走着，忽然发现了路上摆放着的一排红色不锈钢大架子。大架子有半人之高，表面光滑、造型流畅，像是些抽象的波浪造型。公园里来往的孩子将它当成了攀爬玩乐的对象。

W 比坚果大半岁，是一个运动能力很好的小女生，她一次就爬上去了，动作干脆、利索。轮到坚果爬的时候，他一连试了几次都没爬上去。W 一直坐在高处等坚果，虽然时间长却也没有着急。坚果继续试，他时而加上助跑，时而夹紧手臂，时而增加脚腕的力度。时间一点点过去了，大家都注视着坚果，可是他接着一连冲了十几次还是没有成功。

我心中开始着急，但是看他那么专心，便没有急于开口。静静观察的同时，我在心中默默地分析原因：是今天穿的这双鞋的鞋底太滑了？还是因为快到晌午，饿得没劲儿了？接着，心中另外一个声音开始说话了：都不是，是平时的训练不足，运动能力不好吧？此时，在场的几位孩子家长也打破安静的气氛，开始说话了："坚果你先下来，让W再爬一遍，你看看她是怎样爬上去的。"另一位家长说，"别着急，下来喝口水，歇会儿再爬吧。"此时的坚果沉浸在自己的小世界，专心解决困难，不听、不看、不答。再后来，大家都不再说话，看他一次次继续爬。我差一点就要走上前去劝他，说和其他家长一样的话，但还是艰难地忍住了。倒是爸爸神情较为镇定，一直不慌不忙地鼓励他。

就在我屏息凝神的时候，坚果终于成功了！他和W一起坐在了高处，神情得意，脸上笑开了花。我们和其他几位家长都由衷地献上了掌声，表达了赞赏。

回到家，我们奖励给坚果一颗"星星"并告诉他，今天他表现出的这种锲而不舍的精神非常宝贵。正是这种宝贵的精神，让他今天能够对大家七嘴八舌的评论听而不闻，专心致志，不断尝试，直到成功。

这天晚上，我给坚果讲了爱迪生发明电灯的故事："你知道吗？有一个叫作爱迪生的老爷爷，他和你一样，不怕困难""他为了发明电灯，试验了上千次，在失败中不断总结经验。终于，他试验成功了，于是才有了我们今天使用的电灯。"坚果瞪大了眼睛听着，我接着说："我们想一想，如果这个老爷爷在几次失败之后就不再去尝试了，那么会怎样呢？"我继续说："人们可能很长一段时间都只能依靠煤油灯生活了！"

这是一次宝贵的尝试，想必这种不畏困难、迎头而上，最终达成目标的成就感一定会在孩子心中住下许久。在他成长的道路上，每一点、每一滴的宝贵经验，都会成为自信、勇敢的源泉。我希望更多的孩子在小的时候就能够懂得，想要成为优秀的人就必须具备这样一种品质，那就是强大的意志力。我希望他们能够知道，与困难做斗争是人生的一种常态，所以在克服困难的道路上，他们并不是在孤军奋战。

🌱 2. 练出来的意志力

孩子表现出的锲而不舍，让我欣慰和感动，同时，也让我不得不重新审视意志力。

出于自然界生物自我发展的本能，我们生而具有意志力，希望冲破一切阻挠去成长：生命之初，当我们还是婴儿，我们在一次次的跌倒中爬起来，正是因为有着强大的意志力，我们最终学会了走路。可是，随着我们愈加成长，我们在困难面前所表现出的意志，甚至不如一个孩子。面对困难的时候，我们不是愈加坚毅，而是顾虑重重，不能坦然应对。如果我们能够拥有强大的意志，那么任何的困难和落后都会是暂时的，如果我们不纠结于一时的得失，那么就可以更为安心地享受过程。

我开始重新思考：孩子在一次困难中表现出意志力并不太难，难的是怎样能够让他们在今后面对困难的时候，始终保持强大的意志力呢？

意志力是可以训练的。意志力领域的研究权威专家、美国佛罗里达州立大学心理学教授罗伊·鲍迈斯特在《意志力》一书中给出了答案：意志力就像肌肉，经常锻炼就会增强。在家长积极、合理的引导和训练下，孩子更容易锻炼出好的意志力。

我们在生活中可以从哪些方面入手呢？

⊙ 排除干扰，保护孩子的专注力

在孩子聚精会神地专注于手中的玩具、书籍或是解决一个问题的时候，家长千万不要让所谓的"热心"打断了孩子的专注。看到孩子做作业，一动不动地认真做了好久，家长们总是忍不住心疼地问候一句："渴了没有？喝点水吧？"或者是，"孩子累了吧？快去歇歇眼睛。"有的家长甚至因为孩子没有及时应答，批评的话脱口而出："问了你几遍了？怎么不说话呢？"

于是，孩子再也没有耐心继续解题，双方都闹得心情不愉快。

我们有没有想过，当我们忙于手头的一项工作无法脱身，或者是沉迷于一本好书爱不释手的时候，如果这时候被别人要求立刻停止去做另一件事，那我们的心情会是怎样？更何况，孩子能够坐得住板凳，专心地做事，这不正是我们所期待的吗？在他专心的时刻去打断他，岂不是南辕北辙？

在坚果一两岁的时候，我们全家上下就及时统一了思想：坚果在玩玩具、看动画片、画画等时候，只要发现他正投入其中，一定不以任何理由去打断他。刚开始，奶奶、姥姥难免会嘘寒问暖，或者是在孩子自己正玩得起劲儿的时候，忍不住要加入并主导游戏进程。不过，渐渐地，在极其关注孩子专注力的家庭氛围中，她们也越来越感受到孩子专注力的重要性。我们常常根据孩子手头正在进行的活动（比如他正在拼装一些即将完成的拼图，又比如他即将看完一本书的最后几页），灵活地将吃饭或者睡觉时间稍做调整，好让他拥有较好的专注做事的体验。保护孩子的专注力，成了我们每个家庭成员之间的默契。

有了这份理解，坚果可以蹲在一朵小花、一只小虫旁边看上半天；可以在博物馆展厅里站在一幅喜欢的画作前面看上好久；也可以坐在商场租赁的儿童电动车上，一直研究它的轮胎和按键，直到时间用尽。他放心大胆地按照自己的步伐去探索，其间很少有人上前催促。有时候，热心的租赁儿童电动车的老板还会关切地跟我们说，"孩子再不开走，一会儿到时间了。"我们都会感谢他的提醒，笑着解释说，"孩子愿意研究，就让他研究一会儿吧。"坚果知道，他可以放心大胆地去探索感兴趣的事物，因为他的家人会支持他、理解他。

除了一些家长不恰当地关心和保护，还有一些干扰也可能会影响到孩子的专注力，削弱孩子的意志。比如来自外界的其他干扰：不舒服的桌椅，不合适的光线、温度，以及环境中的噪声（例如电视机的声响、高分贝的谈话声等）等。此外，家长还要关注孩子的个人状态，比如孩子是不是饿了、累了，是不是有压力或者是焦虑情绪等，这些都需要及时地解决或者疏通。

排除了这些因素，孩子将更容易表现出专注、耐心、坚持等宝贵的品质。

⊙ 一次只做好一件事

任务过多会分散孩子的注意力。当孩子专注于一件事情当中，常常会表现出不达目的誓不罢休的专注，在这个过程中，孩子的意志力也在慢慢地增强。一次只做好一件事，许多家长都知道这个道理，可是在实际生活中却很难真正做到。

在博物馆里，我经常可以看到这样的画面：正是因为不常来看展，有些家长想要让孩子在有限的时间里看完整个展馆，他们一会儿让孩子看看这里，一会儿又让孩子看看那里，觉得既然来了就要有收获，想让孩子带走所有的知识，就像是"最后一次"逛博物馆一样。这样看展览，何谈深入观察、细品研究，更何谈与展品之间来一场精神层面的对话呢？

对于任何事来说，学习都是循序渐进的过程，谁都不可能一口吃个胖子。尤其是孩子，他们更需要一次次地"浸润"在同一件事物当中，才能有新的发现，获得新的成长。就拿看展这件事情来说，让孩子做一个博物馆的"常客"反而会更好。这样家长和孩子就不必每次贪多，而是可以从最感兴趣的主题入手，尽情去观赏、体会。不论做什么事情，家长若是过于心急，孩子就不能专注其中，最终结果也往往与我们所期望的目标背道而驰。

为了让孩子从小拥有更多"做好一件事情"的"成功体验"，我们可以适当地放松对"时间成本"的考虑，也可以适度地放松对完成度的要求。当这种"成功体验"越来越多，孩子会更愿意将一件事情做好，遇到困难的时候，也更有勇气迎难而上、善始善终。

许多孩子都喜欢玩拼插积木，我认为这就是一件能够锻炼孩子专注力、意志力，又好玩有趣的事情。这种积木一般都会根据每个年龄段孩子的特点，设置相应的难度。最开始玩的时候，我们可以为孩子选择一些步骤简单、积木块数比较少的积木模型。对于年龄较小的孩子，由于他们的专注力有限，一个模型可以分成好几次来拼。当然，每个孩子的专注能力都会有所不同，家长可以时刻观察孩子的状态，如果孩子显得烦躁、缺乏耐心，那就立刻让孩子停下手头的"工作"，休息片刻。

坚果真正尝试按照图纸去拼装模型，大概是在他 3 岁的时候。刚开始，我每次都要坐在他身边和他一起拼装。后来，他学会了独立看懂图纸，只不过因为年纪太小，注意力还不能集中很久，每次只能拼装十多个步骤，一本图纸要被拆成 3～4 次才能拼装完成。到了坚果大约 5 岁的时候，一些简单的模型他一口气就能拼完，拼的时候认真、投入，一拼就是一个多小时。

我印象比较深刻的是，坚果在 5 岁半的时候，挑战了一个很有难度的拼装积木——机器人瓦力。瓦力是导演安德鲁·斯坦顿所编导的科幻动画电影《机器人总动员》中的主人公。坚果看完影片之后，对这个充满爱和友善的小机器人瓦力非常喜欢，于是想要亲手拼装一个瓦力模型。瓦力模型有几百个小零件，图册中足足列出了 177 个步骤。但繁杂的步骤并没有将他"吓倒"，他安排好了桌椅，摆好了收纳工具，有条不紊地开始"工作"。连续 6 天的时间，坚果每天早上起床第一件事，就是精神抖擞地坐在小桌前拼装瓦力，每天睡觉前最后一件事，仍然是坐在小桌前卖力地拼装。经过这些天的努力，最终，小瓦力拼装好了！

当喜欢做的事情遇见了专注的好习惯，居然可以让孩子迸发出如此强大的热情和意志。孩子小的时候，我们要培养他们专注的好习惯，最大限度地发挥他们的积极性、能动性、创造性，引导他们将时间、精力、智慧集中在手中要做的事情上。我们常常教导孩子做任何事情都不能浅尝辄止，要有始有终，唯有这样，孩子才能够从"新手"走向"高手"，从"一知半解"走向"精通"。

我深信，高度的专注力和意志力，是影响孩子一生的宝贵财富。如果孩子在小的时候能够很好地专注于所做的事情，并能将这件事做好，那么，将来他就能将儿时成功的经验灵活地运用到其他学科的学习当中。而且，越早拥有这种经历，越有助于孩子从小培养自信、自强的品质。

⊙ 为意志力充电

意志力并不是用之不尽、取之不竭，相反，它是一种有限的力量。当意志力损耗殆尽，人就会意志薄弱、萎靡不振，经不起诱惑。意志力就像是蓄电池，每一次的使用都会让它电量减少，所以我们要经常为它"充电"。

怎样帮助孩子保持足够的意志力储量呢？一是减少意志力的损耗，二是增加意志力的能量储备。

● 减少意志力的消耗

首先，家长要尽量减少外界可能引起孩子分心的诱惑或者干扰。我们举几个例子来说明。比如，孩子在做作业的时候，要保证桌面上的玩具、彩笔已经收拾干净，以免分散孩子学习的精力；睡觉的时候，也应将卧室以及床铺上的玩具收纳好，以免孩子看到玩具兴奋，迟迟不能入睡。另外，为了帮助孩子从小建立好习惯，我们应该鼓励孩子多与行为习惯较好的孩子玩耍，互相学习，共同进步。就以坚果为例，他从小很少吃膨化食品、口香糖之类的垃圾食品，他知道不健康的食品会让自己的身体变得不健康，但是如果有小朋友盛情分享，他也会难以抗拒。不过随着坚果逐渐长大，这种不良的影响也越来越小，当他再看到小朋友热心地将口香糖分享给他，他已经学会说："不用了，谢谢！"不过在习惯建立的初期，我们还是要尽量避免孩子效仿不良的行为习惯。

其次，太多的选择也会消耗孩子的意志力。比如，很多家长为了给孩子营造一个快乐的童年，买了大量的玩具堆在家里，让孩子想玩什么就玩什么。但是太多的选择反而会让孩子不知道该玩什么。他们东摸摸、西瞧瞧，手里的玩具总是换来换去，每一件玩具都不能深入探索。我们都知道，好的玩具，哪怕是一件，都能让孩子玩上很久。所以，我们每次摆放在外面的玩具应该限制在三种以内，这样可以减少孩子意志力的损耗，让他们选择自己真正感兴趣的玩具，并且更加专注地玩耍。

我们在生活中，应该尽量避免让孩子对不重要、不必要的事情进行选择。比如，"今天你想穿什么衣服？""晚上想吃什么饭？"这些选择对我们这些大人来说，每天尚且纠结不已，更何况是孩子呢？这些问题抛给孩子，一定会造成他们的困扰，带来对意志力不必要的损耗。节约孩子的意志力，从而保持孩子的专注度。

最后，就是减少并行的指令。前面我们提到过，不要一次给孩子太多指令，也不要给他们一个接一个的指令。经常能够看到一些家长，他们在孩子做事情的时候，表现得比孩子还要心急，一会儿让孩子这样，一会儿又让孩子那样，弄得孩子不知所措，更不用说独立思考，最后慌了阵脚，将事情搞得一塌糊涂。我们应该让孩子学会一次只做一件事，这就是孩子专注力提高的关键。

还有一个帮助孩子减少意志力消耗的方法，就是当孩子有一系列的任务需要完成时，让孩子优先去完成有难度的事情。在开始做事的阶段，孩子的意志力是相对更加饱满的，他们有更多的勇气和耐心去面对困难，从而能够更快、更好地完成一件事情。比如我们常常会跟孩子商定，每天放学回家，务必先把作业做完，才能去做其他的事情。又比如学校通常会把最重要的课程安排在上午时间段，也是考虑到孩子在上午时段的精力相对更加充沛，学习起来也更加容易保持专注。在我们家也是这样，如今坚果已经学会根据这样的原则去安排一天的学习和生活，他会自觉地将那些自己认为耗脑力的事情安排在上午，比如做算术题、做英语阅读题等。当他完成了这些内容之后，才会去玩玩具、听故事、画画、做手工或者翻一翻喜欢的书。因为多少次我们一起经历过的"惨痛教训"已经证明，这样的一天，远比"将最难的事情留到最后做"的一天要开心太多、轻松太多了。

● 增加意志力的储备

睡眠，是非常有价值的投资。充足的睡眠可以加强孩子的意志力。我们很容易想象到，当一个孩子缺觉的时候，他容易变得焦虑、爱生气、不予配合，大脑也会变得迟钝、昏昏沉沉。让孩子拥有充分的睡眠和休息，不仅对于孩子意志力的恢复有益，而且对于大脑的发展、身体的发育等成长的方方面面都至关重要。在我们家，即使是牺牲一些计划列表上的活动，也要坚持让孩子按时睡觉，以保障孩子生长发育所需的睡眠。有时候，只需要好好睡上一觉，孩子就能表现得更加勇敢、机敏、生龙活虎。

另外，多参加体育活动也有助于增强孩子的专注力、意志力，提升学习效果。孩子在运动的时候，身体会产生多巴胺、血清素等神经传导物质，能够帮助孩子保持快乐与兴奋的状态。所以，在孩子的学习活动中，不妨穿插一些体育活动，比如让孩子去户外跳跳绳、打打球、跑跑步等。这样孩子才能够有充足的意志力、专注力去应对各种挑战。

除此之外，我们还需要观察孩子的身体状态和情绪状态，及时地为孩子补充食物和能量，及时地为他们疏通情绪，帮助他们维持良好的个人状态，这样才更有利于意志力的恢复。

🐛 3. 给孩子的礼物——挑战

你有没有想过，孩子不能集中精力学习或表现出厌学的情绪，是因为学习的内容过于简单？当孩子发现一切尽在掌握，他们对一件事情的兴趣和从中获得的乐趣就会慢慢减少。苏联著名教育家、心理学家赞科夫很早就关注到这一点，他倡导"高难度的教学"。他在《论小学教学》一书中如是说："安排高难度的教学（当然这样做时要严格把握难度的分寸）。只有能为学生紧张的脑力活动提供丰富养料的教学过程才能促进他们快速且高效地发展。"

世界上没有一蹴而就的成功，也没有不付出努力的学习方法，为了能让大脑积极地思考，我们甚至要主动走出舒适区（舒适区指孩子现有的能力水平）。从这个角度上讲，如果我们反复让孩子练习已经熟知的知识，就会让他们的精神倦怠，影响他们探索和学习，阻碍他们发展。为了让孩子能学习到新的知识，我们甚至要准备好让他们接受不太舒适的感觉，承受一定的压力，看着他们在探索中前进、后退、折返，以及努力挣扎。正如《高效能人士的7个习惯》一书的作者、美国著名的管理学专家史蒂芬·柯维说，"感觉良好，不会平白无故地发生。你不能不做任何有意识的努力，只是打个响指就决定感觉良好。"

具有一定难度的挑战，能够激发孩子的斗志，给孩子带来自我效能感，让他觉得自己"很能干"。尤其是当孩子心中充满着自我成长的强烈呼唤，我们要尽可能创造机会让他们去尝试挑战。

记得坚果刚刚开始练习滑冰的时候，我为他约了滑冰教练。跟着教练学习了两次之后，坚果对我说，他这次不要教练了，想要自己滑。我为他这次表现出的勇敢感到意外，猜想也许这源自他对自身成长的渴望，也许是一上冰就让教练带着滑，他想要有机会在冰上好好感受和自由探索。无论哪一种原因，我都可以理解，在保证安全的大前提下，应该尽量满足他的要求。不过，家人们得知以后，都纷纷开始担心：坚果才刚刚上过一两次冰，就要自己滑，万一摔伤，非常危险。我看坚果态度非常坚决，便一边说服奶奶和爸爸，一边在心里暗暗下定决心：这一次就让他自己滑。

因为我不会滑冰，所以只能在场外看着他，无论在场上遇到什么困难，他只能先靠自己去解决。我给坚果买了门票，帮他戴好头盔护具，并且向他多次表达了我对他的信任。但不担心是不可能的，我的心一直在半空中悬着，即使我看起来镇定自若，还不时宽慰坚果"你能行的！"

这一次，他滑得非常开心，整个过程持续了半个小时。每当看到有人快速地从他身边滑过，我的心都提到了嗓子眼儿。冰场上，一些小哥哥、小姐姐像蝴蝶一样自由地在冰场上盘旋飞舞，他们一次次地绕过坚果，从他身边以优美的弧度滑过。偌大的溜冰场上，只有他手扶围墙，缓慢前行，还不停跌倒，一摇一摆地像一只企鹅。但是他丝毫不觉得摔跤有什么，还不时远远地冲我大喊，"妈妈，你看我站起来了！"为了不让家人担心，我向家人实时播报了坚果的新进展。我给家人发送了一张坚果摔跤时我捕捉到的照片，附言说："看呀，他自己想要做的事，摔倒了都是笑着的。"

如果家长不把困难放在眼里，孩子也能受到这种积极情绪的影响，专注于解决困难，而不是被困难的表象所吓倒。在坚果做题的时候，每当他遇到难题，我也会振奋精神，并表现出极大的兴趣，希望能够带动他，给他一种"这道题看起来有点难，不过也很有趣"的感觉。在阅读英语绘本或是做数学题的时候，我会让坚果来决定学习内容。他会学着大人们的语气，像模像样地说一句"简单的太没意思了！"然后主动挑选难度更高的学习内容。坚果每次攻坚之后，都有一种发自内心的快乐溢于言表，那种快乐是口头表扬和物质奖励的时候从未看到过的。

关于孩子学习的难度，还是要提醒一点，如果我们选择难度过高的学习内容，容易让孩子对自身能力产生怀疑，时间一长，他们会因为挫败感而不自信。所以，不要给孩子布置他们无论怎样努力都无法完成的学习任务。我们需要在孩子的学习生活中对他们多观察，识别出他们当前的"学习舒适区"和"学习挑战区"，避免提出不切实际的目标，给孩子平添焦虑和厌学的情绪。

不过，在阅读这件事上，我更倾向于给孩子朗读"难"一点的书。阅读对于孩子成长来说非常重要，但并不是说我们因此就要揠苗助长，给孩子看一些晦涩的"大部头"，更不是说只能给孩子读那些容易理解的童书。坚果4岁半的时候，我们就决定试着给他朗读那些"难"一点的书。从金子美玲的童诗开始，我们发现孩子不仅能听得懂，还会为诗歌里的情节落泪。渐渐地，我们又找来像《格列佛游记》《小王子》这样的文学小说读给他听，之后又给他读过《思考快与慢》《终身成长》这一类畅销书中的一些片段，以及德国哲学家叔本华的《人生的智慧》等。在家里，我们通常不会去界定一本书是写给孩子看的，还是写给大人看的，只要我们觉得书里的内容可能会对其他家庭成员有所启发，就会在晚上的读书时间，围坐在一起分享书里的片段。

就拿亚瑟·舒本华的《人生的智慧》这本书来说，坚果爸爸在看书的时候觉得书里内容非常好，语言朴实却寓意深远，于是他将书里的精彩内容朗读给我们听。爸爸这样朗读道："对于人的幸福来说，人的自身要比他所拥有的财产或在他人眼中的表象更有意义"，他停下来跟坚果解释，玩具对于坚果来说就是"财产"，拥有很多玩具并不代表自己就很幸福。爸爸接着往下读，"比如，人们会说：'He enjoys himself in Paris.'（他在巴黎尽情享受。）而不说'他享受巴黎'。"坚果的脸上流露出似懂非懂的神情。爸爸又朗读道，"一个人也许是青年才俊、仪表堂堂、财产丰厚、备受尊重，但是要判断他是否幸福的话，就必须问这样一个问题：他是否轻松愉快？如果一个人的心情轻松愉快的话，那么不论他年轻还是年老，身体健康还是疾病缠身，家财万贯还是一贫如洗——对他来说都无关紧要：总之他是幸福的。"

如果你没有做过这样的尝试，一定会觉得，这样做太超前了，会给孩子带来困扰。其实不然。接下来的第二天，当我们问坚果今天还要不要听这本书时，坚果表现得饶有兴致，也许他觉得书里的内容能引起他思考，也许是他把听书的时刻看作是与爸爸妈妈团聚的好机会，也许二者都有。当我问他，"还记得昨天爸爸给我们讲的内容吗？"他眼睛看着天花板，陷入思考。我提醒说，"人生最重要的事情是什么？"他立刻回答，"一个是要轻松快乐，一个是要有健康的身体。"到了第三天上学的路上，我又问起爸爸前一天讲到的内容，他一句话点明了主旨，说道："我们不能别在意别人说的话（评价）。"

我们永远不要低估孩子的学习能力、理解能力。孩子通过我们的朗读会渐渐地学会阅读、喜欢阅读。我想，其间最大的意义并不是我们让孩子学会了多少知识，而是与他们一起分享我们读书的喜悦。如果只是为了让孩子学会知识而给他们朗读，事情的结果也许会完全相反。苏霍姆林斯基在《给教师的建议》一书中，就说："孩子的智力取决于你们的智力兴趣，取决于书籍在家庭的精神生活中占有什么地位。"如果我们能在家里营造读书的氛围，如果我们给孩子朗读的时候能够怀着真诚的喜悦、带上生动的表情，孩子多半会投入其中，哪怕他们此刻并不能理解所有的内容，哪怕他们不能坚持一次听上很久，随着时间的推移，我们一定能够在孩子身上发现惊喜的变化。

聪明的家长懂得如何给孩子创造难度适宜的挑战，他们很少跟孩子谈论孩子做不到什么，而是总在推动孩子前行，当孩子感觉自我良好，他们会再次将孩子推向下一个高度。

我想到了美国诗人惠特曼的一首小诗《有一个孩子向前走去》中的诗句。"有一个孩子每天向前走去，他看见最初的东西，他就变成那东西，那东西就变成了他的一部分。如果是早开的紫丁香，那么它会变成这个孩子的一部分，如果是杂乱的野草，那么它也会变成这个孩子的一部分。"我想，如果孩子看到的是一本好书，时间久了，它也会成为孩子的一部分。

第五章

培养孩子的创造力、
想象力和审美力

01　手脑并用，提升创造力

我们人类自古以来就是爱创造的，比如我们历史上很早就出现了雕塑的艺术，出现了一些装饰画艺术，比如说在一些花瓶上啊，衣服上啊，墙壁上啊，人们去描绘这些图案。

我们也可以看到孩子一出生就对未知世界充满好奇和求知欲，从一岁左右开始，他们的手就能够拿起画笔，他们用一些线条、圆圈开始了自己的绘画探索，他们天马行空的想象力可以通过画画的方式非常充分地表达出来。绘画活动能很好地与孩子的天性相融合，发掘孩子的潜能，这种相互作用是最自然的。如果能从小保持对绘画的这种自由和良好的自我感觉，我想孩子们都是爱画画的。

怎样激发孩子的创造力呢？

主要来讲，一个是画画，一个就是手工制作，这是两个跟孩子关系最密切的创造活动。另外写诗、表演也是创造活动。这些活动都能够激发孩子的创造力。

1. 绘画打开创造力的大门

绘画中很重要的一件事情就是表达情感。画者运用艺术的形式语言、艺术工具和材料对头脑中的各种想法和情绪进行表达，从而创造出新颖而独特的作品。

孩子最早的创造是自发的。从孩子一出生，当他们的手臂发育到能握住一支画笔，他们的表达就开始了。最初的创作一般发生在一岁半左右，孩子最初的作品与其说是艺术创作，还不如说是手脑的协调训练。他们随意涂抹，因为画纸给他们带来意外的惊喜，那些凌乱的轨迹让他们获得了最初的绘画带来的快乐和成就感。

慢慢地，他们能画出一些有控制的线条和圆圈，这得益于他们身体协调能力的发展。大约到了孩子三四岁的时候，他们就能够给自己的图画进行命名。这个时候，如果不听他们对画的解释，我们可能完全看不出来孩子画的到底是什么。但是，他们在命名的这个过程中，其实是寻找这个画与所熟悉事物之间的相似性，在这个过程中也锻炼了他们的观察力、想象力和创造力。坚果在这个年纪的时候，就经常是在画的过程中不断地修正想法，而且直到画面完成的最后一刻，才说出自己要画的是什么。

孩子到了大约 4 岁以后，就进入绘画启蒙的黄金阶段。这时的孩子能将一些点、线、图形组合在一起，来表达头脑中的想法：也许是生活中的一件事物，也许是他们的一段真实经历，也许是他们想象中的故事。此时的他们大多还不会写字，绘画往往能够成为他们的语言。这也是为什么一个不爱说话的孩子，当他画起画来就会顿时打开话匣子，因为一个爱画画的孩子，一定不会无话可说。

我有一个深刻的印象，就是在坚果 4 岁左右的时候，他的绘画作品猛然地增多了。随着孩子生活阅历的不断丰富，他们的绘画也从不缺乏主题和内容。孩子的手眼协调能力在这个阶段发育得更加完善，这就使得他们能将一些想法比之前更好地表达、实现出来。孩子的自我意识开始增强，他们对生活中的各种事物充满着浓厚的兴趣，通过画画这种方式，他们还能够将一些宝贵的思考和探索表达出来。

如果我们能够给孩子较好的引导，为他创造好的画画条件，那么我们完全不用担心他会是一个不爱画画的孩子。怎样去引导孩子呢？我们着重从以下三个方面来说一说。

1）有利于创造的家庭环境

我们常说，灵感会在一个人最放松、自由的时候找上门来，孩子画画时也不例外。孩子在绘画创作的时候需要宽松、自由的氛围，刚好家就是一个最能让孩子自由、放松的环境。在这个足够安全和放松的环境里，孩子会感到画画就像玩玩具一样自然。无论是趴在地上还是坐在桌前，无论是早起还是睡前，他们想画就画，不用限制时间和地点，更不用像在画画培训班里，听老师的讲解、画老师规定的主题。

在家里为孩子创造便利的画画条件非常重要。什么叫作便利的条件呢？就是当孩子想画画的时候，他们不用到处去找画笔、画纸，能够随时随地想画就画。比如我们可以在餐桌、游戏区、学习桌等多处地方，摆一些画纸和画笔。无论是在等餐的时候，还是玩腻了想要换一种活动的时候，又或者是学累了想要休闲片刻的时候，画画都可以成为他们一个很好的选择。

另外，提前做好卫生防护、安全保障工作，能够让孩子在作画的时候大胆地施展手笔，不用因为安全问题、卫生问题有心理负担。在孩子年龄较小的时候，他们在画画时难免会经常弄脏自己的手、脸、衣服，甚至是桌面、地板和墙面，家长不必为此过度苛责。其中一个原因，是因为他们年纪尚小，肌肉控制能力有限。而且，他们正是通过这种涂鸦的方式来探索世界，也许他们此刻所想的正是："怎样才能画出好玩的线条和形状呢？"无论是哪一种原因，我们都不必责怪孩子，随着年龄的增长，他们对笔的控制能力就会越来越好，这种情形自然就很少出现了。

如果有机会到美术学院的画室看一看我们便能明白，哪怕是专业的画家，在画画的时候也难免将颜料偶尔弄到手、画架、鞋面或者衣服上。他们画画的时候同样会穿上防护服，比如罩衣、围裙，又或者是袖套等。所以，如果我们要求孩子在作画时保持干净、整洁，真是一个不切实际的要求。我们可以参考这些专业画家的做法，给孩子的衣服，家里的桌面、地板提前做好卫生防护措施。比如，孩子在家里画画的时候叮嘱他穿上防水罩衣，给画画的桌面铺上一次性桌布等。如果是流动性的液体颜料，还可以在地上铺些报纸，以免留下难以擦除的痕迹。

另外，我在此提醒各位家长，如果家里有年龄较小的孩子，尤其是处于口欲期的孩子，一定要为他们准备安全环保、无毒无害、可擦洗的颜料。家长可以优先选择那些包装上标有"AP"（approved product）、"CP"（certified product）、"CE"（欧洲统一）字样的画材，这些都是相对来说对孩子更安全的。

2）随时随地都可以创造

无论是远途旅行，或者是周末郊游，家长都可以悄悄为孩子带上画笔和画本。我们不需要征得孩子的同意，因为在漫长的车途中、在无聊的候餐区，或者是对眼前的美景流连忘返的时候，当我们善解人意地拿出画本："要不要画一会儿画解解闷儿？""想不想用画笔把眼前的美景留在画本上带回家？"孩子多半会欣然同意，他们会为这份贴心之举而心怀感激。

从坚果大约 4 岁的时候开始，我经常会在包里随身带一本画画的本子和几支常用颜色的画笔给他备用。我们通常是走到哪里，画到哪里。平日接坚果放学，当与他一起玩耍的小伙伴们都纷纷回家了，我们俩就开始到公园里面寻找感兴趣的事物，然后安安静静地画上一会儿。周末带坚果去博物馆、科技馆的路上，因为车程较远，无聊的时候，他也拿出画本和画笔画上一会儿。去动物园的时候，他遇见特别喜欢的小动物，我也会记得提醒他，"可以将它们画下来，带回家"。

当你的孩子在家里愁于没有想画的主题，不知道该画些什么好，那么不妨策划一次亲近大自然的旅行。在旅途中画画的孩子，从不缺少主题，他们总是清楚地知道自己想要画什么。只有拥有丰富和深刻的体验，孩子才更容易画出好的作品。

记得有一次，我们带坚果在日本旅行，因为他旅途中画兴大发，很快就画完了我带去的一整本 30 页的画本。为了鼓励他继续多多创作，我和坚果爸爸特意在紧凑的行程中辟出宝贵的时间，在人生地不熟的异国他乡终于找到一家文具店，给他买来新的画本。当我们返程的时候，新的画本也很快被坚果画满了。

在去往奈良的近铁上，4岁半的坚果正聚精会神地"画"着日记。因为听妈妈说还要好久才能到站，所以坚果便拿出画本垫在腿上写写画画。他画得那么认真，完全不知道对面的叔叔、阿姨以及邻座的老奶奶都在亲切、善意地望着他。

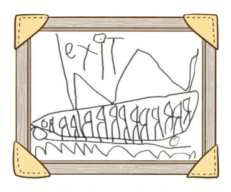

近铁上所见　坚果4岁半

他不仅将眼前看到的拥挤的列车画下来，还将近处的草丛、远处连绵的山脉画下来，并且按照之前的观察为列车画上了轨道。他在空白处写下了大大的"exit"，想必是刚才在列车站台看到的吧。在字母"i"的上方，他用一个小圆圈圈住了小黑点，得意地说："这是我设计的字母。"我很是惊喜，忽而想到刚才来时的路两侧，仿佛看到过类似的广告设计，于是恍然大悟。旅途中，只要有一双乐于发现的眼睛，处处都会有惊喜。

每每回想起这件事，我都很庆幸我们当时及时给孩子补充了画本，这才留下了这么多张宝贵的画作。我们很清楚，对孩子来说，他未来会有很多机会可以再次来到这座城市，但彼时非此时，下一次再来到这里，却不会再有他这个年纪的感受了。

几支画笔，随身一个小画本，随时记录转瞬即逝的灵感，这几乎是每一位艺术家都会去做的事情。而我们的孩子，同样可以用这样的方式，记录下自己的所思所想，就像写下一篇日记或是随笔那样，思绪流畅而自然。尤其是当孩子年纪还小，尚不能掌握文字的书写时，用画画的方式表达情感就显得更为重要了。

3）呵护孩子的创造力

在与家长的交流当中，我经常听到他们抱怨起自己的孩子不爱画画、不会画画。进一步了解之后，我发现在这些家庭中之所以有这样的问题，多数是因为家长的错误引导，孩子改变了对画画这件事的看法。爱画画是孩子的天性，但是如果家里有一位喜欢唠叨的家长，那情况就会大不一样。

我们可以先来自身审视一下，有没有过类似的做法。

比如，孩子刚开始画画，家长就急切地盘问："你画的是什么呀？"又比如，家长担心孩子画画时用颜料弄脏桌面，便时刻提醒他们注意保持整洁。这些做法都会让孩子分心，并且让孩子很难保持愉快的作画心情，他们渐渐因为担心被唠叨和责备变得小心翼翼，从而不敢自由大胆地去作画。当然，在这种影响下，孩子也会在心里面将画画看作是一件麻烦的事情，慢慢地，就越来越抗拒画画了。

再比如，一些家长看到孩子在画画，会非常"热心"。当然，这种"热心"不仅对孩子没有帮助，反而会破坏他们的创造力。因为家长是想去左右孩子的想法，甚至想去教授他们画画的技法。这样一来，孩子便觉得自己画得不对、画得不好，时间一长，就很难独立去画画了。我偶尔能够看到这样的孩子，他们画画的时候总想有家长陪在身边为自己指导，甚至每画一笔，还要向家长询问自己画得对不对、好不好。他们不像是为自己在画，而更像是为了家长在画，这样就失去了画画最重要的意义，那就是通过画画来表达自我。

还有一些孩子的家长总以"像与不像"来评价孩子的画，他们总觉得"像"是一幅好画的标准。不过在这里，我肯定地告诉大家，哪怕在专业的艺术领域里，"画得像"也绝不是一个作品成为好作品的标准。绘画的门类有多种多样，并不是画得像的、写实的画才算好画。恰恰相反，孩子小时候这种看起来"四不像"却很本真的艺术语言是非常宝贵的，这种自然、原始的状态甚至是许多艺术家穷尽一生所苦苦追寻的。正如毕加索所说，我用尽了一生才学会像孩子那样去画画。在美术学院也不乏一些优秀的艺术家，他们虽然在绘画技法上炉火纯青，但他们总是刻意避免在作品中显露出过强的技术痕迹，他们总会提醒自己要"像不会画画那样去画画"。正是因为所有的技法已经根深蒂固，只有摆脱了技巧，才会进入创作的另一个新境界。

儿童画的动人之处，在于它淋漓尽致地表达了孩子天真的直觉感知。孩子小时候这种自由作画的经历非常宝贵。待到他们 10 岁左右，对空间关系建立了更深刻的感受和理解，就能掌握科学的观察方法，来画出更为准确的透视关系。这个阶段，我想他们一定再也不愿意画这样的儿童画了。

孩子在绘画启蒙阶段拥有这种天然的优势，他们头脑中没有太多的条条框框，只是画出能让自己高兴的画，而并不会考虑到要去画出一个好的作品。他们遵从自己内心，自由地去创作。在画画这件事情当中，没有什么比自由更重要了。我们要为孩子创造宽松而自由的创造环境，让孩子在最自然、本真的状态下画出属于自己的画，也说出自己内心的话。

🌿 2. 手工制作让创造力起飞

在我看来，手工制作对孩子的成长来说，与画画有着同等重要的意义。我们见到的一些在科技竞赛中脱颖而出的科学小达人，他们在生活中都是爱动手、爱动脑筋的孩子，而且已经早早地养成了爱动手的好习惯。

不知你有没有关注过美术学院每年的毕业展览。在毕业展览上，实验艺术专业学生的作品总会受到众多人的关注。什么是实验艺术呢？这种艺术不同于美术学里的油画、版画、雕塑等传统的专业，它是用工具、材料和技术以及一定的艺术风格综合来表现的一个学科，很多时候都需要一些生物学、化学、计算机科学等学科的相关知识，是一种新兴的艺术。每年的毕业展览上我们都可以看到，实验艺术专业学生的作品里面，不仅仅有绘画的元素，而且有手工的元素、科技的元素在里面。

像这样为了实现头脑中的想法，不仅动手画，而且动手去做，对孩子的实践能力、创新能力将会是一种很好的锻炼。所以我想，我们除了培养孩子拿画笔画画，还应该鼓励他们用各种各样的美术材料、生活材料进行手工创作。

这里所说的手工，其实就是指用多种多样的画材以及拼贴材料，来做拼贴画或者是作出一些立体的创作。这种创作如果是在孩子的日记本里进行，就叫作手账。制作手账也是一种很好地将想法付诸实践的创作方式。我之前写的一本《绘学习绘生活：孩子不可错过的成长手账》里面，就为孩子们提供了一些具体的方法，帮助孩子们将绘画、手工、文字综合起来进行创作。

1）创造中变废为宝

就像在美术专业领域里面，有绘画作品、综合材料创作的作品，也有雕塑作品。我们已经知道，培养孩子的创造力，画画不是唯一的途径。孩子除了可以选择用画笔和颜料来创作，还可以选择用各种各样的美术材料，甚至是生活材料来进行创作。这里，我们可以多关注一下材料的丰富性，从油画棒、水彩、水粉、色粉、彩铅、水墨等，到我们生活中的卷纸芯、玩具包装盒、鸡蛋包装的纸壳、包装水果的塑料网，再到铁丝、毛线、纽扣等，都可以作为我们手工的材料。

因为从小就经常做手工，而且在手工里得到了很多自信和快乐，所以一直以来坚果特别喜欢手工这项活动。家里的一些废旧纸箱、玩具包装盒，甚至鸡蛋包装壳和苹果包装网袋，在丢弃之前，我都会先考虑一下有没有可能继续发挥它们的余热，在做手工的时候将它们利用起来。还有的时候，我们在拆包装盒的同时忽然来了灵感，于是就立刻做起手工来，像变魔术似的，将它变废为宝。

时间一长，家人也被我带动起来，就连孩子也不愿将废旧的纸盒直接丢掉，而是会先保管一段时间。有一次，我正要丢掉一只卷纸芯和一个空的面巾纸盒，却被坚果一把拉住，说："妈妈，我们可以把它们留下来做手工呀。"等坚果再大一些，他自己拆玩具包装的时候，如果觉得盒子完好可以用来做手工，都会跟我说一句："妈妈，这个盒子不要扔，留着下次做手工用吧。"

不经常做手工的家长和孩子，可能不容易体会到那种心情，就是当一个手工创意在头脑中灵光一现，却没有纸盒子可用的那种惋惜和难过。正是因为亲历过这种心情，所以我们家的一个角落里总是保留着一些可以用来做手工的废旧纸壳。

坚果3岁多的时候，就利用装鸡蛋的纸壳制作了一款好玩的棋。他将每一个装鸡蛋的空格当作"棋格"，用画笔将每个"棋格"装饰成不同的颜色。之后他又制作了一些棋子。他跟我讲述这款棋的玩法，就是掷出什么颜色的骰子，就要将棋子跳到什么颜色的"棋格"里面。

当孩子利用这些生活中熟悉的物品，亲手做出一件令自己惊喜的作品时，他们对于这件作品的喜爱程度，丝毫不亚于直接从商店里购买的新玩具。生活中的一些好玩的材料，在孩子的眼里，同样是玩具。

前一段时间，因为一本美育书的出版，我去出版社和几位编辑老师见面。其中一位编辑老师，也是一位年轻的妈妈，她看到我便开心地向我展示她办公桌上的好几只卷纸芯。她说正是受到了这本书的启发，现在她连单位换下的废弃卷纸芯都会保留着，以备回到家里带孩子做手工之需。她还说："现在我们家有什么废弃的东西，都不是一下子就扔掉。而是扔掉之前会想一想，这个东西可以变得更有趣么？可以在孩子做手工的时候用上吗？"我听后觉得特别欣慰。每每多一个有这样好想法的家长，我想，世界上就会多一个乐于去动手创造的孩子，他凭借一双巧手就能让生活变得更有趣。

2）独立完成很重要

让孩子独立地去完成一件手工作品，给他们充分的自由去决定各种材料的用途，有着非常重要的意义。这与孩子在一些所谓的美术培训班上，由老师带领着按照严格的工序来完成手工任务，有着很大的差别。一个是充分调动孩子自身的积极性、能动性，去创造一个绝无仅有的个性化"杰作"，一个是比葫芦画瓢，千篇一律，模仿老师不成，反而把最珍贵的童真和创意也丢掉了，个中差异，不言自明。

在孩子养成自己动手的好习惯之前，离不开家长耐心的引导。

　　许多好的想法，都是在孩子完全放松的状态下才会产生，所以我们应该多留一些时间给孩子，勿要着急催促。我们可以与孩子一起，先以最初的想法为起点去探讨："我们想要制作一件什么样的东西？""它可以由哪些部分组成？"在真正开始动手之前，我们还需要让孩子来决定制作的工序，比如让他思考："不同的部分之间是有着怎样的联系？""哪一步应该在前，哪一个工序应该在后？"这样，孩子在做手工的过程中，才能真正得到手脑的锻炼，而不是急于做出一件漂亮但是缺乏想法的手工作品。

　　在孩子进行尝试的过程中，我们要有足够的耐心，多去包容孩子的错误。有一些家长，因为追求完美，埋怨孩子没有剪裁整齐，粘贴的时候位置没有对准。他们往往不能够等到孩子独立完成作品的那一刻，一看到孩子"笨手笨脚"的样子，就立刻变成了"热锅上的蚂蚁"，甚至一气之下还会直接夺过剪刀和胶棒，代替孩子去创作。他们总是想尽一切办法，尽可能地去避免孩子犯错，殊不知，越是这样，孩子越没有机会去练习，孩子的动手能力就越得不到进步。

　　另外，孩子的手工作品制作出来，家长切勿过度关注成品的完美度。我们常说，做一件事情要享受其过程，不能太关注结果。很多家长都知道这个道理，但是在实际的育儿过程中，却会犯这样的错误。一旦孩子感觉到家长对结果的关注，他们就会受到影响，不敢放开手脚大胆去创造。家长要以身作则在先，不管我们自己擅不擅长手工制作，都要全心地投入并享受其中，与孩子一起大胆探索，一起去想办法解决遇到的问题。当孩子看到我们如此认真、努力地投入手头的创作，也会学着我们专注的样子一并投入其中。

　　培养孩子的独立动手能力，可以从小抓起。在坚果 3 岁左右的时候，我就让他独立承担起手工创作中的一部分工作：比如粘贴之前涂胶棒的工作，撕双面胶和粘双面胶的工作，或是将两个部分粘合起来的工作等。尤其是撕双面胶这个环节，我认为很好地锻炼了坚果的手眼协调能力，也促进了他手部精细动作能力的发展。我也会让他用儿童安全剪刀进行一些简单的裁剪工作，由于那时他年纪还小，所以剪得非常慢，我也尽量克制住自己，不去催促。

通过一段时间的锻炼，坚果渐渐地能将纸壳剪成圆角，还能够主动提议用牛奶吸管来制作转盘模型中的转动轴。到现在，他已经能独立承担图形的设计和硬纸壳的剪裁工作了。手工制作过程中这每一个可喜的进步，都可以算作是见证他成长的小小里程碑。

想要培养孩子独立动手固然没错，不过也应该视具体情况酌情变通。这是一个循序渐进的过程，我们不可能期待孩子只做一次手工就能将纸剪裁得整整齐齐、既准确又漂亮。在难度上，家长需逐步去提升。对于年纪较小的孩子，他们能维持专注的时间有限，如果交代的裁剪任务过多，他们迟迟不能完成，就会影响整个手工制作的进程，甚至容易半途放弃。所以这个时候，家长可以适当地帮助他们分担一些裁剪和粘贴工作，避免这些环节耗时太久，让孩子过早对手工制作失去耐心。

总而言之，如果我们想培养有创造力的孩子，就不要过多地干涉孩子画什么样的画、做什么样的手工。我们唯一要做的就是给他们自由发挥的空间，去激发、去保护他们的创作力、想象力，而不是给他们限定范围。孩子心中有想法、有创意，通过绘画、手工制作的方式展现出来，家长进而通过这些作品去读懂孩子、鼓励孩子，这才是正确的引导方式。

🌰 3. 插上想象力的翅膀

Imagination is more important than knowledge. Knowledge is limited. Imagination encircles the world. ——阿尔伯特·爱因斯坦

想象力作为一种高级的思维能力，是在已有形象的基础上进行的联想和再创造。

迄今为止人类最伟大的物理学家之一阿尔伯特·爱因斯坦用创造性的想象刷新了人们对整个世界的认知，他创立了相对论，完美地解释了光电效应，为量子理论奠定了基础。当人们称赞他知识渊博的时候，他却说：想象力比知识更重要。

想象力需要后天的培养。孩子的想象力不是凭空而来，而是源于观察、交流、阅读和思考。培养孩子从小拥有好的想象力，关系到孩子的一生。好的想象力，能帮助孩子从文字、音乐、图画中"读"到更丰富的内涵，从而获得更多的知识。好的想象力，能够点燃孩子的创造力，为他们打开一扇梦想的大门。

如何为孩子插上想象力的翅膀？我想，家长可以从以下这几个方面做起来。

⊙ 生活实践是想象力的土壤

一个知识贫瘠、生活经验匮乏的人很难有好的想象力。生活实践是想象力的土壤。孩子从小多接触大自然，多参观名胜古迹，多去体会各种各样的生活，哪怕是体察人们各种各样的表情都对他的想象力很有益处。因为生活中所有的观察和实践都是在为孩子的想象力积累素材。

生活中看似平凡无奇的场景，都可以滋养孩子的想象力。我有时会和孩子一起蹲在池塘边认真地看几只野鸭游过，看它们身后拖着像彗星一样长长的"水"的尾巴。我们还在阳光下注视着自己身体形成的影子，我们摆弄着身躯，影子变成了一块随意任我们摆布的"橡皮泥"。生活教会孩子许多"有用"的东西，同时也会将一些看似"无用"的东西一并教给他。

这是坚果 5 岁和 6 岁时画的一些小画，记录了他的观察，以及由观察萌生出的一些想象。这里有酷似鳄鱼的短剑，有像车轮一样的蘑菇，有像蜗牛壳一样的紫甘蓝，还有酷似月亮的牛角面包。

像鳄鱼一样的短剑

像车轮一样的蘑菇

像蜗牛壳一样的紫甘蓝切面　　　　　　像月亮一样的牛角包

让孩子根据眼前的事物进行联想，建立起一个事物与另一个事物之间的联系，是锻炼孩子想象力的一种常用方法。比如，看到圆圆的造型，孩子能联想到足球、篮球、西瓜、地球仪等；看到三角形的粽子能够想起小山包、帐篷等，这都是基于视觉造型的一些联想。另外，还可以基于嗅觉、触觉等产生联想，比如闻到青草的气息就能想到春天，摸到毛茸茸的小动物想到了家的温暖等。这所有的想象，都建立在对事物的了解之上，倘若孩子没有玩过足球、篮球，没有吃过西瓜，没有摸过地球仪，没有见到过小山包、帐篷，没有感受过春天和家的温暖，这些联想便失去了源头。

想象力不是幻想，不能脱离生活，它需要根植于孩子的知识和经验，才能开出美丽的花。

⊙ 文字与想象力培养

有想象力的孩子，通常可以从文字中"读"到更多的信息。

坚果喜欢反复读一篇捷克文学家卡雷尔·恰佩克所写的《呵呵哈哈就诊记》，原因就是里面的文字能唤起他各种有趣的联想。比如文中的这一句："一天，一位病人来我的诊所里看病，他围着一条破旧的围巾，嘴巴大到从左耳朵开到了右耳朵。"每次读到这里，他都乐不可支。只见他暂停起身，走到镜子前对着镜子也摆弄自己的嘴巴，然后哈哈大笑说："那样的嘴巴也太大了吧！"有了这想象力来"加料"，孩子对文字的感受也更加形象、深刻。精彩的语言文字能唤起孩子脑中丰富的想象力。

孩子读诗的时候也离不开丰富的想象力。正因为诗歌的字数非常有限，所以若想在简练的诗句中领悟到诗人丰沛的思想情感，需要靠想象力来填补。

比如在理解唐代诗人王勃的《送杜少府之任蜀州》中"海内存知己，天涯若比邻"这句唐诗的时候，我会提醒坚果想一想与幼儿园好朋友分别时的情景，虽然与儿时的好友分别升入了不同的小学，各自开始了新的学习生活，但友情是不受时间和空间限制的，虽然远离彼此，但也如同近处的邻里一样。更何况现在网络、交通这样发达，一通视频电话或者是周末约着一起玩耍都很容易实现。想到这里，坚果对诗的最后一句"无为在歧路，儿女共沾巾"也自然能够理解了：既然这种友情不会轻易改变，那就不要在分别的时候彼此落泪了。整首诗短短的四十个字，却像是一幅意味深长的画作，让人品味出深厚的情谊。

⊙ 绘本与想象力培养

通过文字来想象故事的画面、诗歌的意境，对于较小的孩子来说，还是有一定难度的。因为这种从文字到画面的想象，需要孩子首先有充足的知识储备和经验。

那么对于年纪较小的孩子，怎样去培养他们的想象力呢？我想绘本就是一个好的启蒙工具。当孩子还小，知识和生活经验不多时，绘本可以丰富孩子的想象力。

在孩子最初的阅读中，他们通过"读图"的方式来看书。给孩子看的绘本，插图的品质非常重要。被誉为"日本图画书之父"的松居直先生就曾这样说："插画的品质会左右孩子的想象力。"优秀的绘本，可以为孩子提供一个广阔的想象空间，孩子们得以跟上作者的节奏尽情畅想。即使这些绘本里有一些不认识的文字，孩子们照样能够通过"读图"将故事猜得八九不离十。相反，不那么好的绘本却有可能因为文字、插图的不当表述和表现，框定了他们的思维，束缚了孩子对故事的想象。

选择哪些主题的绘本比较好呢？在为孩子挑选绘本的时候，首先我们可以去选择一些取材于孩子日常生活的绘本，这样孩子能够从中找到共鸣，联想到自己的生活。同时，也可以为孩子选择拟人化小动物的故事，满足他们对小动物的天真想象，呵护他们心中的童趣。另外，我们还要适当选择一些天马行空的幻想故事，让孩子的想象力自由飞翔。

除了翻看绘本之外，让孩子对喜爱的绘本故事进行改编或者续编，也是一种启发孩子想象力的好方法。伴随着他们天马行空、毫不拘束的大胆联想，绘本里一些熟悉的角色完全可以拥有另一个版本的不同寻常的经历。编完故事之后，还可以让他们将自己的故事画下来，不仅锻炼了孩子的头脑而且锻炼了小手，想象力和创造力也被激发出来了。

02　审美是一种教养

1. 给孩子一双懂美的眼睛

我们通常所说的美感，也就是这种审美情感，是人类所特有的，也是我们人区别于动物的根本标志。早在人类生活的最初阶段，也就是原始社会，就已经出现了雕塑艺术：那时候的人们为鸟、兽、人体等塑像。在公元前3 000多年，也就是距今约5 000年以前，人们的服饰、武器和马具上就有青铜、金、银制成的装饰品。我们在博物馆里经常能够看到，一些古代的花瓶上描绘着各种各样的生活场景以及战争场面。

我们的祖先早就拥有了审美的能力，但这并不是说，孩子的审美能力可以自然而然地形成。我们需要通过一系列的美育活动来陶冶孩子的情操、培养他们的审美。一方面，孩子在学校老师的带领下会进行一些美育活动；另一方面，孩子应该在家庭中接受更多的美育培养。尤其是对于那些年纪还小、尚未入学的孩子来说，美育培养主要来源就是家庭。

父母要多与孩子一起捕捉生活中的美。美就在身边，如果我们不善于发现美，即使是被美好的东西包围，我们也能可能视而不见。培养孩子审美，就要让孩子多看美的东西，多创造机会让他们去感受美的东西。

美，能唤起人们内心善良的情感，比如同情心、对大自然的敬畏之心以及爱。对美的欣赏，可以提升一个人的修养。我们要避免将孩子培养成那种虽然拥有很高学识，却对"美"一无所知的"美盲"。吴冠中先生很早就说过："今天中国的文盲不多了，多的是美盲"。然而当下"美盲"仍不在少数。这是非常可怕的。为什么呢？"美盲"不仅不具备审美力，而且多对生活品质没有追求，内心世界也常常空虚、荒芜。这是无论多少金钱和物质都无法弥补的，因为人们匮乏的不是物质，而是精神。所以，审美不仅仅是传授知识，更是启迪人的智慧，帮助我们在生活中追求一种精神上的富足，活得更加优雅而得体。

1）什么是美？

首先我想问大家一个问题："漂亮"是不是"美"呢？

我肯定地告诉大家，"漂亮"并不是"美"。这显得有些咬文嚼字，但是在美术专业领域，"漂亮"和"美"是完全不同的两个词汇。如果美院的老师评价一个学生的作业"漂亮"，那基本就是给了一个不及格的分数。

那么什么是"美"呢？

法国拉斯科洞窟的壁画是美的，威伦道夫的维纳斯是美的，我国汉代的画像石和画像砖也是美的。鲁本斯笔下的华美和浪漫是美的，雷诺阿笔下的甜美和柔软也是美的。当然，悲剧性的美术作品同样可能是"美"的，但它们并不见得是"漂亮"的。比如，丢勒笔下饱经沧桑的老母亲是美的，法国画家库尔贝笔下悲惨的人民也是美的。不漂亮但美的作品，丝毫无损它的伟大，反倒是单单美而不漂亮的作品，往往显得庸俗。"美"来源于生活，又高于生活。"美"的艺术总能给人们内心留下深刻的感动。与"美"不同，漂亮只是视觉层面浅显的感受。

我们可以来了解一下美术学院是如何提升学生审美能力。几乎所有的美院教师都会在学生刚入校的时候，向他们强调欣赏艺术大师作品、临摹艺术大师作品的重要性。他们口中所谓"美"的艺术，无一不是经历了历史长河的洗刷、接受过艺术史洗礼之后最终沉淀下来，在人类悠久文明中熠熠生辉的艺术。他们知道，只有这样的艺术，才能够长久不衰地盛开在艺术史的长河，被一代又一代后世子孙奉为艺术中的瑰宝。美院的教师希望他们的学生只接触最好的艺术，也就是艺术中的精华。因为教师们都懂得一个道理，那就是孔子所言，"取乎其上，得乎其中；取乎其中，得乎其下；取乎其下，则无所得矣"。

这样说来，满大街的广告牌、粗制滥造的绘本，甚至是配色刺眼的贴纸和简笔画书，无一不是在破坏孩子的审美。我们只有让孩子看到那些"真正的美"，才能让他们对于美的感觉更加宽广、深刻，而非一直停留在世俗美的层面上。

2）美从哪里来?

让孩子从小拥有一双懂美的眼睛，我们作为孩子的"第一任老师"——父母，其实大有可为。在这个过程中，我们需要引导孩子去发现"美"，用"美"的事物陶冶孩子的情操。

"美"从哪里来？无论是投身于大自然的怀抱，还是欣赏我们人类伟大的艺术杰作，都可以遇见"美"。

让孩子亲近大自然，可以提升他们感受美的能力。每次带孩子旅行的途中，我都会引导他去欣赏大自然的美景，比如青翠的树叶、明媚的阳光，还有造型多变的白云，甚至是脱落的树皮。有时候我们还会捡几片落叶带回家，制作成标本。慢慢地，孩子也学会自觉地去发现美。有时候，他会一边欢呼一边指给我们看，"看，这一片树叶很有意思"，或者"看，今天的天空很漂亮"等。

眼是手之师。当孩子能够主动去寻找美、发现美、欣赏美，他们进而学会去创造美。多少次，孩子并没有止于欣赏眼前的美景，而是选择立刻拿起画笔将眼前的美景画下来，以再创造的方式将看到的美景定格在画纸之上。除了用画画的方式创造，还可以尝试着在美景中与孩子一起口头作文，描述眼前的美景，表达此时此刻的内心感受。

审美不是教出来的。除了亲近大自然中的美，父母还要让孩子多看好的艺术作品。通过画家的眼睛，孩子能够看到之前所未留意到的美。孩子在好的艺术作品中可以轻松打开艺术的门径，去感受画家的情绪，去捕捉画面中不同的色彩、光影。欣赏艺术美的过程中，孩子内心萌生的愉悦之感，将是对他一生非常有益的体验。

眼下一些美术培训班反其道而行之，不是教孩子去感知艺术，而是花费很大的精力教孩子们如何画得更像，如何能够顺利考级。当艺术熏陶变为紧贴考点的技法培训，孩子又如何有机会去感受艺术真正的美，进而体会生活之美呢？

培养审美，是一项大量、细致、巧妙的工作，绝非急于求成可以练就。这是一个从量变到质变、水到则渠成的过程。我相信，孩子从小接触过的所有那些美好的事物，都会在孩子心中生根发芽，最终化作他对美的热爱、对品味的追求。无论我们的孩子将来在哪一个地域发展、做着什么样的工作，这种美都能浸润着他的内心，显露在他的脸上，在他的生命中发光发亮。

🌱 2. 遇见艺术大师

美术史上有众多的艺术大师，哪些艺术大师的作品更适合给孩子做艺术启蒙呢？

有这样一些艺术大师，他们是从儿童画那里得到的灵感和启发，比如充满童趣的艺术大师米罗、营造童话般幻想的艺术大师夏加尔、立体主义大师毕加索等。另外，还有马蒂斯的剪纸艺术、康定斯基的抽象画、安迪·沃霍尔的波普艺术等。另外我们中国的绘画大师，比如说吴冠中先生，他的许多作品也都适合给孩子做艺术启蒙之用。

如果是年纪比较小的孩子，可以选择一些主题明快、造型简洁的名画给他们欣赏。比如米罗、保罗克利、康定斯基这几位画家，他们的作品经常是用一些简单的几何形状来创作的，孩子可以根据这些抽象符号来自由想象。再大一点的孩子，可以给他们观看有简单场景的画，随着他们年纪增长，选择的绘画主题和场景可以越来越复杂。生活写实画和风景画是比较容易看懂的，所以它们适合给各个年龄段的孩子观赏。艺术是人类通用的语言，在艺术的领域里人们不分国界，也不论年龄长幼，好的艺术可以打动人的心灵。

1）怎样带孩子看名画

在带孩子看名画这件事上，一些家长认为，连许多大人都没办法看懂的艺术，孩子怎么能看懂呢，他们认为："孩子这么小，他能明白什么啊！"还有一些家长认为"有这些时间，还不如让孩子多读几篇英语文章，多算几道奥数题。"我无论如何也不能同意这些观点，一想到有些父母在孩子小的时候，没能给他们创造足够的机会去亲近艺术，便徒生惋惜。

还有一些家长，他们虽然自己不懂艺术，却希望孩子能懂得艺术。父母有这样的意识是很好的，可是由于不得艺术启蒙的要领，他们带孩子看名画的时候，总是想方设法要孩子背出画作的名称、画家的名字或者画家所属的流派才善罢甘休。这种"简单粗暴"的方法与提升孩子审美的目标"南辕北辙"：它将原本能提升孩子精神生活品质、触碰孩子内心情感的艺术修养课，变成了干巴巴的、死记硬背的说教，这不仅不会给孩子留下任何持久的印象，还会激起他们心中的厌烦，使他们误解了艺术。

有的孩子看画，只是目光从画面上一掠而过，有的孩子看画却能够仔细观察画面中的每一处细节。后者更像是在欣赏艺术品，因为只有先做到仔细观察，才能慢慢地学会感知，进而理解一幅好画。在欣赏名画的过程中，那些懂得观察的孩子渐渐会发现，一些我们生活中司空见惯的事物，都能在画家笔下展现出我们未曾看到过的"新"美。

大一点的孩子，可以引导他们体会并思考画面上的光影。比如，有的画面表现的是日出时的景象，只见画作上晨光熹微，太阳刚刚透过来几丝光亮；有的画面表现的则是正午烈日当头的景象，画作上刺眼的光线，仿佛让人难以睁开双眼；还有的画面表现出日落的情景，只见太阳渐渐落下，被一片深蓝色笼罩。透过这些不同的画面，孩子能够将艺术家的心境体会得细致入微。另外，我们还可以引导孩子去留意画作的颜色以及色调上的差别，比如有的画作有着丰富的饱和度，而有的画作却是满眼的高级灰，就像是被雾气笼罩接下来，我以凡·高的作品为例，进一步说明应该怎样带孩子去欣赏名画。这几幅凡·高的画作主题相似，描绘的都是麦田的风光，或是麦田里劳作的景象。刚刚接触这些作品时，可以给孩子留出充足的时间让他们自己观赏，不予讲解，先听听孩子怎么说。

《普罗旺斯的收获》　　　　　　　《麦田里的收割者》

《农田和犁田者》　　　　　　《午睡》　　　　　　《绑干草的农妇》

我们以《普罗旺斯的收获》这幅作品为例。

孩子可能会说，"我看到了蓝色和黄色"。我们便可以接着聊聊颜色的事情，比如："那么，画上面大片的黄色给了你什么样的感觉？"

如果孩子回答说："我看到了一片麦田。"我们可以接着启发他们："那么，你觉得这是什么样的季节？"

想要问出好问题，当然不应该仅仅停留在让孩子数一数"这里有几个草垛""那里有几个人"这样浅显又无聊的问题，而是应该引导孩子带着自己的感受，去体会画家在作品中想要表达的深层面的情感。我们要引导孩子思考一些开放式的问题，而不是只需要回答"是"与"否"的封闭式问题。开放式的问题能让孩子多去表达他们的想法，而封闭式问题会将孩子锚定在有限的选择之内。

黄色的麦田经常出现在艺术大师凡·高的画作里，有时候是作为画面的主体出现，有时候是作为背景出现。我们可以先让孩子逐一欣赏这几幅画作，之后再将这些画作放在一起进行比较，让孩子说一说感受。我们可以引导孩子从题材、场景、人物造型以及用色上去观察和思考。比如这几幅画作中有的描述的是正午，有的描述的是傍晚，有的描述的是丰收的情景，有的描述的是播种和耕作的情景，画面上的人物，有的在惬意地午睡，有的正在辛勤地劳作等。

欣赏完毕后，可以建议孩子"临摹"一幅大师的画作。为什么这里的临摹加了引号呢？因为这并非严格意义上的临摹。孩子画得不像、画得不准很正常，关键是要用自己的语言表达出对这件作品的感受，画出名画与自己之间的联系。

对于学龄前后的孩子，每次鉴赏名画，如果是不同作者的作品，通常一次欣赏 4 ～ 5 幅即可，不宜过多。我们应该多留些时间让他们去观赏，并就一些画上的细节或者感受充分地去聊一聊。如果是同一位大师的名作，可以为孩子再多准备几幅，带孩子一起找出这位艺术家的绘画特点，去归纳和感受。

2）大师的艺术在哪里

⊙ 博物馆

与名画的高清复制品相比，博物馆和美术馆里面珍藏的名作原画，永远是最好的教材。如果想带孩子一睹中华文明的艺术瑰宝，我们不妨多带孩子跑几趟故宫、国家博物馆以及各省市的博物馆。你又会问，那么一些西方艺术大师的名作呢，我们总不能带孩子打个"飞的"去看吧？当然不用。想看西方名家的画作，需要多多关注国内博物馆、美术馆的展览讯息，一些知名的博物馆、美术馆经常会引进一些国际上的优秀展览，有时也会将国际知名博物馆、美术馆的馆藏作品"请"到中国来展览。

比如在 2014 年，也就是中法建交 50 周年之际，法国卢浮宫、奥赛、蓬皮杜、凡尔赛、毕加索等 5 家知名博物馆联袂亮相国家博物馆，为国人带来了雷诺阿、毕加索、费尔南德·莱热、苏拉热等多位大师的艺术真迹。2018 年的时候，清华大学艺术博物馆引进了日本东京富士美术馆的馆藏精品，我们可以一睹安格尔、德拉克洛瓦、莫奈、塞尚、凡·高、毕加索等一系列艺术大师的画作。2019 年年底，中捷建交 70 周年之际，国家大剧院展出了捷克著名艺术大师穆夏的画作。只要我们多关注相关展讯，每一年都会有许多这样促进国际文化交流的艺术展览，让我们得以近距离感受世界级艺术大师的风采。

让孩子亲近博物馆、美术馆，对于培养孩子高尚的审美情趣极为重要。在博物馆美育方面，我们不得不说，国外比我们起步更早、做得更好。英国政府很早就发布了"课堂之外"的学习宣言，并声明"学生除了学校必修课程外，还有大量的知识要在课外学习"。法国卢浮宫的前任馆长，每年最重要的一件事就是给年轻的妈妈们写手册，告诉她们怎么样培养小朋友去参观博物馆的兴趣。日本也提出了博物馆终身教育的理念，并于较早的时候就将青少年教育作为博物馆教育的核心内容。

一些著名的博物馆、美术馆，往往有着更加完善的儿童服务。比如有一次我们去奥地利林茨的 Lentos Kunstmuseum（兰多斯艺术博物馆），坚果在艺术大师席勒的真迹面前忽而起了贪玩之心，非要到楼下的纪念品商店再看一眼，这时候，一位满头白发的工作人员老奶奶，像变戏法一样给孩子递来了一小筐玩具。这一贴心的举动将我们温暖到，不仅让孩子对这里萌生了更多好感，而且对于想要继续安安静静看展的孩子父母来说，真的是雪中送炭。

近几年来，伴随着国内的美育热潮，我们的博物馆、美术馆里也经常会出现令人欣慰、欢喜的画面。我看到了越来越多的孩子周末和父母一起泡在博物馆、美术馆里，他们将拓宽艺术眼界看作是成长中不可或缺的部分。在工作日下午三四点钟的博物馆、美术馆里，我还经常看到穿着校服的孩子，他们愿意用放学后的宝贵时间来这里看一看。

我也亲身感受到我们国家的博物馆、美术馆对孩子越来越"友好"。首先，博物馆、美术馆通常会给孩子优惠的票价政策，欢迎他们来看展。其次，孩子如今能够得到场馆方面更多的理解和包容——大多数的场馆也都渐渐允许孩子坐在名作前面近距离欣赏、临摹作画。另外，越来越多的展览会专门去考虑孩子这一群体的观展体验，比如为孩子印制一些卡通版导览图，向孩子发放一些展览周边的小纪念品，或是在展区设立一些互动的艺术体验装置，又或者是为观展后的孩子举办创意活动等。我认为这些都有助于让孩子观展时更加轻松、愉快、有所收获，也提升博物馆、美术馆在孩子心目中的好感。

我第一次带坚果看展览，是在他两岁的时候，那个时候与其说是我带他来看展，不如说是他陪我来看展。这次展览虽然没有豪华的艺术家阵容，但是因为这是离家最近的一个美术馆，只有十几分钟的车程，所以我毫不犹豫带他来了这里。也许是孩子来到一个全新的环境感觉新鲜，他全程都没有哭闹，虽然也没有时时刻刻在看画，但我仍然认为这是一次重要的开端。自从有了这次经历，我们看展的步伐就再也没有停下。一直到现在，我们走遍了北京几乎所有的美术馆、博物馆，并且还成为一些展馆的常客、会员。我们的足迹越来越远，从国内一直走到了国外。每一次踏上旅途，我们都会将当地的博物馆、美术馆作为行程中重要的一站。通常来说，我们会为一处博物馆留出一整天的时间，由于规划的时间很充裕，所以杜绝了"走马观花""到此一游"的"打卡式"看展。

博物馆和美术馆里的艺术，绝不应该被我们奉于神龛之上，成为"高高在上"的艺术。我从坚果很小的时候便告诉他，这些挂在墙上的画，其实都是艺术家在表达他们作为一个普通人的情感。我还对坚果说："你可以把这里当作我们家的'客厅'，想看画了，我们随时可以过来，很方便的。"我们真的会这样做，遇到难得的展览，我会带他去看上第二遍、第三遍。

看展的时候，放松的心态很重要，家长要放松，孩子才更容易放松，放下了压力才会觉得博物馆、美术馆更亲近，才更容易获得一些之前从未留意过的新发现。比如，第一次去博物馆、美术馆的小朋友会觉得这里"神秘"，搞不清楚来由，家长就可以跟孩子这样介绍：博物馆就是艺术作品的家，馆长负责收集这些作品，馆长和工作人员共同照料这些作品，还有一些讲解人员，他们的介绍可以让更多的人认识这些作品。当孩子知道博物馆、美术馆是怎样运营的，那么当他们真正走进场馆，就不会那么陌生了。

博物馆、美术馆这所大学校，是一本活着的百科全书，它是对所有的人开放的，是实现终身教育的一个非常重要的场所，甚至与学校的教育同等重要。

⊙ 画册

看展览，看原作，一定是最好的接受艺术熏陶的方式。但是，现实生活中我们往往没有那么多时间经常去博物馆看展。尤其是上了小学、中学的孩子，课业比较重，周末还有一些补习班，再加上博物馆如果离家很远，那经常去博物馆看展览就不太现实。针对这种情况，我们就可以选择足不出户的看画的方法，那就是看画册。

我们平时可以在家里摆放一些高质量的、清晰的名家画册。为什么要买这个高质量的画册呢？因为有些画册对原作的颜色还原度不好，会跟原作的感觉差很多。一些专业美术出版社出版的名家画册，能够将原作的色彩高质量地还原出来。但是，几乎没有出版社能将还原度控制在百分之百。不仅仅是色彩方面，原作的尺幅所带来的视觉感受，以及画家在作画时留下的笔触细节，也是我们单凭看图片所无法感受到的。这就是为什么专业的艺术人士即使已经对各种版本的名作印刷品烂熟于胸，仍然要亲自去看展览，一睹原作真容。

不过，正规出版社的高清印刷品足以胜任为孩子做艺术启蒙用书的角色。除了在书店购买，家长也可以在带孩子看完展览之后，在场馆内的纪念品商店购买。如果孩子非常喜欢一位艺术家的作品，对当天的观展意犹未尽，那么这本画册刚好能让孩子不必在人山人海的场馆内承受拥挤，在家就能欣赏个够。又比如疫情期间，博物馆、美术馆都关闭了，但是有了画册，我们就可以带孩子继续迈开欣赏名画的脚步。我买了许多大师名作的图册，并将这些画作张贴到家里的各个墙面上，让孩子在家里从容地欣赏艺术的精华。

⊙ 线上博物馆

想要欣赏艺术大师的画作，我这里还有更为便捷的方法提供给大家，就是利用网络资源或者通过 App，为孩子找到一些高质量的素材，足不出户就可以带孩子欣赏名家名作。

一些著名的博物馆都有自己的博物馆 App。国内的博物馆，比如故宫博物院、中国国家博物馆、首都博物馆、苏州博物馆、秦始皇兵马俑博物馆、台北故宫博物院等；国外的，比如大英博物馆、卢浮宫、梵蒂冈博物馆、大都会艺术博物馆、意大利乌菲兹美术馆、阿姆斯特丹国家美术馆等，都有自己的网络平台。

这些 App 会对画作的名称、年代、材料进行介绍，而且大多数的 App 也能根据艺术家的名称来进行搜索。有些博物馆 App 会对每一幅展品进行详细的介绍，比如这幅画是哪个画家在什么年代画的、作画的材料是什么、画作的主题是什么、背景如何、表达画家了什么样的情感等。有的博物馆 App 并不会进行这么细致的介绍，只是标出了画作名称、画家、年份和使用的材料。我们以上所列举的一些国外美术馆 App，大多都是这样比较简洁的版本，没有太多赏析，而且大都是英文版本的。不过即使是这样，不懂英语的家长也不用担心，因为它们的操作界面通常都设计得非常简易、友好，让人一看就明白。零艺术基础的家长也不必担心读不懂画作，因为绘画是世界性的语言，最关键的是看画，而不是看文字导览。

3. 绘本中的文化艺术之旅

好的绘本除了有精彩动人的故事，还少不了插画师们精心绘制的图画。它不仅能够启迪孩子的认知，还能培养孩子的想象力、创造力和审美力。前面我们已经讲到了如何使用绘本来放飞孩子的想象力、创造力。这一小节我们着重来讲解一下怎样利用绘本来开阔孩子的艺术视野。

每当孩子打开一本优秀的绘本，他们都开启了一段美妙的视觉之旅。经常为孩子购买绘本的家长应该知道，市面上有各种各样不同风格的绘本，它们都是艺术家根据故事内容的需要，选择不同的绘画材料，用不同的绘画手法所创作的。尤其是绘本的封面，通常能够很好地体现这本绘本的风格。有的绘本是艺术家用彩色铅笔绘制而成的，营造出故事温馨而柔美的感觉；有的绘本是艺术家使用彩色纸片拼接而成的，人物造型简单可爱，故事有趣而且深入人心；有的绘本是用厚重的油画颜料绘制而成的，色泽鲜艳，有着很强的表现力；有的绘本是用水彩颜料画成的，配合着深情的故事，创造出一种梦境中的感觉；还有的绘本是用色粉涂抹而成的，画面朦胧，意味深远，唤起了小读者内心的柔软；还有另外一些绘本是用剪纸、版画的方式创作而成，简单的几种颜色却营造出令人震撼的画面冲击，直指人心。每次站在摆满绘本的书架前，我都觉得自己面对的是一座综合艺术馆，里面有各种风格的艺术，每一本绘本仿佛都在招手："快来选我吧，快来选我吧！"

下面这幅图片，是我从家里的书架上精心挑选的 6 本绘本，希望大家能够对以上所说的绘本风格有一些直观上的感受。上排的 3 本绘本，封面颜色鲜艳，运用了对比色，里面的故事也如同它们的色彩一般，有较为激烈的故事冲突。与上排的 3 本相比，下排的 3 本绘本，颜色素雅，彰显意境之美，而其中的故事也同样意味深长。我们完全不必去评判哪一本绘本更好，而是尽可能地让孩子多了解不同的故事类型、不同的艺术呈现方式，就像我们很难说真实生活中的哪一种情绪更重要，时而欢乐，时而平静，时而古灵精怪，时而深沉，每一种姿态都有它存在的意义。

从这个角度上讲，经常阅读各种风格的绘本，能够拓宽孩子的艺术视野，唤起他们对绘画的兴趣，给他们带来乐趣。所以，当家长在挑选绘本的时候，要尽量买一些不同风格类型的绘本，不要因为家长的个人喜好，切断了孩子去接触、去认识不同艺术风格的通路。我们要尽可能多地让孩子体会不同绘画材料所带来的画面感受，让他们看到使用多种绘画材料进行创作的可能性。

这里我有一点想提醒各位父母，就是我们一定不能让读绘本这样一件轻松愉快的事情变得急功近利。有一些家长，他们给孩子读绘本的时候，常常绞尽脑汁想要给孩子灌输知识，他们甚至滔滔不绝地给孩子灌输忽然想到的某个知识点，直到孩子点头了、明白了，才又回到故事继续往下讲。这样的做法，孩子当然不喜欢，一来爱听的故事被打断了，二来这种单方面的填鸭式学习孩子并不买账。我们希望培养孩子阅读绘本的兴趣，可是在真正的教育情景中却背道而驰，并没有将绘本故事的趣味性放在首位。孩子阅读绘本，最首要的作用不是教给他们知识，而是带给他们快乐。

绘本的力量是潜移默化的，就像很多最好的教育都是潜移默化的，不是一蹴而就的，是需要有"量"的积累才渐渐有"质"的改变。如果有一天，长大后的孩子追忆起童年，他的记忆中能够找到这样一段美好的亲子阅读时光，那真是一种莫大的幸福。

🌱 4. 行走中的艺术课

"艺术要追随大自然的方法来创作才能获得生命、有呼吸的形态。大自然就是我的一所好学校。"——保罗·克利

除了向艺术大师学习绘画，孩子学习绘画的另外一个好老师，就是大自然。孩子们逛美术馆、博物馆，翻看艺术史画册，临摹大师的作品等，那都是在向艺术大师学习绘画。孩子们走向大自然，在大自然中将自己的观察和感受画下来，那就是在向大自然这位老师学习绘画。

大自然可以调动孩子的感官，让他们真切地感受这个世界。当他们在大自然中漫步的时候，那些感官仿佛是被激活了：鼻子可以嗅到花香与青草的气息；耳朵可以听到虫鸣和鸟叫；手握一把泥土，可以感受到大地母亲的温存、柔软；心灵可以感受到生命的平凡与伟大，他们也开始学着去敬畏生命、珍爱生命。然而，倘若没有这个过程，身处高楼林立的大城市中的孩子是无法有这么多的感受的。

在雨中，我们可以引导孩子去观察雨滴的大小，感受雨滴落在脸上的感

觉，倾听雨打落在屋檐上的声响；在风中，我们可以引导孩子观察柳枝随风飘摇的姿态和湖面上泛起的圈圈涟漪，感受风拂过面颊的清凉，聆听树叶沙沙作响。无论是严寒与酷暑，刮风与下雨，白昼与夜晚，我们都可以带孩子走入大自然。当他们建立起与自然万物的连接，便会发现自己的感官更灵通了，认知更丰富了，内心也越来越富足了。

1）写生是创作的源泉

伟大的雕塑家、绘画艺术家罗丹这样说过："单凭灵感工作，即使再聪明灵巧，总是力有未逮的。一个人无法脱离自然而创作。艺术家是自然造就的——当他理解了自然，并把它表现出来时——与其说艺术家是创造者，不如说是具有效仿自然之才情的人。"孩子的艺术创作与大自然之间的关系，其实也是同样的道理——孩子一旦脱离了自然，就很难创作出好的艺术作品。

因为深切认同这一点，所以从坚果年纪比较小的时候，我们就常常带他走向自然、观察自然、感受自然，并在大自然中进行"写生"。这里特意为"写生"二字加了引号，其实是想跟专业美术训练中所说的"写生"区分开来，这里的写生不单单指描摹自然画出"形似"的写实画作，而且包含那些因为从大自然中获得灵感而创作出来的"神似"的抽象画作。孩子们在小的时候，完全没有任何的绘画技法可言，但是透过他们天真的眼睛，我们看到了大自然中事物的"神"。

很长一段时间里，一本画本、几支画笔，是我们外出游玩的必备。我鼓励孩子将自己在大自然中看到的有趣的事物画下来。孩子充满热情地去描绘自己看到的事物，但有些时候他们并不得要领，确切地说，一开始他们并不懂得怎样去观察。这个时候，孩子最需要的不是家长给出的答案，而是家长合理的启发。比如，我会这样启发他去观察一个事物："它有什么特点？""最打动你的是哪一点？"我也会继续提醒他去深入、细致地观察："你有没有将你感兴趣的这些特点表现得很充分？""唐朝的大诗人贾岛，做一句诗都要推敲许多遍。那你认为，你这幅画还有可以继续改进的地方吗？"只要孩子每次对这几个问题认真思考，那么他画出的作品一定能够更精彩、更打动人。

下面这幅画是坚果对着一块岩石写生的画作。在他的画里，我感受到他是在认真地观察和作画，在他的眼里，一块大岩石是由许多层不同的小岩石组成的，有些是相互平行的一层层岩石，有些是整齐排列的一颗颗小石子，就像人们嘴里整齐排列的牙齿。一块毫不起眼的岩石，只要孩子用心观察也能捕捉到这么多的细节和变化，仿佛赋予了它新的生命。

另外一幅图是坚果在海洋馆看到鳐鱼后所作。画面上可以看到，为了画出鳐鱼更准确的"形"与"神"，他前前后后画了好几只鳐鱼，每一次都对上一次的画法进行了一定的修正。直到他最后画下的这一只鳐鱼，真的在"形"和"神"上与实物更加接近了，能让人不由地联想到鳐鱼"海中的燕子""笑脸鱼"的绰号。

岩层 坚果 4 岁半　　　　　　　　鳐鱼 坚果 5 岁

等到坚果再长大一些，我便引导他像一个真正的插图作者那样，对同一个造型一遍遍地刻画、精进、打磨。有一次，坚果要为他喜爱的丹麦童话故事《一只蓝眼睛的猫》配一幅插图。猫的形象哪里来？坚果想到了自己百看不厌的一本猫咪摄影画集。他找到书里那只他最为喜爱的猫咪，因为已经翻看了不知多少遍，所以这只猫咪的形象已经深深印在坚果的脑海，就像最为熟悉的一位老朋友。

第一天，坚果根据这只"猫咪朋友"的形象进行创作，为插图画下了初稿。第二天，坚果对初稿做出改进，不仅重新调整了猫咪的动作，进一步刻画了猫咪的毛发，擦出黑、灰色调，而且在猫咪脚下画出了两座高山，设定了故事发生的环境。第三天，坚果将画稿小心翼翼地"搬到"雕刻板上，他舍弃了装饰性的"两座大山"，并为猫咪设计了装饰性的图案，用印制的表现手法重新为这只"猫咪朋友"赋予了形象。插图"一只蓝眼睛的猫"就这样以全新的面貌呈现在眼前。这是童话故事中的那只"蓝眼睛的猫",同时也是坚果最最喜爱、最最熟悉的那只"猫咪朋友"。

一只蓝眼睛的猫　坚果 6 岁

　　这就是一个"简易版"的插画绘制的过程,从选定角色,到设计形象,再到画面表现,坚果经历了从描摹自然到整合思考再到自由创作的全过程。我常常跟他说,好的插画都是花很长时间画出来的,所以不要期待一次就能出好作品,要慢慢来,也许整个创作要持续好几天,甚至好几周。我想他能够理解我的说法,后来去看井上有一的书法作品展时,他一直待在影像厅,看这位老爷爷认真创作的样子,看得入神。相信他一定可以体会到一位创作者为了打磨出一幅感人的作品,认真作画、精益求精的那份心情。

　　我非常看重孩子的"观察力",因为我一直认为只要一个孩子懂得了怎样去观察事物,那么他将来早晚都创作得出好的作品,只不过在掌握绘画的技法之前,眼睛到了,"手上的功夫"却达不到。但是,如果从小不培养孩子的"观察力"，即使长大后他们掌握了绘画的技法，还是不可能画出感人的作品，因为他们的眼睛不能看到事物的本质，也就是事物的"神"。

无论是不起眼的一片树叶、一朵普通的小花，还是一颗石头、一粒松果，孩子能从大自然中找到的一切，都能成为孩子艺术创作中很好的素材。在对大自然进行深刻的观察和体验之后，孩子就可以用绘画、手工、写作的方式将自己的思考表达出来。

下面这两幅图，一幅是坚果的写生对象，一幅是坚果的写生作品。他从大自然中收集到各种形状、颜色的树叶，并从众多的树叶中挑选出自己认为最有意思的一些，将它们像研究标本那样整齐排列好。接着，坚果开始写生，他每次仔细观察一片树叶，然后将它们逐个画在画纸上。孩子并非在画里客观地描摹树叶，与写实的画作不同，这幅画在我看来，更多的像是一幅抽象画。在近距离的观察当中，他发现那片细长的树叶上有着纵向而平行的纹理，而在其他几片树叶上不仅有纵向的纹理，还有横向和斜向的纹理，他试着用不同的线条将自己对每一片树叶的感觉表达出来。这个时期的孩子作画，凭借的主要是感觉和感受，他们在画面上会不由自主地将一些自己留意到的特征、强烈的感受夸张、放大。这就是儿童画与大人画的画之间的区别，但同时也是儿童画最为可贵的地方。

收集来的叶子　　　　　　　　我眼中的叶子　坚果 6 岁

这幅小人形状的树叶画作完成于写生不久之后的一天，坚果基于之前对树叶纹理的认真观察，形成了一套自己的绘画经验，他将自己曾经探索过的树叶的纹理，融入眼前的创作中。这幅名为"叶子小人儿"的画作，就是孩子从写生的局限中跳脱出来，结合了自己的灵感，加入了自己的创意，重新创作出来的有关大自然的画作。

叶子小人儿　坚果 6 岁

创意与灵感并非虚无缥缈的"神来之笔"，而是更多地依赖于创作者平日里的积累。艺术家们深知这个道理，所以他们随时随地都忙不迭地在小本子上写写画画，这样在创作的时候就能唤起脑海中积累的素材，与眼前的事物重构、组合，创作出优秀的艺术作品。孩子在创作中也是一样，当他们将个人的创造与大自然建立起某种形式的连接，不知不觉中，自己的内在被延展了，人生的疆域也被扩大了。

2）绘画中的"格物"精神

我国宋代有许多画家将"写生"这件事情做到了极致。就拿宋代一些画山水的画家来说，他们会通过实地的写生和考察对每一种山、每一种岩石都进行仔细的观察、研究，找出描绘不同山石的"皴法"。比如，北宋画家范宽用"雨点皴"表现出北方大山的气势雄伟、岩石的坚硬和粗糙；郭熙用自创的"卷云皴"将山中的雾岚之气真实地展现出来；李唐用"斧劈皴"画出的山石就像真的是用斧头劈出来的一样。

这其实就是宋代的"格物"精神。"格物致知"最早来源于儒家经典《礼记·大学》："致知在格物。物格而后知至，知至而后意诚，意诚而后心正，心正而后身修，身修而后家齐，家齐而后国治，国治而后天下平。"宋代所崇尚的理学中，有一派就尤其注重儒家的"格物"思想。什么是"格物"呢？

"格"在古文献中有"量度""正""检"的含义，引申过来就是考究、考察或检验的意思。所以翻译过来就是，对每一件事物都用很认真、严谨的方法去分析和探究，从而对一件事物形成正确的认知。

南宋画家马远秉着这样认真的研究精神，对每一种水波的姿态进行了仔细观察和写生。在我们旁人看来别无二致的"水"，却能在他的画笔下边变换出12种姿态：时而层波叠浪，时而激荡飞溅，时而风平浪静，时而水波荡漾……

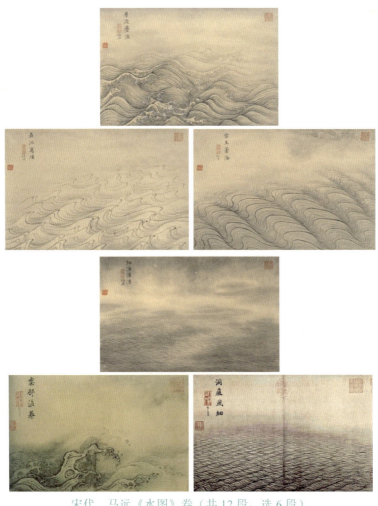

宋代　马远《水图》卷（共 12 段，选 6 段）

　　这些画家笔下的每一幅画作看起来都更像是他们观察自然、研究自然的手稿，有一种科学的精神蕴含在里面。正是因为这些画家在大自然中认真观察，并拿出做学问的态度来钻研、整理他们在大自然中的发现，宋代的绘画才得以成为中国绘画史的瑰宝，赢得全世界的赞誉。对于孩子感兴趣的事物，我们同样可以引导他们以这种归纳、整理的方式去观察、去认知。

　　有一次，坚果陪我参加社区志愿者活动，此次的活动内容是在街口人行道的红绿灯处协助管理交通。坚果像往常外出一样，随身带了画本，在等我的时候，坐在路边的小板凳上画了起来。活动结束后，我发现原来他一直在画汽车车轮，而且一连画了好几张。

在马路边观察车轮　　　　　　各种各样的车轮　坚果 4 岁半

　　这些画作的创作过程，我认为就包含了孩子对感兴趣的事物进行观察，进而对观察结果进行归纳整理的一个过程。坚果从小对汽车玩具爱不释手，也经常站在立交桥上指认各个品牌的汽车及车型，如今他能在马路边仔细地观察从面前奔驰而过的汽车车轮，完全在我的意料之中。

　　我们自认为再熟悉不过的事物，如果仔细观察，并用"格物"的精神去钻研它、描绘它，一定能够有更多新的发现。留意一下你的孩子对哪些事物感兴趣，不妨建议他像做学问一样先去收集相关的信息，观察这些事物的各种形态，然后将它们一一画在画纸上。这个过程中，孩子一定能够有一些全新的发现，他们与这些事物之间的联结也会更加紧密。

　　科学的奥秘隐藏在大自然当中。请给孩子留出充足的时间，让他们走出封闭的教室，走进公园与郊野。无论是他们仔细观察着不同叶片的形状，还是细数着一朵朵花瓣的排列生长；无论是他们用树枝搅拌着泥巴"做饭"，还是蹲在蚂蚁窝前看它们有序地搬运食物……这些看似微小的活动，都将给孩子带来有关生物学、数学、物理学、社会学等的全方位成长。大自然是给孩子的最好的教科书。

03　生活实例：小艺术家成长记

1. 小艺术家的创意手工

手工制作中，家长可以和孩子一起尽情地打开脑洞进行创意。小到一些适合摆着看的、拿在手里玩儿的手工制作，大到能让孩子钻进去玩儿的装置，只要有想法、有材料，我们就可以带着孩子一起动手做起来。

大型的手工制作有哪些呢？我们可以把废旧的大纸箱收集起来，给孩子做一个稍微大一些的模型，比如房子、汽车、坦克、城堡等。可是有些家长会说，我不擅长做手工怎么办？如今互联网这么发达，除了在搜索引擎上进行搜索，我们还可以去购物网站搜一些成品来参考。一件大的手工制作完成之后，还可以让孩子用画笔以喜欢的颜色和图案装饰，他们可以在房子上画上砖瓦，在汽车上画上轮毂和车灯，为坦克装饰上履带等，只要是孩子想到的都可以画出来。大型的手工制作需要合适的材料，多数时间可遇不可求，所以我们要留意去收集材料，如果家里买了大的家用电器，在丢弃包装箱之前可以先问问孩子，愿不愿意一起将它变身为一辆"汽车"或者一座"城堡"，我想孩子一定会心生欢喜。

我和孩子在家里常常制作手工。当然，我们也买过一些手工制作的素材包来制作，但是素材包里的创意有限，而孩子的创意是无限的，当我和孩子从生活中收集各种材料、制作手工而乐此不疲的时候，我们再也不觉得直接买来的手工素材包有任何的优势了，甚至不认为商店出售的玩具比我们亲手制作的东西更好。虽然既没有图纸，手工素材也不是现成的，但是整个创意、收集、制作的过程中，我们体会到了前所未有的乐趣和成就感。

这一件手工作品是在孩子的主动提议下，我们一起用牛奶箱制作的"邮箱"。因为这里用到的纸箱比较硬，难以裁剪，所以邮箱口的裁切由我来完成，坚果负责邮箱的设计、绘制、装饰及粘贴工作。

我的邮箱 坚果 5 岁

为什么想要制作一个"邮箱"呢？每年的圣诞节，孩子的幼儿园门口都会摆上一个大大的邮箱，每个孩子都可以带上一封写给圣诞老人的信投入信箱，他们在信里写上想要的礼物以及想要得到这件礼物的理由。当然，每一个写信的孩子最终都在家长和老师的帮助下得到了想要的礼物。也许是坚果感觉投信、拆信的环节很好玩儿，也许是他也想拥有一个神奇而又美好的邮箱，所以他不止一次地提出"想要制作一个属于自己的邮箱"。一次又一次，我们制作邮箱越来越得心应手，邮箱也做得越来越美观，功能设置也越来越齐全。

通常来讲，当孩子提出想制作这样一个手工作品的时候，其实他早已想好了怎样去设置相应的游戏。邮箱做好了，坚果邀请全家人一起写信，装在他发放的信封（红包）里，大家有秩序地排成一队，各自将信封投入邮箱里，之后由他扮演邮递员去取信和送信。

家人不约而同地选择了将信写给坚果，而坚果也为每个人都写了信。写信、寄信、送信、拆信，游戏玩了一轮又一轮，我们模拟他的好朋友给他写信，模拟着他最爱的毛绒玩具给他写信，模拟着不认识的陌生人给他写信，直到后来，我们不仅在信封里装入了信件，还附上了一些小的礼物。每次坚果打开信封都既惊讶又开心，游戏玩得不亦乐乎。

另外的一件手工制作——"会表演的盒子"，是坚果从《小猪佩奇》的动画片中得到灵感，用剪裁下来的画作、收集来的树叶以及废弃的塑料罐制作而成的。这一集的《小猪佩奇》动画片名字叫作"The Boat Pond"，坚果选择了其中佩奇和乔治将各自的小船放在小池塘里一起玩耍的这一幕情景进行手工制作。坚果先按照故事中的人物设置，将乔治和佩奇分别绘制出来。接着，他按照故事里的情节绘制道具，乔治的是一只红色的需要上弦的玩具船，佩奇的则是一只蓝色的小帆船。

绘制人物及道具　坚果 5 岁半　　　会表演的盒子　坚果 5 岁

动画片中的场景

人物、道具绘制好之后，接下来便要开始搭建故事发生的场景——池塘边的小树林。坚果比照着罐子底部的大小绘制了池塘和鸭子，将其剪裁好并固定在罐子底部，之后又将外出时收集来的树叶粘贴在池塘的周围，故事的场景就这样搭建完成了。

为了能让人物和道具按照故事情节"动起来"，我们一起想了各种方法，最终决定在瓶盖上打上小洞，用一根根绳子吊起人物和道具，穿过洞口，就像"提线木偶"那样。

"会表演的盒子"制作好了，坚果一边通过绳子来操作人物和道具，一边学着动画片里的对话表演起来。

更早的时候，坚果还制作过另外一款会表演的手工制作，就是下图中的这台"会表演节目的电视机"，与"会表演的盒子"有异曲同工之妙。

绘制表演人物　　　　　　　会表演节目的电视机　坚果 5 岁

曾有一段时间，我们几乎很少给坚果从商店里买玩具，但是不会阻拦他去看玩具，如果看上了一款心仪的玩具，我们就跟他说："我们不如先回家做一个，也许比这个更好。"坚果也很认同这种想法，也许是因为能跟妈妈一起动手制作玩具，比一个人玩玩具更具有吸引力。那段时间，也是坚果制作手工作品最多的一段时间。

商店里的玩具是大人们为孩子设计的玩具，而孩子亲自制作的玩具，更能够贴近自己的内心、契合自己的想法。一次小小的手工制作，不仅能锻炼孩子的手脑协调能力、解决困难的能力，甚至还能锻炼孩子的表达能力、组织管理能力。而更重要的是，能够将自己的创意通过做手工的方式实现出来，对孩子来说是多么有趣而又激动人心的事啊。

2. 博物馆里画画的孩子

坚果上幼儿园的时候，我有时候会在放学之前提前接他，将他带去博物馆、美术馆看展览，作为对他的奖励。他知道在工作日带他去看展意味着什么——不仅意味着那一天我会提前向老师请假，好让他提前放学去看展；也意味着展馆里人流稀少，能够更从容、细致地看画；还意味着看展之后在展馆咖啡厅他能享用一块美味的甜点。这当然让他心里乐开了花，毕竟能提前放学见到妈妈就已经是一件足够让人开心的事了，更何况还能在博物馆咖啡厅里以一块美味的甜点结束此次的博物馆之行。从那个时候开始，坚果小小的心里已经埋下了对博物馆、美术馆的向往。

随着一次次地奔赴艺术展览，我在坚果身上看到了令人欣喜的变化：他已经能够自觉地在喜爱的作品面前驻足欣赏了。如今再去看展，我们一家三口通常是兵分三路，虽然在同一个展厅之内，却各自停留在自己最喜爱的作品前，把握着自己的节奏。

通常，坚果的注意力能够在一幅画作上集中多久，完全要看他对这幅作品有多么喜爱。有一段时间，清华艺术博物馆正在举办吴冠中先生的百年诞辰艺术展——"美育人生"。这次看展我并没有提前告诉坚果，直到下午去学校接他，着实给了他一个惊喜。因为我之前给他看过吴冠中先生的作品图片，所以当我在路上跟他说今天要去看吴冠中老爷爷的展览时，他很认真地说："我知道是谁。"然后我告诉坚果，我们今天就要去那些原作面前感受一下，真正的作品跟拍摄的图片有什么不同。

一路上坚果很开心，到了场馆之后，他用实际行动表现出自己是这里的常客：先是为我带路，接着去存衣物，然后上了厕所，之后很熟练地进入展厅。我指着展览前言上面"美育人生"几个大字，跟坚果一起读出来。我简单地为他介绍了吴冠中爷爷和他100周年诞辰的事儿，然后就开始看展。坚果沿着一幅幅作品缓缓挪动脚步，每一幅作品都驻足欣赏片刻。每当这个时候，我都会放轻脚步，静静地跟在他的身后，直到他忽然转身并指给我看，"妈妈你看这一幅画多好看呀！"这幅画名叫《梯田》，只见一座座江南特有的乌黑屋顶的房屋坐落在小山和田埂之上，一层层蜿蜒的梯田在深浅沉浮中错落有致，春风拂来，梯田之间萌生了点点新绿。说完，他又慢慢地走到下一幅作品面前，平静的脸上忽然绷不住笑："这一幅画，很好玩，很搞笑。"我探身望去，这幅画上画有一只小蚱蜢，那活灵活现的样子还真是充满着童真童趣。接着，他又在一幅以麦子地为主题的作品面前驻足看了许久，遇到有别人一同在观赏，他会等到别人看完离开之后，再站到作品的正面欣赏一番。

　　然后我们来到下一个展厅，我提议坚果可以在这个展厅里选一幅自己最喜欢的作品进行临摹。坚果很赞成。他沿着展厅观赏了一整圈，然后选定了一幅画作，席地而坐。再后来，他索性将画纸铺在地面上，趴在地上作画。

坚果在博物馆临摹作品　坚果 5 岁

　　坚果画得认真，我看得也认真。我甚至没有注意到有一位和蔼的老爷爷在给我们俩拍照。看我站起身来，他便蹒跚地走过来，之后又站在坚果身后默默看他画了好久。他问我孩子多大了，说真羡慕孩子，能够在这里安心地画画。这时，博物馆的管理员阿姨也向我们走来，我担心是坐在这里画画有什么不妥，向她表示歉意，她却赶紧冲我微笑，表明并不是要制止我们在这里画画，而是单纯地对爱画画的孩子表示关切，之后也默默地站在孩子身后看他画画。

孩子的专注力和耐心是有限的，对于年纪小的孩子来说更是这样。临摹完这幅作品之后，我们又来到展厅另外一幅主题为松柏的画作面前。可是，此时坚果所有的注意力都被那面墙上安装的一个路由器吸引了去，拒绝继续临摹作品了。我看了看时间，判断基本也已经到了坚果保持专注的时间上限，于是便说："那你干脆就观察一下路由器，然后将它画下来吧。"听罢，坚果很开心地再次坐了下来，他不仅画下了这个路由器和旁边的插座，也将房顶的一个摄像头画了下来，并给它们逐个起了名字。

到了下一个展厅的时候，坚果已经完全拒绝看画和临摹了。于是我挑了几幅前一天打印在纸上的展品图片，想让他来做侦探，看看能在这个展厅找到哪几幅作品。为了让他再多点耐心看一看这些展品，我还提醒他，玩完这个游戏我们就能去博物馆商店逛一逛，也能去咖啡店点一份甜品了。他用自己所剩不多的耐心完成了这个游戏。经验告诉我，是时候该走了。必要的时候及时离开，绝不强求。这是我在带孩子一次次地看展的经历中悟出的道理。大型的展览甚至要分好几次才能看完，给孩子留一些玩耍和加餐的时间也非常有必要。

如果我们不急于求成，就不会因为专注与耐心的事情与孩子闹得不愉快。如果我们能在看展之前做足准备，就不会让一次博物馆之旅匆匆而来空空而去。如果我们在看展之后回到家能够去再次温习和梳理，就会有更多的思考与沉淀。

带上孩子一起去博物馆吧！你是否还记得上次带孩子去博物馆或者美术馆是什么时候？你们最喜欢的展览是哪一个？小朋友能否说出一两个喜爱的艺术家或者是作品的名字呢？

3. 有美的地方，就有诗歌与音乐

1）诗歌之美

说到培养孩子创造力、想象力和审美力，我们不得不提一提诗歌与音乐。我们先来说一说诗歌。

诗歌通常很注重"意境"，可谓"无意境、不诗歌"。诗歌文字不多，却大多都具有声律和意境上的美感，不仅让孩子自由地驰骋在诗人创造的广阔而又绮丽的意境当中，而且能给孩子留下充足的想象空间。孩子自由地想象着那些小鸟、青蛙、风儿可以像自己一样歌唱，太阳和月亮也有着与自己同样的情感，仿佛在诗歌里面，自己与万事万物的距离都亲近了许多。

坚果小的时候，我常给他读日本童谣诗人金子美铃的诗歌。比如这一首《草原》，她这样写道：

> 露水晶莹的草原上
> 如果光着脚走过，
> 脚一定会染得绿绿的吧。
> 一定会沾上青草的味道吧。

每每读到这句，我都会与孩子一起闭上双眼，想象着自己就是那诗人：我们走过一望无垠的草原（我提醒他可以想象之前在旅途中亲眼见到的草原，如果没有相似的经历，或许可以给孩子看一看草原的摄影图片），我们的脚掌与青草上的露珠触碰，我们的双脚沾满了绿色，手上沾满了青草味，就像是打翻了一罐绿色的颜料。坚果睁开眼睛说："写得太好了！"之后便有了他自己的诗句，比如"打雷了，他把宇宙都震碎了，星球越来越少了"。又比如他学着诗人的样子发问："宇宙宇宙，你永远都不会死吗？"

唐诗，是我国的文化瑰宝，从小让孩子接触唐诗，能够激发他们对中国文化的兴趣，也能够慢慢地提升孩子的文化修养。坚果因为从小对中国历史非常感兴趣，能够很容易理解与战争相关的诗句，所以他非常喜欢唐代诗人王昌龄的这首七言绝句——《出塞》。

出塞（其一）

> 秦时明月汉时关，万里长征人未还。
> 但使龙城飞将在，不教胡马度阴山。

我们是这样进行赏析的。从第一句"秦时明月汉时关"，我们便开始在脑海中一起勾勒这样一幅画面：一轮明月照耀着古时的边关，时间已经从秦朝到了汉朝，眼前的景色俨然成了一幅流动在时间轴上的画面，天上的月亮却是始终不变，它目睹了朝代的更替。诗的第二句"万里长征人未还"，讲到了诗人触景生情，想到了战死沙场的英勇战士。这里说到了战争，我便提示坚果去想一想他所熟悉的《三国演义》里面的官渡之战、赤壁之战，一些士兵与亲人道别，离开家乡为国家打仗立功，却最终没能再回去。想到这里，坚果咬紧牙关，因残酷的战争而愤慨，为死去的士兵感到惋惜。如何解决这种局面呢？接下来诗人说出了自己的想法："但使龙城飞将在，不教胡马度阴山。"那时候的人们多希望身边能有像李广这样英勇善战的将军，能够保卫祖国边关不受外敌侵害。想到这里，我们又联想到如今守卫在祖国边关的解放军叔叔，他们在艰苦的条件下保卫人民、保卫祖国，着实让人钦佩。

与孩子共读诗歌的过程中，我们不仅要让孩子去体会诗歌字面上的含义，更要激发孩子去想象诗歌语言之外所营造的广阔空间。

2）音乐之美

接下来，我们再说一说音乐。音乐与诗歌着很深的联系，正如人们常说"音乐是流动的诗歌，诗歌是凝止的音乐"。欣赏音乐与欣赏诗歌一样，我们不必过多地跟孩子讲解音乐的相关知识，只需要让孩子以自身为出发点，借助自己已有的经验去联想、理解与欣赏。我们让孩子欣赏音乐，绝不是为了让他们早早地懂得乐理知识，而是借由音乐带动他们去感知其中的内容与情感。

与那些不懂绘画却想培养孩子从小画画的父母所面临的情况相似，我作为一个非专业的音乐爱好者，也希望孩子能够从小喜欢音乐、欣赏音乐。音乐与绘画，同为"美育的一部分"，在大力倡导"零艺术基础"的父母亲自承担起孩子绘画启蒙重任、为孩子进行家庭美育的同时，我深深地相信，虽然我不能教给孩子音乐领域的专业知识，但是我却能培养他从小对音乐的兴趣，提升他对音乐的感知，通过欣赏音乐提升孩子的审美素养。

我想音乐的启蒙与绘画的培养有着众多共通的地方，它们的最终目的都是一种素养的形成，而非技能。所以我认为，音乐与绘画启蒙的重中之重，不在于训练孩子的"童子功"，更重要的是将这两种艺术融入孩子的生活，让他在一种自然而然的氛围中接受艺术的熏陶。

秉着这样一种坚定的信念，又带着一种不可推卸的责任，我们并没有选择将孩子交由外面的音乐培训班，而是在家里亲自为孩子开展音乐启蒙的各项活动。我们试着让孩子用语言去描述音乐。我们引导孩子闭上眼睛去联想音乐中的画面。我们鼓励他用舞蹈（其实算不上舞蹈，而是孩子一些自发的肢体动作）去表演音乐，用线条和颜色去描绘音乐，用音乐去表达自己脑海中的场景，以及一些内心的感受。在一次又一次与音乐的互动当中，孩子与音乐的关系越来越亲近，仿佛音乐是他的一位"好友"，他们相互了解，心心相印，这位朋友还能在恰当的时候为他助兴、帮助他表达，在他需要的时候也总能陪伴他。

◎ 在音乐中表达与创作

也许在孩子看来，我们家的音乐启蒙常常是随意的、非正式的，其实却是我们精心准备的。我和坚果爸爸会在平日里各自收藏一些音乐，在外出游玩或者上学往返的车程上播放给坚果听。这些音乐大多是纯音乐，而且每一首乐曲在节奏、张弛、配器、和弦等方面都有各自的特点，有的乐曲安静唯美，有的激昂高亢，有的紧张急迫，还有的笨重慵懒……有时候坚果听得投入，纹丝不动，有时候他手舞足蹈、附和着音乐的节拍舞动身体，还有的时候他大笑着学着里面好玩的音色唱个不停。

我们经常会让坚果说一说对音乐的感受，比如：这段音乐描述的是清晨还是傍晚？是安静的雪景还是烈日高照的海景？是喜悦还是悲伤？我们还引导他去体会一首乐曲在开头、高潮、结尾的部分表达出的情感有什么不同。为了带动他畅谈自己的感受，我们也会参与其中，发表自己对音乐的感想。在音乐中，他看到过"刚刚升起的一缕阳光，之后的阳光更强烈了"，也感受过"冬天下雪了，白茫茫一片，刺骨的寒冷"，他将一种音色想象成"小鸟在枝头唱歌"，又将另外一种音色说成是"大象缓慢的脚步"。就这样，这些乐曲在坚果那里都拥有了新的名字：《日出》《冬雪》《小鸟》《大象》。每当一首音乐响起，坚果只需要说"这一首是《日出》""那一首是《大象》"，大家就都能明白了。

除了引导坚果去体会音乐、欣赏音乐，我们还常常鼓励他用音乐表达自己。虽然坚果并不懂得太多的乐理知识，也从未正式学习过钢琴，但在家里他还是会乐此不疲地经常举办"个人音乐会"。音乐会之前，坚果会在白板上列出该场音乐会的曲目，因为这时的他只有 6 岁，还没有掌握太多的汉字书写，所以通常一个名称写下来，要同时用到汉字、英文以及拼音等多种形式来拼凑。音乐会入场的时候，坚果会扮演检票员对每位观众进行"验票"，他还会询问观众的票价，根据票价指导观众"前排"或者"后排"入座。坚果使用的是电钢琴，爸爸每次会在音乐会之前，根据他公布的曲目内容选择相应的钢琴音色。音乐会正式开始，他学着演奏家的样子从远处走来，站在钢琴旁优雅地深鞠一躬，缓缓地开始自己的演奏。这一切的模仿，我想都来源于坚果从小听过的一场又一场音乐会。

这一天，他准备演奏的四个曲目分别是《美好的 2021 开启》《开心糖豆》《我每天撕日历》《鬣狗与豹子》。所有的曲目名称都是由他自己拟定，而且会在演奏的时候调整每个曲目的演奏时间。这些曲子长短不一，短的曲子有 5 分钟，长的曲子有 15 分钟之久，均为即兴演奏。只见坚果认真地弹奏，他的双手时而舒缓、放松地在琴键上滑动，时而又紧张、急促地敲击琴键，演绎自己想象中的故事情节。有时候他也会一边弹，一边进行说明。比如他一边小心地弹奏，一边告诉我们"这时候，一只鬣狗悄悄地走过来"，过了一会儿，又一边用力地弹奏，一边说："鬣狗这时候正在争夺豹子的食物。"孩子生活中每一个经历都有可能成为他们创作时的灵感源泉，坚果前不久看的一部有关鬣狗的电影纪录片着实给了他灵感。我们也都闭上双眼，跟随他的音乐想象其中的画面。

正如我们不应该评价一幅儿童画的好坏，孩子年幼时的音乐作品同样如此。在我看来，这种演奏就是孩子的表达，不论专业与否，也不论技术高下，这种表达就如同他们在绘画、写作，只不过画画要用线条和色彩，写作要用文字和标点，而演奏中他们是在用音符来表达。鼓励孩子大胆地去创作音乐，与鼓励孩子画画、写诗、编故事、写作是一样的，都是鼓励他们将情感大胆地表达出来，激发他们的想象、思考和创造。

⊙ "看见"音乐，"听见"绘画

音乐与绘画有着紧密的联系，都说"绘画是静态的音乐，音乐是动态的绘画"。音乐的创作离不开旋律、节奏、配器，正如绘画创作中离不开线条、色彩、光影。我们在本章节所提到的艺术大师里面不乏这样一些将音乐与绘画等同起来进行创作的艺术家。其中非常著名的一位，便是俄国画家瓦西里·康定斯基，他更是被誉为"抽象主义的奠基人"。

在康定斯基年少的时候，他是一位优秀的大提琴手，直到他30岁才开始专攻绘画。通过不断地思考和探索，他开创了一种全新的绘画语言——用色彩作为绘画的"音符"来谱写艺术的篇章，而点、线、面是艺术篇章中不可或缺的基本元素。他将绘画看作是由各种视觉要素组成的交响乐，称为"色彩的大合唱"。他一生爱好音乐，并且常常去听交响乐，他甚至从音乐的角度使用视觉元素，比如重复、倒置、变奏、动态的强弱和渐弱等。他常常将自己的作品命名为"构成"或者"即兴"，仿佛那些作品不是绘画，而是音乐。他在《艺术中的精神》一书中形象地将"画家的创作"比喻成"乐曲的弹奏"——"总体而言，色彩直接作用于心灵。如果说色彩是琴键的话，那么眼睛便是音槌，心灵则是绷满丝弦的钢琴，而艺术家便是那弹琴的巧手，经过一番刻意敲弹，引来心灵的激荡。"

这幅作品是康定斯基著名的《构成》系列作品中的一幅，这幅作品仿佛一支交响乐，将他自己的绘画理论表现得淋漓尽致。画面中，每种颜色都代表一种音符，因为颜色不同，所以音符的高低也不同。各种各样的形状好比是音乐中各种不同的节奏，丰富着整首乐章：时而悠扬舒缓，时而欢快有力，时而又回归于平静。这时，具象的描绘已经全然看不到了，绘画的主角变成了各种各样的色彩和抽象的图案。在他的画里，人们能够"听见"绘画，也能够"看见"音乐。

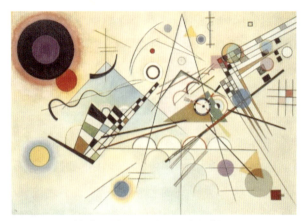

构成八号　瓦西里·康定斯基

在另外一位艺术大师——保罗·克利的作品中，我们同样能够看到其音乐的特质。克利从小受到从事音乐工作双亲的熏陶，中学时期就是一位优秀的业余小提琴手，19岁进入专业绘画领域。正是对音乐的感受，帮助克利在色彩、形式和空间方面创立了独特的绘画表达方式，让他成为游走在色彩与旋律中的幻想者，成为艺术史上"最富有诗意的造型大师"。

《节奏》这件作品，是克利著名的节奏系列作品中的一幅，在他的画面里我们可以明显地感觉到强烈节奏感。他将黑、白、灰三种颜色的图形有序排列，无论我们的视线沿着水平还是垂直的方向向前，都能感觉到明朗的节奏韵律。黑色与白色的交替出现，更使我们联想到了钢琴的琴键。

节奏　保罗·克利

另外一幅作品《红色背心》，更像是一件可以观赏的"音乐作品"。在这幅画里，克利将音乐的五线谱符号进行夸张的变形，形成了一些让人难以理解的符号。他那简洁凝练的线条和明亮的色彩赋予作品一种音乐的律动和美感。克利一生热爱音乐和歌剧，他的画作更像是凝固的音乐，是对听觉艺术的视觉解读。

红色背心　保罗·克利

这两位艺术大师的作品集，一直是我们家书架上的"常客"。从坚果很小的时候，我就给他翻看这些充满着各种线条、形状、符号、色彩，有些神秘又带着些许童真的作品。正是因为画面中都是一些抽象的视觉符号而非具象的造型，不同的人观看都会有自己不同的感受，所以很难得地，孩子可以与我们站在同样的起点去欣赏大师的画作。坚果甚至比我们更善于发现画面中的秘密，告诉我们这个形状是"月亮"，那个形状是一只"小鸟"，那里还有一座"房屋"。正是康定斯基与保罗的画作，让坚果感觉到艺术并不遥远，艺术是可以理解的、是亲密的，是自己也能创作的。

我告诉坚果，这两位艺术家能够将自己心中的音乐画出来。当坚果得知画面上的图像也是他们的"音乐作品"时，他瞪大了双眼。于是，我们一起开始探索画面上的"乐章"。比如：每一种颜色代表的是什么样的音乐？是高音还是低音？每一种线条和形状又代表什么？是节奏？还是旋律？还是乐曲的结构？

音乐与绘画需要相互浸透。我们不仅探索艺术大师的"音乐画作"，也会创作属于自己的"音乐画作"。我会在音乐 App 上为坚果播放古典音乐、民族音乐、电子乐、爵士乐甚至是一些金属音乐，让他想象这些不同的音乐如果能够看得到，会是什么样子；我也会在网上的声音博物馆为他收集各种声音，比如动物的叫声、枪炮的声响、风和海浪的声音、人的脚步声等，让他将自己对这些声音的直观感受以画画的形式表现出来；我还会为他播放不同国家的音乐，让他去设想异域风情带来的不同感受。再后来，我们索性将画本和画笔带到了音乐会的现场，坚果一边聆听音乐，一边将这些感受"翻译"成自己的绘画创作。

音乐会现场进行"音乐 - 绘画"创作　坚果 4 岁

这些都是我们平日里一边聆听声音和音乐，一边创作的"音乐作品"。每次画完，我们都讶异于自己能画出这样千奇百怪的线条和形状。我想，这些线条是否平整、顺滑、连贯一点都不重要，重要的是我们将对声音、音乐的感受一丝不苟地、原原本本地展现出来。音乐是相同的，可是每个人却有着不同的感受，我们用画笔将这些感受真切地还原于画纸之上，那就是属于我们自己的、最宝贵的艺术语言。

坚果画的"音乐作品"

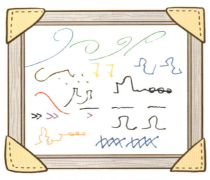

坚果爸爸画的"音乐作品"

[1] [苏] 列·符·赞科夫 . 论小学教学 . 孙为，译 . 武汉：长江文艺出版社，2017.

[2] [美] 乌尔里希·伯泽尔 . 有效学习 . 张海龙，译 . 郭霞，校译 . 北京：中信出版社，
     2018.

[3] [日] 金子美玲 . 向着明亮那方（增订本）. 吴菲，译 . 北京：新星出版社，2016.

[4] [法] 安东尼·德·圣 - 埃克苏佩里 . 小王子 . 梅思繁，译 . 北京：中央广播电视大学
     出版社，2015.

[5] 朱光潜 . 谈美 . 上海：东方出版中心，2016.

[6] [苏]B. A. 苏霍姆林斯基 . 给教师的建议 . 周蕖，王义高，刘启娴，董友，张德广，译 . 武
     汉：长江文艺出版社，2014.

[7] [苏] 列·符·赞科夫 . 和教师的谈话 . 管海霞，译 . 武汉：长江文艺出版社，2017.

[8] [美] 本尼迪克特·凯里 . 如何学习 . 玉冰，译 . 杭州：浙江人民出版社，2017.

[9] [美] 约翰·霍特 . 孩子是如何学习的 . 张雪兰，译 . 北京：北京联合出版公司，
     2016.

[10] [美] 卡罗尔·德韦克 . 终身成长 . 楚祎楠，译 . 南昌：江西人民出版社，2017.

[11] [美] 罗伊·鲍迈斯特，[美] 约翰·蒂尔尼 . 意志力 . 丁丹，译 . 北京：中信出版社，
     2017.

[12] [美] 史蒂芬·柯维 . 高效能人士的七个习惯 . 北京：中国青年出版社，2018.

[13] [俄] 瓦西里·康定斯基 . 艺术中的精神 . [美] 卡斯比特，序 . 余敏玲，译 . 邓扬舟，
     审校 . 重庆：重庆出版社，2017.

[14] [瑞] 保罗·克利 . 表现主义大师克利的日记 . 雨云，译 . 台北：艺术家出版社，
     1997.